조건문의 이해

조건문의 이해
Understanding Conditionals

최원배 지음

서광사

이 저서는 2016년 정부(교육부)의 재원으로 한국연구재단의 지원을 받아 수행된
연구임(NRF-2016S1A6A4A01017163)

조건문의 이해

최원배 지음

펴낸이 | 김신혁, 이숙
펴낸곳 | 도서출판 서광사
출판등록일 | 1977. 6. 30.
출판등록번호 | 제 406-2006-000010호

(10881) 경기도 파주시 회동길 77-12 (문발동)
대표전화 (031) 955-4331 팩시밀리 (031) 955-4336
E-mail: phil6161@chol.com
http://www.seokwangsa.co.kr | http://www.seokwangsa.kr

제1판 제1쇄 펴낸날 ― 2020년 9월 10일

ISBN 978-89-306-2425-1   93170

: 지은이의 말

내가 조건문 논의에 처음으로 관심을 갖게 된 때는 석사논문을 준비하던 1985년 무렵이었다. 내 논문의 주제는 반사실적 조건문의 진리조건이었다. 그 후 프레게를 공부하느라 조건문은 한동안 내 관심에서 멀어졌다가, 2000년대 들어 나는 조건문 주제로 다시 돌아왔다. 이때 나는 반 멕기가 제시한 전건 긍정규칙의 반례 문제를 다루기 시작했고, 조건문은 프레게 철학과 함께 지금까지 나의 주된 관심사가 되어 왔다.

대학에서 논리학 수업을 해본 사람이면 누구나 명제논리에 나오는 진리함수적 조건문을 처음 접한 학생들이 당혹스러워한다는 사실을 잘 알고 있을 것이다. 이런 당혹감을 해소할 방안을 찾으려는 노력이 내가 지금까지 조건문에 지속적으로 관심을 갖게 된 또 다른 추동력이었다고 할 수 있다.

비교적 오랫동안 조건문에 관심을 가지고 공부해 왔지만 얼마나 성과가 있었는지는 모르겠다. 하지만 여기까지 오는 데도 많은 도움이 있었다. 책으로 엮어 낼 수 있는 계기를 마련해 준 한국연구재단의 지원에 감사를 드린다. 조건문에 관련된 논문을 쓰면서 논리학회의 동료 학자들과 논의를 교환했던 일은 지금도 즐거운 기억으로 남아 있다. 이화여대의 김세화, 한국외대의 김신, 아주대의 송하석, 전북대의 양은석, 성균관대의 이병덕 선생님 등께 감사를 드린다.

힘든 시기를 헤쳐 나오는 동안 버팀목이자 안식처가 되어 준 우리 식구들에게 고맙다는 말을 하고 싶다. 우리 집 여자들, 명희, 수연, 수인, 수민이 좀 더 행복하게 살 수 있는 사회가 되기를 바란다.

2020년 4월

최원배

: **차례**

조건부 사고의 중요성

"A이면, C"(If A, then C)라는 조건문은 우리가 일상생활에서 자주 사용하는 문장 형태이다. 이런 조건문을 사용하여 우리는 조건부 주장("강희의 말이 옳다면, 연수가 범인이다")을 하기도 하고, 조건부 합의("내일까지 통장에 입금을 하면, 그 물건을 되돌려 주기로 한다")에 도달하기도 하며, 조건부 예측("내일 비가 많이 내리면, 모임 장소가 바뀔 것이다")을 하기도 한다. 나아가 우리는 때로 조건부 명령("환자가 열이 크게 오르면, 이 약을 투여하시오")을 내리기도 하며, 조건부 질문("그쪽에서 전화가 오면, 뭐라고 얘기할까요?")을 하기도 한다.

조건부 사고(conditional thoughts)는 인간 사고의 기본 형태 가운데 하나이다. 우리는 현재 상황이 어떠한지에 관심이 있기도 하지만 일정한 조건이 성립할 때 앞으로 어떤 상황이 벌어질지에도 커다란 관심을 갖는다. 우리가 매일매일 하는 의사결정이나 결단은 대부분 의식적인 심사숙고의 과정을 거치기 마련이며, 이런 사고 과정에서 큰 몫을 담당하는 것이 바로 조건부 사고이다. 가령 시속 90킬로미터로 운전을 하고 있는 중에 앞에 급커브 길이 있음을 일러 주는 도로 표지판을 본다고 하자. 이 경우 "내가 지금 속도를 줄이지 않는다면, 교통사고가 날지도 모른다"라는 조건부 사고를 하지 못한다면, 이 정보는 큰 의미가 없을 것이다. 어떤 위기나 재난이 일어나리라는 것을 미리 알고 대처한다는 사실은 우리가 조건부 사고를 하고 있다는 점을 잘 보여 준다.

인간 사고에서 조건부 사고가 지닌 중요성을 반영하듯, 조건문 논의는 논리학에서도 큰 비중을 차지해 왔다. 그래서 일상적으로 자주 사용하는 추리방식 가운데 조건문이 들어 있는 것을 많이 볼 수 있다. 전건 긍정규칙(modus ponens), 후건 부정규칙(modus tollens), 가언 삼단논법(hypothetical syllogism), 대우규칙(contraposition), 전건 강화규칙(antecedent strengthening), 양도논법(dilemma) 등은 모두 조건문이 나오는 추리이다.

조건문을 둘러싼 철학적 논란

우리가 조건문을 자주 사용하고, 이를 통해 일상적인 의사소통을 잘 해내고 있다는 점은 분명하다. 하지만 이것이 곧 우리가 조건문을 이론적으로도 잘 이해한다는 의미는 결코 아니다. 도리어 상황은 정반대이다. 아마도 논리철학에서 가장 논쟁적인 주제 가운데 하나를 꼽으라고 한다면 조건문을 들 수 있을 것이다. 우리가 일상적으로 사용하는 조건문 가운데는 서로 구분되는 두 가지 종류, 즉 직설법적 조건문(indicative conditionals)과 가정법적 조건문(subjunctive conditionals)이 있다고 생각하지만, 이 둘의 구분선을 정확히 어디에 그어야 하는지를 두고 논란이 있다. 더 많은 논란은 직설법적 조건문이 어느 경우에 참이 되고 어느 경우에 거짓이 된다고 보아야 하는가를 두고 벌어진다. 직설법적 조건문의 진리조건(truth-condition)을 둘러싼 논란은 크게 보아 두 진영으로 나뉘어 진행되고 있다. 일상적으로 사용하는 직설법적 조건문의 진리조건은 논리학에서 사용하는 진리함수적 조건문의 진리조건과 다르지 않다고 주장하는 진리함수적 분석(truth-functional analysis)의 옹호자들이 있는가 하면, 그런 진리함수적 분석은 터무니없는 결과를 초래하므로 진리함수적 조건문의 진리조건과는 다르다고 보아야 한다고 주장하는 비진리함수적 분석(non-truth-functional analysis)의 옹호자들도 있다. 이런 논란에 더해 직설법적 조건문을 어떤 조건에서 받아들일 수 있는지를 제대로 이해하려면 조건문의 확률이 바로 조건부 확률(conditional probability)이라는 것을 받아들여야 한다고 주장하는 사람들도 있다.

　더욱 놀라운 점은 직설법적 조건문이 과연 진리조건을 갖느냐를 두고서도 학자들 사이에 논란이 인다는 사실이다. 어떤 조건에서 직설법적 조건문이 참이 되고 어떤 조건에서 거짓이 되는지를 두고 의견 차이가 있을 뿐만 아니라, 직설법적 조건문이 과연 참이나 거짓인 명제를 표현한다고 보아야 하는지를 두고서도 의견이 갈려 있는 것이다. 조건문을 확률과 관련지어 이해하고자 하는 사람들을 포함해 조건문은 진리조건을 갖지 않는다고 주장하는 사람들도 많이 있다. 나아가 조건문이 등장하는 추론의 타당성과 관련해서도 학자들 사이에 의견 차이가 크다. 어떤 추론을 두고 한편에서는 그것이 타당하다고 주장하고, 다른 편에서는 그것이 부당하다고 주장하는 일이 벌어지는데, 그런 의견 차이는 한두 가지의 추론 형태에 국한한 것이 아니다. 이런 견해차는 조건문의 진리조건에 대한 견해차와 맞닿아 있다고 할 수 있다. 추론의 타당성은 전제의 참이 결론의 참으로 그대로 보존되느냐 여부의 문제인데, 조건문의 참과 거짓이 결정되는 방식에 대한 이견이 있다면 이에 기초한 추론의 타당성과 관련해서도 서로 다른 판단을 할 수 있기 때문이다.

조건문 논의의 중요성

조건문은 논리철학자들만의 연구 주제가 아니다. 조건문에 관심을 두는 학자들은 많이 있다. 언어학자나 국어학자들은 우리말 조건문의 구조를 밝히는 데 관심을 보이고 있으며, 국내외의 영어학자들 또한 조건문 연구에 관심을 기울이고 있다. 나아가 심리학자들 또한 조건문에 대한 일반인의 인식 방식을 연구 주제로 삼고 있다.[1] 이를 보여 주는 대표적 사례로는 웨이슨의 선택과제(Wason's selection tasks) 실험을 들 수 있다. 이것은 "카드의 한 면에 모음이 쓰여 있으면 다른 면에는 짝수가 쓰여 있다"라는 규칙의 위반 여부를 파악하기 위해서는 어떤 카드를 선택해 뒤집어 보아야 하는지를 묻는 유명한 실험이다. 인지심리학자나 전산학자에게도 조건문은 정보의 전산 처리와 관련해 관심거리이다.

　조건문 논의가 중요한 또 한 가지 이유로는 조건문의 이해와 결부된

1　국내 심리학자들의 논의로는 도경수 (1992), (2000), 박권생 (1992), (1995), 이영애 (1994) 등을 들 수 있다.

철학적 주제가 많다는 점을 들 수 있다. 대표적인 것 가운데 하나는 과학철학에서 'C는 E의 원인이다' 라는 인과 주장의 의미를 "만약 C가 일어나지 않았더라면, E가 일어나지 않았을 것이다" 라는 반사실적 조건문(counter-factual conditionals)을 이용해 분석하려는 시도라 할 수 있다. 일반법칙과 우연적 일반화를 구분할 때도 반사실적 조건문을 이용한다. 가령 "모든 물은 100°C에서 끓는다" 는 일반법칙의 경우 "만약 이 액체가 물이었더라면, 이것은 100°C에서 끓었을 것이다" 라는 반사실적 조건문이 성립하는 반면, "내 주머니에 있는 동전은 모두 500원 짜리이다" 라는 우연적 일반화의 경우에는 "만약 이 동전이 내 주머니에 있었더라면, 그것은 500원짜리 동전이었을 것이다" 라는 반사실적 조건문은 성립하지 않는 것으로 보인다. 나아가 성향어(dispositional terms)에 대한 분석에도 조건문이 활용되고 있다. 가령 "이 유리는 잘 깨진다" 는 주장은 "만약 이 유리에 적절한 압력을 가했더라면, 그것은 깨졌을 것이다" 라는 것을 말하는 것으로 볼 수 있다. 입증의 역설(the paradox of confirmation) 문제와 관련해서, 어떤 사람들은 그 역설이 "까마귀는 모두 검다" 는 보편 가설을 "어떤 것이든 그것이 까마귀라면 그것은 검다" 라는 것을 말하는 보편 조건문 형태로 정식화하는 데서 발생한다고 주장하기도 한다. 과학철학의 주제들뿐만 아니라 심리철학 이나 다른 형이상학의 여러 문제를 조건문과 결부지어 논의하는 경우 도 흔히 있다.

다룰 문제와 논의의 순서

조건문을 둘러싼 여러 논란 가운데, 우리가 이 책에서 중점적으로 다루고자 하는 것은 다음 세 가지 물음이다.

- 조건문의 진리조건은 무엇인가?
- 조건문이 과연 진리조건을 갖는다고 할 수 있는가?
- 조건문이 나오는 추론 가운데 어떤 것이 진정으로 타당한가?

우리는 이들 물음을 2, 3, 4부에서 차례대로 논의할 것이다. 그 동안 이들 물음에 다양한 대답이 제시되었다. 그들 입장은 나름대로 상당한 설득력을 지니며, 여러 가지 형태로 수정되거나 발전되어 왔다. 우리는 아래 나오는 조건을 만족하는지를 평가 기준으로 삼아 조건문에 관한 여러 견해들을 검토해 나갈 것이다.

- 기존에 제시된 반례들을 적절히 설명/해명할 수 있어야 한다.
- 우리가 어떤 때에는 일정한 조건부 주장에 동의하고 어떤 때에는 반대한다는 현상을 이론적으로 설명할 수 있어야 한다.

조건문을 둘러싼 여러 가지 철학적 논란은 대부분 우리가 사용하는 일상적 조건문이 과연 진리함수적 조건문과 동일시될 수 있는가 하는 문제이거나 이와 연관된 문제라고 할 수 있다. 이런 이유에서 우리는 진리함수적 분석을 중심에 두고 이 책의 논의를 시작할 것이다. 이에 따라 1부 1장에서는 조건문에 대한 표준적인 해석이라고 할 수 있는 진리함수적 분석을 소개한다. 우리는 이 견해의 정확한 의미와 기본 가정 및 문제점 등을 살펴볼 것이다. 2장에서는 조건문의 분류와 관련한 논의를 할 것이다. 이 책에서 다루고자 하는 조건문은 직설법적 조건문에 국한되지만, 직설법적 조건문과 가정법적 조건문의 구분선을 정확히 어떻게 그어야 하는지를 두고 논란이 일고 있어서, 우리의 주제인 직설법적 조건문의 범위를 정하기 위해서라도 이에 대한 논의는 필요하기 때문이다.

2부에서는 조건문의 진리조건을 다룬다. 먼저 3장에서는 일상적 조건문이 진리함수적 조건문임을 보이고자 하는 여러 논증을 소개한다. 4장에서는 진리함수적 분석의 대안으로 제시된 다른 견해들을 살펴보고, 5장에서는 진리함수적 분석을 옹호하는 시도들을 살펴볼 것이다.

3부에서는 조건문이 진리조건을 갖지 않는다는 것을 보이고자 하는 논증을 다룬다. 이런 입장은 진리함수적 분석의 근본 가정을 문제 삼는 시도로, 우리는 루이스, 기바드, 에징톤이 제시한 논증을 각각 검토할 것이다.

4부에서는 조건문이 나오는 추리를 다룬다. 일상적 조건문을 진리함수적 조건문으로 이해할 경우 여러 가지 반직관적 결과가 나타나는데, 9장에서는 전건 긍정규칙의 반례라고 제시된 반 멕기의 사례를 따로 다루고, 10장에서는 결론에 조건문이 나오는 형태의 추론을 살펴본다. 그리고 11장에서는 조건문의 부정이 개입된 다른 반직관적 결과들을 검토할 것이다.

마지막으로 5부에서는 지금까지의 논의를 요약한 다음, 조건문의 다양한 용법을 언급하고 남은 문제와 조건문 논의의 최근 동향을 간단히 소개할 것이다.

일러두기

이 책에서는 참조한 문헌의 출처를 표시할 때, 다음과 같이 인명과 출간 연도만을 적어 간략히 나타냈다.

Adams (1975), p. 20.

같은 해에 나온 문헌이 두 개 이상 있을 경우에는 다음과 같이

Edgington (1995a), p. 240.

연도 끝에 a, b 등을 붙여 구분하였다. 완전한 서지 사항은 뒤의 참고문헌에 수록되어 있으므로, 이를 참조하기 바란다.

1

예비적 논의

1부에서는 앞으로의 논의를 위한 초석을 마련하기 위해 기초적인 것들을 다룬다. 1장에서는 조건문에 관한 대표적 이론인 진리함수적 분석을 소개하고, 2장에서는 조건문의 분류와 관련한 논의를 한다.

진리함수적 분석

프레게(G. Frege, 1848-1925)로부터 시작된 현대 논리학의 표준적 해석에 따를 때, 조건문 "A이면 C"는 전건(antecedent) A가 참인데 후건(consequent) C가 거짓인 경우에만 거짓이고 그 밖의 경우에는 모두 참이다. 달리 말해, 조건문은 전건이 거짓이거나 후건이 참이면 참이다. 이것이 바로 논리학 수업 시간에 조건문을 처음 접하면서 배우는 내용이다. 조건문에 대한 이런 진리함수적(truth-functional) 분석은 무엇보다도 간단하다는 장점이 있다. 전산학에서 조건 명제를 다른 연언 명제나 선언 명제, 부정 명제 등과 대등하게 보고, 이들 명제의 진릿값을 전산 처리할 수 있는 것은 조건문을 진리함수적 복합명제로 파악하기 때문에 가능한 일이다.

조건문에 대한 이런 단순한 해석은 많은 전제를 포함한다. 따라서 이 입장의 기본 가정을 찬찬히 따져 보는 데서 논의를 시작하기로 하자. 우리는 진리함수적 분석의 기본 가정을 다음과 같이 나열할 수 있다.

첫째, 조건문은 <u>명제</u>를 표현한다.
둘째, 조건문은 <u>복합명제</u>를 표현한다.
셋째, 조건문은 <u>진리함수적</u> 복합명제를 표현한다.

위에서 각 가정의 핵심 요소를 밑줄로 표시했다. 첫째가 가장 기본적인 가정이다. 이후의 것들은 순차적으로 앞의 가정을 깔고 있다.

첫째 논제는 이 책 3부의 주제로, 이를 부정하는 세 가지 논증을 나중에 살펴볼 것이다. 둘째 논제는 지나치기 쉬운 논제이나 사실은 논증이 필요한 것이라고 할 수 있다. 대부분의 사람들은 조건문이 전건과 후건이 결합되어 구성된 복합명제라고 보고, 이 두 주장에 근거해서 조건문의 진릿값이 정해진다는 것을 밝히고자 한다. 성공적이라고 한다면, 조건문을 복합명제로 보는 이론이 더 나은 이론이라고 할 수 있다. 왜냐하면 그것이 더 단순한 이론일 것이기 때문이다. 조건문을 복합명제로 간주하더라도 이를 꼭 2개의 명제가 결합사 '~면'에 의해 결합된 복합명제라고 보아야 하는 것은 아니다. 다른 대안도 있을 수 있지만[1] 여기서 이런 견해를 검토하지는 않을 것이다.

진리함수적 분석의 핵심 가정은 셋째 논제이다. 조건문이 복합명제라 하더라도 그것이 꼭 진리함수적 복합명제일 필요는 없기 때문이다. 둘째 가정은 받아들이지만 셋째 가정은 받아들이지 않는 이론도 있다. 스톨네이커의 이론이 그런 이론이다. 이 점에서 셋째 논제는 정당화가 필요하며, 이를 보이는 몇 가지 논증이 있다. 나중에 우리는 이런 논증과 이에 대한 비판들을 살펴볼 것이다. 우선 여기서는 셋째 논제가 정확히

---

1   이와 관련한 논의로는 Dudman (2001), Kratzer (1986), Lycan (2001) 등 참조.

어떤 의미를 갖는지, 이를 받아들일 때 조건문의 진릿값은 어떻게 결정되는지, 그리고 이런 견해의 문제점은 무엇인지 등을 논의하기로 한다.

1.1 진리함수적 조건문의 진릿값 결정 방식

조건문의 진릿값은 전건이 거짓이거나 후건이 참이기만 하면 참이 되는 진리함수적 복합명제라는 논제를 이해하려면 '진리함수적 복합명제'라는 것이 무엇인지를 알아야 하고, 이를 위해서는 다시 결합사가 '진리함수적'이라는 것이 무엇인지를 알아야 한다. 따라서 이 문제부터 살펴보기로 하자.

표준적인 명제논리에서 사용하는 기본 결합사에는 연언, 선언, 조건언, 부정 등이 있는데, 이들은 모두 진리함수적 결합사라는 중요한 특성을 공유하고 있다. 이때 '함수적'이란 수학에서 말하는 함수의 특성을 그대로 지닌다는 점을 드러내기 위한 표현이다. 함수란 정의역의 각 원소에 대해 치역의 한 원소가 고유하게 대응하는 관계를 말한다. 가령 함수 $f(x) = 2x + 1$의 함수값은 독립변수 x의 값이 주어지면 하나의 값으로 정해진다. 이와 비슷한 점을 복합명제의 참/거짓이 정해지는 구조에서도 찾아볼 수 있다는 것이다. 다음 주장의 참/거짓은

(1) 강희는 고등학생이고 연수는 대학생이다.

아래 두 주장의 참/거짓에 달려 있다.

(2) 강희는 고등학생이다.

(3) 연수는 대학생이다.

좀 더 간단한 예로, 다음 주장

(4) 영진이가 수학과 학생이라는 것은 사실이 아니다.

의 참/거짓은 아래 주장의 참/거짓에 달려 있다.

(5) 영진이는 수학과 학생이다.

이처럼 진리함수적 결합사에 의해 구성된 명제(이런 명제를 '진리함수적 복합명제'라고 부른다)의 참/거짓은 그 명제를 구성하고 있는 구성명제의 참/거짓에 의해 완전히 결정되는데, 이런 특성을 갖는 결합사가 바로 진리함수적 결합사이다. 방금 보았듯이 '... 이고 ...'라는 연언 결합사나 '...라는 것은 사실이 아니다'라는 부정 결합사는 진리함수적 결합사이다.

우리가 일상적으로 사용하는 결합사가 모두 진리함수적 결합사인 것은 아니다. 다음 주장을 생각해 보자.

(6) 지영이는 고등학생이기 때문에 영래는 대학생이다.

이 주장의 참/거짓은 다음 두 주장의 참/거짓만으로 결정되지 않는다.

(7) 지영이는 고등학생이다.

(8) 영래는 대학생이다.

이 둘이 모두 참이더라도 (6)이 참인 경우도 있고 거짓인 경우도 있기 때문이다. 영래가 대학생인 것이 지영이가 고등학생인 것과 일정한 관계에 있다면 (6)은 참으로 여겨질 것이다. 하지만 두 사실 사이에 아무런 연관 관계도 없는데 그런 주장을 하는 것이라면 (6)은 거짓으로 여겨질 것이다. 이처럼 (6)의 참/거짓은 그것을 구성하는 구성명제의 참/거짓만으로 결정되지 않는다. 그러므로 '... 때문에 ...'는 진리함수적 결합사가 아니다.

이렇게 볼 때, 진리함수적 결합사에 의해 구성된 복합명제의 진릿값은 그것을 구성하는 구성명제의 진릿값에 의해 완전히 결정되며, 나아가 그것에 의해서만 결정된다고 말할 수 있다. 그러므로 진리함수적 복합명제의 진릿값을 정할 때에는 그 복합명제를 구성하고 있는 구성명제의 참/거짓 이외의 요소는 전혀 고려할 필요가 없게 된다.

진리함수적 분석에 따르면, 조건문은 전건이 거짓이거나 후건이 참이기만 하면 참이다. 이런 식으로 진릿값이 결정되는 조건문을 '진리함수적 조건문' 또는 '질료적 조건문'(material conditionals)이라고 부르고, 이를 보통 '⊃'라는 결합사를 써서 나타낸다. 다음 표는 진리함수적 조건문의 진릿값이 결정되는 방식을 나타내 준다.

A	C	A ⊃ C
T	T	T
T	F	F
F	T	T
F	F	T

조건문 결합사가 진리함수적 결합사라는 점을 받아들인다면, 즉 셋째 논제를 받아들인다면, 조건문의 진릿값은 질료적 조건문처럼 결정될 수밖에 없음을 보여 주는 좋은 논증이 있다. 진리함수적 조건문이라면 왜 전건이 참인데 후건이 거짓인 경우에만 거짓이고 다른 경우에는 참이라고 해야 하는지를 살펴보자.

조건문이 진리함수적 복합명제라는 점을 받아들인다는 것은 다음 표에서 '?' 자리에 'T'나 'F' 가운데 어느 한 진릿값을 할당해야 한다는 의미이다. 달리 말해 그것은 전건이 참인 (i)과 (ii)의 경우뿐만 아니라 전건이 거짓인 (iii)과 (iv)의 경우에도 조건문이 일정한 진릿값을 갖는다는 점을 인정한다는 의미이다. 이 점을 처음부터 분명히 해 둘 필요가 있다.

	A	C	$A \supset C$
(i)	T	T	?
(ii)	T	F	?
(iii)	F	T	?
(iv)	F	F	?

그러면 우리는 어떤 식으로 '?' 자리를 채울 수 있을까? 예를 통해 이 물음에 접근해 보자. 가령 어떤 친구가 다음과 같은 주장을 했다고 하자.

강희가 수업에 오면 연수도 수업에 온다.

이 주장은 어떤 경우에 참이고 어떤 경우에 거짓일까? 쉬운 것부터 따져 보자. 친구가 한 앞의 주장이 틀렸다고 말하게 되는 때는 어떤 때일까? 어떤 일이 벌어지면 그 친구는 거짓말을 했다고 말하게 될까? 강희가 실제로 수업에 들어왔는데 연수는 오지 않았다면, 우리는 그 친구가 거짓말을 했다고 말할 것이다. 이를 바로 일반화한다면, 조건부 주장은 전건이 참인데 후건이 거짓이면 거짓이 된다는 것이다. 즉 (ii)의 경우에는 진릿값이 'F'라는 것이다. 따라서 조건문이 진리함수적 복합명제라는 점을 받아들인다면, 조건문의 진리표는 우선 다음과 같은 형태가 될 것이다.

	A	C	A ⊃ C
(i)	T	T	?
(ii)	T	F	F
(iii)	F	T	?
(iv)	F	F	?

이제 (i)의 경우를 생각해 보자. '?' 자리에 'T'나 'F' 가운데 어떤 것을 할당해야 할까? 이때 우리는 'T'를 할당해야 할 것 같다. 왜냐하면 조건문은 전건이 참이고 후건도 참이면 참이라고 말해야 할 것 같기 때문이다. 앞의 예에서 강희와 연수가 모두 수업에 왔다고 하자. 그러면 앞서 말한 그 친구는 사실을 말한 것으로, 즉 참인 주장을 한 것으로 간주할 것이다. 그런데 어떤 결합사가 진리함수적 결합사라면, 그것은 정의상 그 결합사에 의해 구성된 복합명제의 진릿값은 그 명제를 구성하는 구성명제의 진릿값에 의해 완전히 결정된다. 조건문 결합사가 실제로 그런 결합사라고 가정할 경우, 우리는 전건과 후건이 모두 참일 때 조건문이 참인 사례가 있다는 것으로부터 그것은 그때에는 언제나

참이어야 한다고 말할 수 있다. 진리함수적 결합사로 구성된 복합명제
의 진릿값은 구성명제의 진릿값에 의해서만 결정되지 다른 요소에는
전혀 영향을 받지 않기 때문이다. 따라서 우리는 조건문 결합사가 진리
함수적 결합사라면, 적어도 다음과 같은 진리함수적 성격을 지녀야 한
다는 점을 알 수 있다.

	A	C	A ⊃ C
(i)	T	T	T
(ii)	T	F	F
(iii)	F	T	?
(iv)	F	F	?

지금까지의 결과를 우리는 전건이 참일 경우 조건문의 진릿값은 후건
의 진릿값에 달려 있다는 것으로 요약할 수 있다.

　나머지 두 경우 (iii)과 (iv)에서 조건문의 진릿값은 어떻다고 할 수
있을까? 이 두 경우는 전건이 거짓이다. 이와 관련해, 조건문은 말 그
대로 '조건부' 주장이므로 전건이 거짓일 경우에는 참/거짓을 따질 수
없다는 입장도 있을 수 있다.[2] 이런 입장에 따르면, 조건이 실현되지 않
았을 경우 그 조건부 주장은 '무효'가 된다. 조건부 내기에서는 실제로
이렇게 한다. 하지만 우리가 여기서 이 입장을 받아들일 수는 없다. 왜
냐하면 우리는 조건문 결합사가 진리함수적 결합사라는 점을 일단 받
아들였기 때문이다. 조건문의 진릿값이 그것을 구성하는 구성명제의
진릿값에 의해 완전히 결정된다는 점을 받아들인다면, 전건이 거짓인

2　가령 McDermott (1996)이 이런 노선을 따른다.

경우에도 조건문은 진릿값을 가져야 한다. 그렇지 않다면, 정의역의 한 원소에 대해 그에 대응하는 치역의 원소가 없게 되고, 그것은 진리 '함수적' 결합사라고 할 수 없을 것이기 때문이다.

　전건이 거짓인 때에도 조건문이 일정한 진릿값을 가져야 한다면 가능한 방안은 다음 네 가지뿐이다.

A	C	A ⊃ C			
T	T	T			
T	F	F			
F	T	T	T	F	F
F	F	T	F	T	F
		(1)	(2)	(3)	(4)

어떤 방안이 가장 자연스러울까? 대안을 하나씩 제거해 나가 최선의 방안은 (1)이라는 점을 보이기로 하겠다.

　(2)가 좋은 방안이 아님은 쉽게 알 수 있다. (2)와 같이 정해진다면, 이는 조건문 A ⊃ C의 진릿값이 언제나 후건 C의 진릿값과 같다는 의미이다. 이는 받아들일 수 없는 결과이다. "강희가 수업에 오면 연수도 수업에 온다"는 주장은 그냥 "연수가 수업에 온다"는 주장과는 아주 달라 보이기 때문이다.

　둘째, (4)가 좋은 방안이 아님도 쉽게 알 수 있다. (4)와 같이 정해진다면, 이는 조건문 A ⊃ C의 진릿값이 연언 A & C의 진릿값과 언제나 같다는 것인데, 이도 받아들이기 어렵기 때문이다. "정민이의 증언이 사실이라면, 지원이가 그 사건의 범인이다"는 주장은 "정민이의 증언이 사실이고 지원이가 그 사건의 범인이다"라는 주장과는 큰 차이가 있어 보인다.

셋째, (3)이 좋은 방안이 아니라는 사실도 비슷한 식으로 보일 수 있다. (3)과 같이 결정된다면, 조건문 A ⊃ C는 언제나 조건문 C ⊃ A와 같은 진릿값을 갖게 된다. 표를 보면 A, C의 자리를 서로 바꾸더라도 진릿값은 같기 때문이다. 이것도 받아들이기 어렵다. 가령 "강희가 수업에 오면 연수도 수업에 온다"라는 주장과 "연수가 수업에 오면 강희도 수업에 온다"는 주장은 서로 달라 보이기 때문이다.

남은 방안은 (1)뿐이다. 따라서 우리는 조건문 결합사가 진리함수적 결합사라고 한다면, 그것이 갖는 진리함수적 성격은 다음과 같다고 보는 것이 최선의 방안임을 알 수 있다.

진리함수적 조건문의 진릿값 결정방식

A	C	A ⊃ C
T	T	T
T	F	F
F	T	T
F	F	T

결국 조건문은 전건이 참인데 후건이 거짓인 경우에만 거짓이고, 그 밖의 경우는 모두 참이라는 것이다.

이 논증은 조건문의 진릿값이 〈T F T T〉로 결정된다고 보는 것이 최선의 방안임을 말해 주는 소극적 논증이다. 그럼에도 불구하고 이 논증은 꽤 설득력이 있어 보인다.[3] 이것으로도 질료적 조건문의 진릿값 결

---

3 이런 식의 설명은 Smith (2003), pp. 126-8에 나온다. 같은 설명을 Woods (2004), p. 79에서도 찾아볼 수 있다.

정 방식이 임의적인 것은 아님을 보여 주기에는 충분하기 때문이다. 조건문 결합사가 진리함수적 결합사라는 점을 인정한다면, 우리가 택할 수 있는 16가지의 진리함수적 대응 방안 가운데 위의 대응이 유일하게 가능한 방안이라는 점에는 모든 학자들이 동의한다. 다만 앞에서도 분명히 했듯이, 이것은 셋째 논제, 즉 일상적 조건문이 진리함수적 복합명제임을 전제한 논증임을 명심해야 한다. 이 전제가 올바른 것인지를 두고 격렬한 논쟁이 벌어진다.

보충1   전건이 참이고 후건이 거짓인데도 조건문이 참일 수 있을까?

앞서 우리는 전건이 **거짓**일 때 질료적 조건문의 진릿값은 후건이 참이든 거짓이든 모두 참이라고 보는 것이 최선의 방안이라는 것을 보았다. 이를 정당화하는 방식은 다른 대안이 문제가 있음을 보이는 것이었다. 마찬가지의 방식을 전건이 **참**일 때도 적용해 보자. 전건이 참일 때 진리함수적 조건문의 진릿값은 후건에 달려 있게 된다. 그때 후건이 참이면 참이고 거짓이면 거짓이 된다. 다른 진릿값을 배정할 수 있을까?

먼저 (ii)의 경우이다. 전건이 참이고 후건이 거짓일 때 조건문의 진릿값이 참이 될 수도 있다고 할 수 있을까?

	A	C	A $\supset$ C
(ii)	T	F	T/F

없다. 왜냐하면 그렇게 한다면 전건 긍정규칙(MP, Modus Ponens)이 무력화되기 때문이다. 전건이 참이고 후건이 거짓인데 조건문이 참인

경우가 있다면, 이는 다음과 같은 진릿값의 조합이 존재한다는 것을 의미한다.

$$
\begin{array}{ll}
A \supset C & (T) \\
A & (T) \\
\hline
C & (F)
\end{array}
$$

이는 타당성의 정의에 따를 때, 전건 긍정규칙이 **부당하다**는 의미가 된다.

　이 점은 진리함수적 이론에서뿐만 아니라 비진리함수적 이론에서도 마찬가지이다. 전건은 참인데 후건이 거짓인 경우에도 조건문이 참인 경우가 있다는 점을 인정하는 순간 전건 긍정규칙은 부당한 추론이 되고 만다. 비진리함수적 해석을 내세우는 이론에서도 전건이 참인데 후건이 거짓이라면 조건문은 언제나 거짓이 된다고 본다. 지금까지의 논의 결과, 전건 긍정규칙을 부정하지 않는 이상 우리는 (ii)처럼 진릿값을 배정할 수밖에 없다는 점을 알 수 있다. 전건이 참인데 후건이 거짓인 경우 조건문이 거짓일 수밖에 없는 이유가 전건 긍정규칙의 타당성과 연관이 있다는 점은 앞으로의 우리 논의와 관련해서도 큰 의미를 갖는다.

보충2: 전건과 후건이 모두 참이면 조건문은 언제나 참인가?

　아마 어떤 사람은 전건과 후건이 모두 참이라고 해서 조건문이 꼭 참이라고 해야 하는지, 즉 (i)의 경우 꼭 참을 배정해야 하는지에 대해 의문을 가질 것이다. 전건과 후건 사이에 아무런 '연관성'이 없어 보이는 다음과 같은 예가 그런 사람들의 직관을 뒷받침해 줄 것이다.

서울이 한국의 수도이면, 삼일절은 법정 공휴일이다.

여기 나오는 전건과 후건이 실제로 참이라는 이유에서 이 조건문이 참
이라고 말한다면 대다수의 사람들은 고개를 갸우뚱할 것이다. 하지만
이런 직관을 근거로 우리가 어떤 결론을 내려야 하는지는 분명하지 않
다. 우선 전건과 후건의 참 이외에 정확히 어떤 '연관성'이 있어야 하
는지를 말하기가 쉽지 않다. 게다가 전건과 후건이 표현하는 연관성에
온갖 가지가 있다는 점을 생각하면 이는 간단한 문제가 아님을 알 수
있다. '연관성'과 관련한 논의는 나중에 다시 등장할 것이므로 그때 가
서 좀 자세하게 다루기로 하겠다.

　조건문 논의에서 전건과 후건이 모두 참인데도 조건문이 참이 아니
라고 보는 이론가는 많지 않다.[4] 왜 그럴까? 이를 답하기 위해, 앞서와
마찬가지로 반대의 진릿값, 즉 T 아닌 F를 이때 배정할 수 있을지를 생
각해 보자. 우리가 전건과 후건이 모두 참인데도 조건문이 참이 아닐
수 있다고 한다면, 이는 다음 추리가 부당하다고 주장하는 셈이 된다.

　　A, C ⊢ A ⊃ C

이 추론은 일상적 조건문을 질료적 조건문으로 여긴다면 물론 타당하
다. 그런데 일상적 조건문이 질료적 조건문보다 더 강한 진리조건을
갖는다고 보더라도, 이 추리를 부정하기는 쉽지 않아 보인다. 우리가
질료적 조건문과 구별되는 일상적 조건문을 나타내기 위해 결합사

4　Pendlebury (1989), Read (1995), Mellor (1993) 등이 예외이다.

'→'를 사용한다고 하자. 다음 추론을 부정할 수 있을까? 즉 전건과 후건이 모두 참인데도 조건문이 거짓일 수 있다고 말할 수 있을까?

$$A, C \vdash A \rightarrow C$$

우리는 이 추론을 다음과 같이 더 세분할 수 있다.

$$A, C \vdash A \And C$$
$$A \And C \vdash A \rightarrow C$$

앞의 것은 자연연역 체계에서 연언 도입규칙에 해당하고, 후자는 연언이 조건문을 함축한다는 것을 말한다. 전자를 부정하기는 어려울 테고, 부정한다면 후자를 부정해야 할 것이다. 따라서 함축 관계가 이행적이라는 점을 받아들이는 이상, 전건과 후건이 모두 참인데 조건문이 참이 아니라고 주장한다면 이는 연언이 조건문을 함축한다는 것을 부정하는 결과가 된다.

지금까지의 논의 결과, 전건이 참일 때 조건문의 진릿값은 후건의 진릿값에 따라 정해진다는 견해는 나름대로 꽤 강한 근거가 있는 것임을 알 수 있다. 이를 부정하고 다른 진릿값을 갖는다고 볼 경우 대가를 치러야 한다는 점이 드러났기 때문이다. 이때 우리는 전건 긍정규칙을 포기해야 하거나 연언이 조건언을 함축한다는 것을 포기해야 한다.

1.2 진리함수적 분석과 프레게

진리함수적 분석의 문제점을 지적하기 전에 이 견해의 역사를 잠깐 살펴보기로 하자. 조건문에 대한 진리함수적 해석은 고대의 메가라학파에서 일찍이 등장하였다. 당시 조건문에 대한 올바른 해석을 두고 많은 논란을 벌였고, 필론은 현대의 진리함수적 해석에 해당하는 것을 지지한 인물로 알려져 있다.[5] 하지만 현대의 진리함수적 해석은 프레게에서 시작된 것이므로, 그의 견해를 중심으로 살펴보기로 하자.

프레게가 제시한 논리 체계에서 명제 논리의 기본 결합사는 조건문 결합사와 부정 결합사 두 가지이다. 그는 다음과 같은 설명을 하면서 조건문 결합사를 도입한다.

C와 A가 판단가능 내용을 나타낸다면, 다음 네 가지 가능성이 있다.

C와 A가 모두 긍정되는 경우
C가 긍정되고 A가 부인되는 경우
C가 부인되고 A가 긍정되는 경우
C가 부인되고 A가 부인되는 경우

A ⊃ C는 세 번째 가능성은 실현되지 않지만 다른 세 가지 가운데 하나가 실현된다는 판단을 나타낸다. 따라서 A ⊃ C의 부인은 세 번째 가능성, 즉

---

5 조건문에 관한 역사적 논의로는 Kneale (1962), Mates (1961), Sanford (2003), 김영철 (1983) 등을 참조.

C가 부인되고 A는 긍정되는 가능성이 실현된다는 주장을 나타낸다.[6]

프레게가 말하는 '판단가능 내용'(judgeable content)을 요즘 용어인 '명제'로 이해하고 '긍정'과 '부인'을 각각 '참'과 '거짓'으로 이해한 다면, 이는 조건문에 대한 진리함수적 해석에 해당하는 것임을 알 수 있다. 우리는 프레게가 여기서 조건문을 연언의 부정으로 정의한다고 이해할 수도 있을 것이다. 조건문에 대한 진리함수적 해석이란 'A이면 C'라는 조건문이 'A가 참인데 C가 거짓인 것은 아니다'는 것과 정확히 같은 의미를 지닌다는 것이기 때문이다.

프레게는 조건문의 진리조건을 이렇게 잡을 경우 조건문은 후건이 참이거나 전건이 거짓이기만 하면 참이 된다는 사실을 잘 알고 있었다. 그는 "태양이 빛나면, 3 × 7 = 21"이나 "영구 운동이 가능하다면, 세상은 무한하다"는 것을 예로 든다. 전자는 후건이 참이어서 조건문이 참이 된 사례이고, 후자는 전건이 거짓이어서 조건문이 참이 된 사례이다. 이것이 일상적으로 자연스러운 조건문이 아님은 분명하다. 프레게는 또한 전건과 후건이 참인지 거짓인지 모를 경우에도 조건문을 주장할 수 있고, 이때는 그 주장을 일상어 '~면' 구문으로 나타낼 수 있다고 말한다.[7] 다시 말하면, 우리가 일상적으로 조건문으로 나타내는 경우는 전건과 후건의 참/거짓이 확실하지 않은 경우라는 것이다. 조건부 주장을 펴는 자연스러운 맥락은 그런 상황이라는 점은 분명하다. 하지만 그는 조건문이 참이기 위해 전건과 후건 사이에 '인과적 연관성'

6 Frege (1972), 5절. 우리 논의와의 일관성을 위해 전건을 'A'로, 후건을 'C'로 통일했고, 조건문을 나타내는 결합사도 프레게의 것이 아닌 통상적인 것을 사용했다.
7 Frege (1972), 5절 및 "The Aim of 'Conceptual Notation'", p. 95 참조.

이 있어야 하는 것은 아니며, 자신이 도입하는 결합사가 그런 연관성을 표현하고자 하는 것도 아니라는 점을 분명히 하고 있다.

일상적으로 조건문을 사용할 때라면 전건과 후건 사이에 일정한 '연관성'이 전제된다는 것을 잘 알고 있는 프레게가 왜 일상적 용법과는 거리가 있어 보이는 진리함수적 해석을 내놓았을까? 에징톤은 이에 대한 한 가지 대답으로, 프레게의 주된 관심이 수학의 명제였다는 이유를 들었다.[8] 에징톤에 따르면, 진리함수적 분석의 난점이 극명하게 드러나는 경우는 전건과 후건이 명확히 참이거나 거짓일 때가 아니라 참이거나 거짓일 **가능성**이 높을 때이다. 수학의 명제는 참이거나 거짓 가운데 어느 하나임이 분명하므로 이런 난점이 크게 부각되지 않는다는 것이다. 뒤에서 보겠지만 진리함수적 분석의 문제점이 참이거나 거짓일 가능성이 높은 주장과 관련해 주로 나타난다는 에징톤의 주장은 사실이다. 하지만 이것이 프레게의 견해에 대한 합당한 설명인지는 의문이다.

프레게가 진리함수적 분석을 받아들인 이유는 도리어 전건 긍정규칙의 타당성과 관련되어 있는 것으로 보인다. 프레게는 조건문 결합사를 도입한 다음 이어 전건 긍정규칙을 정식화하는데, 이를 설명하는 방식이 아주 흥미롭다. 그에 따를 때, 조건문 A ⊃ C를 주장한다는 것은 다음 네 가지 가능성 가운데

C와 A가 모두 긍정되는 경우

C가 긍정되고 A가 부인되는 경우

C가 부인되고 A가 긍정되는 경우

---

8   Edgington (2014).

　　C가 부인되고 A가 부인되는 경우

세 번째 가능성은 성립하지 않는다는 것을 말하는 것이고, 이에 덧붙여 전건 A를 주장한다는 것은 두 번째와 네 번째 가능성도 배제한다는 것을 의미한다. 그렇기 때문에 첫 번째만 남게 되고, 이에 따라 우리는 후건 C가 참임을 추리할 수 있다는 것이다.

　　프레게의 논리 체계에서는 전건 긍정규칙이 그가 명시적으로 내세우는 유일한 추리규칙이고 추리의 타당성은 전제의 참이 결론의 참으로 보존되느냐의 문제라는 점을 고려하면, 조건부 주장을 할 때 우리가 고려해야 할 것은 특정한 진릿값의 조합을 배제하는 것으로 충분해 보인다. 실제로 전건 긍정규칙이 타당하기 위해서는 전건이 참인데 후건이 거짓인 경우에는 언제나 조건문이 거짓이어야 하고, 나아가 이 조건만 충족하면 전건 긍정규칙은 타당하게 된다. 달리 말해, 전건이 참인데 후건이 거짓인 경우 조건문은 거짓이 된다는 것이 전건 긍정규칙이 타당하기 위한 필요하고도 충분한 조건이 된다는 것이다.

　　프레게의 착상을 다음과 같이 생각해 보자. 우리가 A라는 정보를 확보하고 있고, 이 정보와 다른 어떤 추가 정보로부터 C라는 결론을 타당하게 이끌어 내고 싶어 한다고 해보자.

$$\frac{\begin{array}{c} ? \\ A \end{array}}{C}$$

이때 이 추론을 정당화해 줄 전제로 '?' 자리에 들어가기에 적절한, 최소한의 정보는 어떤 것일까? 추론이 타당하기 위해서는 전제가 참이면

1. 진리함수적 분석   **39**

서 결론이 거짓이 될 가능성을 배제해야 하고, 이 점을 충족하면 타당한 추론이 되는 데 충분하다. 이렇게 볼 때 앞의 추론이 타당하려면 전제 A가 참인데 결론 C는 거짓이 될 가능성을 추가 전제 '?'가 배제해 주면 된다. 프레게가 도입하는 조건문은 정확히 이런 역할을 하기 위한 것이고, 프레게는 이를 조건문 'A이면 C'로 나타낸 것이라고 할 수 있다. 이런 사고 노선을 따를 경우 프레게가 진리함수적 분석을 제시한 이유는 전건 긍정규칙의 타당성과 연관되어 있다고 할 수 있고, 더 구체적으로는 전건 긍정규칙의 타당성을 담보하기 위해 필요한 최소한의 정보라는 착상에서 진리함수적 조건문의 진리조건이 기원했다고 볼 수 있다.

전건 긍정규칙에서 조건문이 담당해야 할 역할이라는 관점에서 진리함수적 분석을 채택하게 되었다고 볼 경우, 조건문의 전건과 후건 사이에 성립해야 하는 연관성이 꼭 인과적 연관성과 같은 사실적 연관성일 필요가 없다는 점은 비교적 분명하다. 누군가가 조건문이 의미 있는 것이 되기 위해서는 전건과 후건 사이에는 어떤 식이든 일정한 연관성이 있어야 한다고 주장한다면, 우리는 질료적 조건문에도 모종의 연관성이 있다고 말할 수 있다. 다만 그때의 연관성은 전건 긍정규칙이 타당하기 위해 필요한 '진리 사이의 연관성'일 것이다.

자연언어와 형식언어의 관계와 관련한 프레게의 견해에 비추어 보더라도, 이런 식의 추측은 더욱 힘을 얻는 것 같다. 프레게는 자연언어와 형식언어의 관계를 '육안'과 '현미경'의 비유를 들어 설명한다.[9] 그는 모든 면에서 현미경이 좋다고 이야기하는 것이 결코 아니다. 가령 우리

---

9   Frege (1972), pp. 104-5.

가 일상생활을 하면서 현미경과 같은 높은 해상도를 지닌 안경을 쓴다면 이는 도리어 큰 불편을 초래할 것이다. 이런 측면에서 프레게는 육안이 때에 따라 현미경보다 더 편리하다는 점을 기꺼이 인정한다. 다만 그는 특정 상황에서는 육안보다 훨씬 높은 해상도를 지닌 현미경이 더 좋다고 주장한다. 학문적인 논의에서 논증을 분석하고 추론을 하는 것이 그런 특정한 상황이며, 이때는 자연언어보다 인공언어가 더 정확하며 유용하다는 것이다. 이런 맥락에서 프레게는 자신이 도입하는 조건문 결합사가 추론을 평가하는 데 있어서 담당해야 할 역할을 다한다면 그것이 일상어의 '~면'과 때로 의미 차이를 보이더라도 문제가 없다고 생각한 것이 아닌가 한다.

1.3 진리함수적 분석의 난점 : 반직관적 결과들

우리가 쓰는 일상적 조건문을 진리함수적 조건문으로 여길 경우 반직관적 결과가 많이 생겨난다.[10] 반직관적 결과에는 두 부류가 있다. 하나는 '과다 생성'(over-generation)이고 다른 하나는 '미달 생성'(under-generation)이다. 과다 생성이란 진리함수적 조건문으로 여길 경우 참인 주장이거나 타당한 추론이라고 해야 하지만 직관적으로는 거짓이거나 부당한 추론을 말한다. 한편 미달 생성이란 진리함수적 조건문으로 여길 경우 거짓이라고 해야 하지만 직관적으로는 참인 주장을 말한다. 반직관적 결과의 대부분은 과다 생성의 사례들이지만 드물게 미달 생성의 사례도 있다. 우리는 여기서 주장의 사례와 논증의 사례를

---

10   이런 예는 Adams (1975)에 많이 나온다. 또한 Cooper (1968)도 참조.

먼저 나누고 그 안에서 과다 생성과 미달 생성의 사례를 각각 소개하기로 하겠다.

1.3.1 참/거짓이지만 이상하게 비치는 주장들

우선 진리함수적 분석에 따르면 **참인 주장**이지만 직관적으로는 참이라고 보기 어려운 주장의 사례가 여럿 있다. 질료적 조건문의 진리조건에 따를 때 전건이 거짓이거나 후건이 참이기만 하면 조건문은 모두 참이 된다. 따라서 다음은 모두 참인 조건문이라고 해야 한다.

부산이 한국의 수도이면, 지구는 둥글다.

오늘이 일요일이면, 서울은 한국의 수도이다.

전건과 후건이 모두 참이기는 하지만 이들 사이에 '연관성'이 없어 보이는 다음 예도 마찬가지로 참이 된다.

서울이 한국의 수도이면, 삼일절은 법정 공휴일이다.

대부분의 일상인들은 이들 주장이 참이라는 데에 선뜻 동의하지 않을 것이다. 우리는 앞에서 프레게도 이미 이런 점을 잘 알고 있었음을 보았다.

이상하게 비치는 주장 가운데는 위의 사례와는 성격이 약간 다른 것도 있다. 진리함수적 분석에 따르면 다음 형태의 주장은 **논리적 참**이다.

⊢ (A ⊃ C) ∨ (C ⊃ A)

하지만 직관적으로 다음 주장은 논리적 참으로 생각되지 않는다.

강희가 수업에 오면 연수도 오거나 연수가 수업에 오면 강희도 온다.

왜냐하면 위의 선언지 가운데 어느 하나가 반드시 성립한다고 말하기는 어려운 것 같기 때문이다. 이와 비슷한 예로 에징톤이 드는 다음의 항진명제도 마찬가지이다.

⊢ (A ⊃ C) ∨ (~A ⊃ C)

이것이 항진명제이므로, A ⊃ C를 부정하는 사람이라면 그는 ~A ⊃ C는 받아들여야 한다. 그런데 가령 내가 "보수당이 진다면 대처는 사임할 것이다"라는 주장이나 "보수당이 이긴다면 대처는 사임할 것이다"라는 주장 가운데 어느 하나를 반드시 받아들여야 하는 것은 아닌 것 같으며, 또한 어느 하나를 받아들인다고 해서 다른 하나는 꼭 부정해야 하는 것도 아닌 것 같다.

과다 생성의 사례와 달리 미달 생성의 사례도 있다. 이것은 진리함수적 분석에 따르면 **거짓**이라고 보아야 하지만 직관적으로는 참으로 생각되는 사례이다.[11]

---

11   Gibbard (1981), p. 235. If it broke if it was dropped, it was fragile.

그 컵이 떨어졌을 경우 그것이 깨졌다면, 그것은 잘 깨지는 것이다.

이는 참으로 보인다. 하지만 실제로는 그 컵이 플라스틱으로 된 것이어서 잘 깨지는 것이 아니고, 나아가 그 컵이 떨어진 것도 아니고 깨지지도 않았다고 해보자. 이때 진리함수적 분석에 따르면 이 조건문은 거짓이다. 전건은 참이지만 후건은 거짓이기 때문이다.

1.3.2 타당하지만 이상하게 비치는 추론들

조건문의 진리조건을 질료적 조건문의 그것으로 잡을 경우 **타당한 추론**이지만 직관적으로는 이상하게 비치는 추론이 많이 있다.

질료적 함축의 역설

가장 널리 알려진 것은 질료적 함축의 역설 사례로, 다음은 타당한 추론이다.

$\sim\!A \vdash A \supset C$

하지만 다음 추론의 전제를 받아들인다고 해서 결론도 받아들여야 하는지는 의문이다. 도리어 결론은 거짓으로 보인다.

오늘은 화요일이 아니다. 따라서 오늘이 화요일이라면 내일은 금요일이다.

이 사례는 전건이 거짓이기만 하면 질료적 조건문은 참이 되기 때문에 발생하는 현상이다.

한편 후건이 참이기만 하면 질료적 조건문은 참이 되기 때문에 발생하는 또 다른 형태의 질료적 함축의 역설도 있다. 다음은 타당한 추론이다.

$$C \vdash A \supset C$$

하지만 다음 추론의 전제가 참이라고 해서 결론도 참이라는 데는 선뜻 동의하기 어려워 보인다.

서울은 한국의 수도이다. 따라서 오늘이 화요일이면 서울은 한국의 수도이다.

전건 긍정규칙

조건문 안에 다시 조건문을 포함하는 중첩 조건문(embedded conditionals)이 나올 경우 기본적인 추리 규칙 가운데 하나인 전건 긍정규칙에도 반직관적인 결과가 나타나는 것 같다. 가장 많이 논의된 것은 반 멕기가 제시한 '반례'이다. 다음과 같은 상황을 생각해 보자.

1980년 미국의 대통령 선거 직전에 행해진 여론조사 결과, 공화당 후보 레이건이 민주당 후보 카터를 훨씬 앞서고 있으며, 또 다른 공화당 후보 앤더슨이 훨씬 뒤처져 3위를 달리고 있는 것으로 나타났다.

이때 아래의 두 전제는 믿을 만하지만 결론은 믿을 만하지 않은 것으로 보인다.

A ⊃ (B ⊃ C), A ⊢ B ⊃ C

공화당 후보가 선거에서 이길 경우, 승자가 레이건이 아니라면 승자는 앤더슨일 것이다. 공화당 후보가 선거에서 이길 것이다. 따라서 승자가 레이건이 아니라면 승자는 앤더슨일 것이다.

이 밖에 우리가 자주 쓰는 추론 가운데 조건문을 질료적 조건문으로 여기면 타당하지만 이상하게 비치는 반직관적 결과를 더 나열하면 다음과 같다.

대우규칙

A ⊃ C ⊢ ~C ⊃ ~A

내일 비가 온다면, 비가 엄청 많이 오지는 않을 것이다. 따라서 내일 비가 엄청 많이 온다면, 비가 오지 않을 것이다.

전건 강화규칙

A ⊃ C ⊢ (A & B) ⊃ C

이 찻잔에 설탕을 넣으면, 맛이 좋아질 것이다. 따라서 이 찻잔에 설탕을 넣고 석유도 넣으면, 맛이 좋아질 것이다.

가언 삼단논법

A ⊃ B, B ⊃ C ⊢ A ⊃ C

스미스가 선거 전에 죽는다면, 존스가 선거에서 승리할 것이다. 존스가 선거에서 승리한다면, 스미스는 선거 후에 은퇴할 것이다. 따라서 스미스가 선거 전에 죽는다면, 스미스는 선거 후에 은퇴할 것이다.[12]

이입이출 원리

(A & B) ⊃ C ⊣⊢ A ⊃ (B ⊃ C)

내일 비나 눈이 오는데 비가 오지 않으면, 눈이 올 것이다. 따라서 내일 비나 눈이 올 경우, 비가 오지 않으면 눈이 올 것이다.[13]

기타

일정한 이름이 붙어 있지는 않지만, 직관적으로 이상하게 보이는 추론도 있다. 우선 조건문의 부정과 관련해서 반직관적인 추론이 있다. 다음은 조건문을 진리함수적으로 이해할 때 타당한 추론이다.

∼(A ⊃ C) ⊢ A

∼(A ⊃ C) ⊢ ∼C

"강희가 수업에 오면 연수도 온다는 것은 사실이 아니다. 따라서 강희가 수업에 온다"나 "강희가 수업에 오면 연수도 온다는 것은 사실이 아니다. 따라서 연수는 수업에 오지 않는다"가 위의 추론 형식을 지닌 사례이다. 하지만 "강희가 수업에 오면 연수도 온다"는 것을 부정한다고 해서 이 때문에 강희가 수업에 온다거나 연수가 수업에 오지 않는다는 것을 꼭 받아들여야 하는 것은 아닌 것 같다.

---

12   우리말로 된 다음 예도 가언 삼단논법의 좋은 반례로 보인다.
"정민이가 배가 고프다면, 정민이는 밥을 먹을 것이다. 정민이가 밥을 먹으면, 정민이는 배가 부를 것이다. 따라서 정민이가 배가 고프다면, 정민이는 배가 부를 것이다."

13   If it rains or snows tomorrow, and it does not rain tomorrow, it will snow tomorrow. Therefore if it rains or snows tomorrow, then if it does not rain tomorrow, it will snow.

좀 더 흥미로운 예는 다음의 '손쉬운' 신 존재 증명이다.

~A ⊃ ~(B ⊃ C), ~B ⊢ A

신이 존재하지 않는다면, 내가 기도를 하면 내 기도에 신이 응답할 것이라
는 것은 사실이 아니다. 나는 기도를 하지 않는다. 따라서 신은 존재한다.[14]

두 개의 조건문이 다음과 같이 선언으로 결합될 때에도 반직관적 결과
가 생기는 것으로 보인다.

(A & B) ⊃ C ⊢ (A ⊃ C) ∨ (B ⊃ C)

스위치 x를 누르고 스위치 y를 누르면 불이 켜질 것이다. 따라서 스위치 x
를 누르면 불이 켜지거나 스위치 y를 누르면 불이 켜질 것이다.

다음도 마찬가지로 이상한 추론으로 비친다.[15]

(A ⊃ B) & (C ⊃ D) ⊢ (A ⊃ D) ∨ (C ⊃ B)

존이 파리에 있다면 그는 프랑스에 있는 것이고 존이 런던에 있다면 그는
영국에 있는 것이다. 따라서 존이 파리에 있다면 그는 영국에 있는 것이거

---

14   If God does not exist, then it is not the case that if I pray my prayers will be
answered (by Him). I do not pray. So God exists. 이는 에징톤의 예이다. Edgington
(1986), p. 187.

15   이보다 좀 더 단순한 형태인 다음도 마찬가지이다.

(A ⊃ B) ⊢ (A ⊃ D) ∨ (C ⊃ B)

존이 파리에 있다면 그는 프랑스에 있는 것이다. 따라서 존이 파리에 있다면 그는 영국에 있는
것이거나 존이 런던에 있다면 그는 프랑스에 있는 것이다.

나 존이 런던에 있다면 그는 프랑스에 있는 것이다.

　이런 반직관적 결과들에 비추어 볼 때, 두 가지 방향의 작업이 가능하다. 하나는 이것들이 진리함수적 분석의 진정한 난점임을 인정하고, 우리의 직관에 맞도록 이들을 적절히 설명하는 다른 분석 방안을 제시하는 것이다. 다른 하나는 이것들이 진리함수적 분석의 진정한 난점은 아니라는 점을 보이고, 나아가 왜 그것들이 난점처럼 보인다고 생각하는지를 적절히 해명하는 것이다. 앞으로 우리는 이런 시도들을 모두 살펴볼 것이다.

조건문의 분류

2.1 직설법적 조건문, 가정법적 조건문, 그리고 반사실적 조건문

우리가 일상적으로 사용하는 조건문에는 두 가지 부류가 있다고 생각된다. 하나는 직설법적 조건문(indicative conditionals)이고 다른 하나는 가정법적 조건문(subjunctive conditionals)이다. 조건문 논의에서 보통 'OK 사례'라고 부르는 다음 두 조건문을 예로 들어 생각해 보자.[1]

(1) 오스왈드가 케네디를 죽이지 않았다면, 다른 누군가가 죽인 것이다.

　　(If Oswald didn't kill Kennedy, someone else did.)

(2) 만약 오스왈드가 케네디를 죽이지 않았더라면, 다른 누군가가 죽였을

1　Adams (1970)에 나오는 예이다.

것이다.

(If Oswald hadn't killed Kennedy, someone else would have.)

(1)은 직설법적 조건문이고 (2)는 가정법적 조건문이다. 베넷이 가정법적 조건문을 'would' 집단(would group)이라고 불렀듯이,[2] 그것은 주절인 후건에 'would'가 나온다는 특징이 있다. 이런 표현상의 단서 이외에, 전건이 거짓임을 알고 있는 맥락이라면 직설법적 조건문은 쓸 수 없고 가정법적 조건문만 쓸 수 있다는 점에서도 이 둘은 차이가 있다. 가령 영어에서 아래에서 #라고 표시한 것은 적절하지 않은 것으로 간주된다.[3]

(3) #Bob never danced. If Bob danced, Leland danced.

(4) Bob never danced. If Bob were to dance, Leland would dance.

가정법적 조건문을 때로 '반사실적 조건문'(counter-factual conditionals)이라고 부르기도 한다. 이 명칭은 가정법적 조건문의 경우 화자가 전건을 거짓이라고 여기고 있다는 점을 잘 나타내 주는 장점이 있다. 가령 다음은 반사실적 조건문의 전형적 예가 될 것이다.

---

2   Bennett (2003), p. 11.

3   Star (2019), p. 3.

⑸ 만약 6.25가 일어나지 않았더라면, 우리나라는 훨씬 더 좋은 사회가
되었을 것이다.

그런데 가정법적 조건문의 전건이 언제나 거짓인 것은 아니다. 때로 참
인 전건과 참인 후건을 갖는 가정법적 조건문도 있다. 에징톤은 다음과
같은 예를 든다.[4]

⑹ 네가 그것을 떨어트렸더라면, 그것은 깨졌을 것이다.
(If you had dropped it, it would have broken.)

이때 내가 다음과 같이 대답한다고 해서 이상한 것이 아니라는 것이 에
징톤의 주장이다. "네 말이 맞다. 내가 그것을 떨어트렸고 그래서 그것
은 깨졌다. 하지만 내가 아주 감쪽같이 붙여 놓아서 네가 모르는 것이
다." 에징톤의 주장을 받아들인다면 우리는 가정법적 조건문은 전건이
실제로 거짓이어야 한다기보다는 화자가 그것을 거짓이라고 **믿고 있는**
상황에서만 쓸 수 있다고 해야 한다.

하지만 화자가 전건이 거짓이라고 믿고 있을 때에만 가정법적 조건
문을 쓸 수 있는 것도 아니다. 화자가 전건이 참임을 믿고 있는 상황에
서도 가정법적 조건문을 발화하는 것이 적절한 경우가 있다. 앤더슨이
이를 일찍이 보여 주었다.[5] 다음은 손색없는 가정법적 조건문이라는 것
이다.

---

4 Edgington (1995a), p. 240.

5 Anderson (1951).

(7) 만약 콜럼부스가 미대륙을 발견하기 이전에 이미 집약적인 농업이 행해지고 있었다면, 자연 환경도 특정한 방식으로 영향을 받았을 것이다. 지금 우리가 여러 강줄기의 분화와 관련해 보고 있는 것이 바로 그런 것이다.

(If there had been intensive agriculture in the Pre-Columbian Americas, the natural environment would have been impacted in specific ways. That is exactly what we find in many watersheds.)

또 다른 예로 의사가 다음과 같은 진단을 내리는 상황도 생각해 볼 수 있다.

(8) 만약 그가 비소를 먹었다면 그는 바로 (그가 지금 보이고 있는) 이런 증상을 보이게 되었을 것이다.

(If he had taken arsenic, he would have shown just these symptoms (those which he in fact shows).)

에징톤에 따르면, 의사의 이런 진단은 직설법적 조건문("If he took arsenic, he is showing just these symptoms")을 사용해서는 표현할 수 없고 도리어 위처럼 가정법적 조건문을 사용해서 표현할 수 있다. 이런 예는 가정법적 조건문으로 표현한다고 해서 화자가 그 조건문의 전건이 언제나 거짓이라고 믿고 있음을 전제하는 것도 아님을 잘 보여 준다.[6]

---

6   게다가 에징톤은 전건이 거짓임을 나타내기 위해서는 가정법적 조건문이 아니라 직설법적 조건문을 사용해야 하는 상황도 있다고 주장한다. 가령 의사의 예에서 전건이

지금까지의 논의에 비추어 볼 때, 우리는 '반사실적 조건문'을 가정법적 조건문의 일부, 즉 전건이 실제로 거짓이거나 또는 화자가 거짓이라고 믿고 있는 가정법적 조건문만을 가리키는 것으로 쓸 수도 있고, 아니면 그 둘을 같은 의미로 보고 전건이 거짓이 아닌 경우까지 포괄하는 것으로 쓸 수도 있을 것이다. 선택은 임의적이다.[7] 우리는 이 책에서 '반사실적 조건문'이 전건이 거짓인 가정법적 조건문을 가리키는 것으로 사용하겠다.

2.2 직설법적 조건문인가 가정법적 조건문인가?

앞의 논의가 언어학과 관련된 논의라고 한다면, 조건문의 분류와 관련해서는 좀 더 철학적인 논란이 있다. 에징톤이 드는 다음 예를 보자.[8] 아주 낡아서 곧 무너질 듯한 허름한 건물 옆에 나와 친구가 같이 서 있다고 하자. 이때 내가 친구에게 다음과 말한다.

  (9) 저기 들어가면, 너는 크게 다칠 거다.

    (If you go in, you will get hurt.)

거짓임을 주장하려면 아래에서 직설법적 조건문을 사용해야 하는 것이지 가정법적 조건문을 사용해서는 안 된다는 것이다.

If he took arsenic, he is showing no signs.

If he had taken arsenic, he would be showing no signs.

7 가령 베넷은 Bennett (2003)에서 '반사실적 조건문'을 전자의 의미로, 에징톤은 Edgington (1995a)에서 후자의 의미로 사용한다.

8 Edgington (1995a).

이 말을 듣고 친구는 거기 들어가지 않았는데, 공교롭게도 얼마 지나지 않아 그 건물이 폭삭 무너져 내렸고, 이때 내가 다음과 같이 말한다고 해보자.

(10) 만약 저기 들어갔더라면, 너는 크게 다쳤을 것이다.

　　(If you had gone in, you would have got hurt.)

이 둘은 모두 참으로 보인다. 그런데 (9)는 직설법적 조건문이고, (10) 은 가정법적 조건문으로 분류된다.

이 쌍을 앞서 OK 사례와 대비해 보자.

(1) 오스왈드가 케네디를 죽이지 않았다면, 다른 누군가가 죽인 것이다.

　　(If Oswald didn't kill Kennedy, someone else did.)

(2) 만약 오스왈드가 케네디를 죽이지 않았더라면, 다른 누군가가 죽였을 것이다.

　　(If Oswald hadn't killed Kennedy, someone else would have.)

OK 사례에서는 직설법적 조건문 (1)은 참이고 가정법적 조건문 (2)는 거짓이라 생각되는 반면, 에징톤의 사례에서는 직설법적 조건문 (9)와 가정법적 조건문 (10)이 모두 참이라고 생각된다. 더욱 중요한 점은 OK 사례의 두 문장은 서로 다른 주장을 하는 것으로 보이는 데 반해, 에징톤 사례의 두 문장은 발화 시점이 다를 뿐 같은 주장을 하는 것으로 보인다는 점이다.

(9)를 직설법적 조건문으로 보는 것이 이른바 '전통적'(the tradi-tional) 견해이다.[9] 하지만 전통적 견해를 비판하고, 그것을 (10)과 같은 가정법적 조건문에 속한다고 보아야 한다는 사람들도 있다.[10] 이 논의는 (9)와 같이 미래형 'will'이 나오는 조건문을 어떻게 불러야 하는지에 관한 언어학적인 논란이 아니라, 그런 형태의 조건문을 가정법적 조건문의 진리조건에 따라 참/거짓을 평가하는 것이 옳은지 아니면 직설법적 조건문의 진리조건에 따라 평가하는 것이 옳은지를 둘러싼 의미론적 논란이라는 점을 주목해야 한다.

OK 사례로 되돌아가 본다면, 이는 다음을 어떻게 분류해야 할지를 두고 논란이 인다는 의미이다.

(11) 만약 오스왈드가 케네디를 죽이지 않는다면, 다른 누군가가 죽일 것이다.

(If Oswald doesn't kill Kennedy, someone else will.)

이런 영어 문장을 우리가 정확히 어떻게 평가해야 할지를 정하기는 쉬운 일이 아니며, 우리가 그런 작업을 잘 할 수 있을지도 의문이다. 이런 이유로 우리는 이 책에서는 'will'이 나오는 조건문의 분류를 두고 논란이 있다는 점만을 지적하는 데 그치고, 그냥 '전통적인' 견해를 받아들이고 논의를 진행하기로 하겠다. 다행스럽게도, 조건문의 분류 문제를 미리 확정해야만 조건문의 진리조건이 무엇인지를 확정지을 수 있

----

9 Jackson (1990)은 이를 옹호한다.

10 Gibbard (1981), Dudman (1984), (1988), Smiley (1984), Bennett (1988), Mellor (1993).

는 것은 아니다. 베넷이 주장했듯이[11] 조건문의 분류 문제는 이론 수립
의 결과물로 보는 것이 더 낫다고 할 수도 있기 때문이다. 다시 말해,
조건문을 정확히 분류한 다음 그에 맞는 각각의 이론을 제시하는 순서
로 꼭 진행해야 하는 것은 아니며, 도리어 순서를 바꾸어 이론을 먼저
제시하고 그 이론이 적용되는 조건문을 나중에 분류해 넣는 것도 한 가
지 현실적 방안일 수 있다는 것이다.

2.3 국어의 조건문

우리 국어의 경우 직설법과 가정법의 구분은 그다지 분명하지 않다고
들 말한다.[12] 예로 다음 문장을 보자.

　(12) 어제 강희가 서울에 왔으면, 나를 찾아왔을 것이다.

이때 화자는 강희가 어제 서울에 오지 않았다고 믿고 있는 것인가 아니
면 그렇지 않은 것인가? 아마 이것만으로는 화자가 어떤 태도를 보이
는 것인지 가늠하기 어려워 보인다. 이 점에서 우리는 '-(으)면'이 국
어에서 '무표성의 중립적 조건 표지'[13]라는 주장에 동의할 수 있다. 이
는 국어에서는 '-(으)면'을 사용하여 화자가 전건이 참인지 거짓인지

11　Bennett (2003), p. 9.

12　국어학자들의 조건문에 관한 논의로는 구현정 (1998), 박나리 (2013), 박승윤
(1988), 박승윤 (2007), 박유경 (2015), 박정운 (2006), 손민숙 (1987), 이광호
(1980), 최중열(1990) 등 참조.

13　박승윤 (1988), p. 10.

는 확실히 모르지만 그것이 참으로 성립한다는 조건 아래 일정한 주장을 하는 경우도 있고, 또 때로는 전건이 거짓이라고 알고 있지만 그것이 참으로 성립한다고 가정할 경우 어떠한지에 관해 서술하는 경우도 있다는 것을 의미한다.[14] 아마 전자는 영어에서 직설법적 조건문이라고 부르는 것에 해당할 테고, 후자는 가정법적 조건문이라고 부르는 것에 해당한다고 말할 수 있을 것이다.

국어학계에서 벌어지는 흥미로운 논란은 전건이 참이 분명한데도 '-(으)면'을 사용하는 조건문을 쓸 수 있는가와 관련한 것이다. 언뜻 보면, 전건이 참임을 확신하고 있는 경우에 전건이 참이라는 조건 아래 어떤 것이 성립한다는 것을 말하는 조건문을 사용하는 것은 자연스럽지 않은 것 같다. 가령 지금 서울에 살고 있는 강희가 다음과 같은 주장을 한다면 이는 자연스럽지 않다고 할 것이다.

(13) 내가 서울에 살고 있으면, 나는 광화문에 자주 나갈 것이다.

그런데 경찰관이 차도 한 가운데 서 있는 노인에게 다음과 같이 말하는 경우를 생각해 보자.

(14) 거기 서 계시면 위험합니다.

이 조건문은 아주 자연스러운 문장으로 보인다. 그렇다면 이 예는 국어

---

14   국어학자들은 전자를 '조건문', 후자를 '가정문'으로 부르기도 한다. 하지만 이런 용어법은 조건문을 직설법적 조건문과 가정법적 조건문으로 나누는 우리의 구분에 비추어 보면 혼란스러우므로 이를 따르지는 않을 것이다.

에서 조건문을 발화하는 전형적인 맥락은 전건이 참인지 거짓인지 확실하게 알지 못하는 상황이라고 할 수 있지만 때로 전건이 참임이 확실한 상황에서도 조건문을 사용한다는 점을 보여 준다고 할 것이다. 하지만 이 점이 썩 분명한 것은 아니다. 앞에 나온 예는 앞으로도 당신이 거기 계속 서 계실지 모르겠지만 그렇게 한다면 그것은 위험하다는 것을 뜻한다고 볼 여지도 충분하기 때문이다.

국어의 '-(으)면' 구문이 직설법적 조건문에 해당하는 것을 나타내는 데도 쓰이고, 가정법적 조건문에 해당하는 것을 나타내는 데도 쓰인다면, 우리는 이를 어떻게 구분해서 이해하는 것일까? 박승윤은 이에 대해 한 가지 가설을 제안한다. 그에 따르면, 조건문 표지 가운데서 '-(으)면'과 '-다면' 사이에는 차이가 있다. 그는 '-(으)면'과 견주어 볼 때 '-다면'이 화자가 전건이 사실이 아닐 가능성을 더 강하게 받아들이고 있음을 나타낸다고 본다. 이런 설명을 따른다면 (12)와 (15) 사이에는 차이가 있다.

(12) 어제 강희가 서울에 왔으면, 나를 찾아왔을 것이다.
(15) 어제 강희가 서울에 왔다면, 나를 찾아왔을 것이다.

(12)에 비해 (15)가 가정법적 조건문을 나타낸다고 볼 여지가 더 크다는 것이다.[15] 하지만 이에 대해 국어학자들의 의견 일치가 있는 것은 아니고, 나로서도 이런 가설이 얼마나 설득력이 있는지 의문이다.

그렇다고 해서 우리 국어에서는 화자가 반사실적 조건문을 의도하고

---

15   그는 또한 '-다면'보다 '-다라고 하면'이 더 강하게 가정법적 조건문임을 시사해 준다고 말한다.

있다는 점, 즉 전건이 거짓임을 믿고 있다는 점을 적절히 나타낼 수 없다는 것은 결코 아니다. 도리어 다음은 직설법적 조건문이 아닌 반사실적 조건문을 표현한다는 점이 명백해 보인다.

(16) 만약 어제 강희가 서울에 왔더라면, 나를 찾아왔을 텐데.

이처럼 '만약'이나 '만일'과 같은 표현이 조건문 표지와 함께 사용된다면 가정법적 조건문을 나타낼 가능성은 더 커진다는 점을 알 수 있다. 특히 (16)에 나오는 '만약 –었더라면, –었을 텐데' 구문은 반사실적 조건문 이외의 것으로 읽힐 여지는 거의 없는 것으로 생각된다.

  국어학계의 이런 논의를 받아들일 경우 이는 철학계의 조건문 표현 방식과 관련해 한 가지 시사점을 제시해 준다고 할 수 있다. 많은 논리학 책에서는 직설법적 조건문을 영어의 'if ..., then ...'에 맞추어 '습관적'으로 '만약 A이면 C'라고 나타내곤 한다. 하지만 국어학계의 논의를 참조할 때, 이는 불필요한 오해를 불러일으키기 쉽다. 왜냐하면 국어에서 '만약'은 가정법적 조건문을 의도할 때 쓰는 지표 가운데 하나라고 할 수 있기 때문이다. 이런 점을 감안하여, 이 책에서는 직설법적 조건문을 우리말로는 'A이면, C'라고 표현하였다.[16]

---

16   나아가 논리학계에서는 조건문을 '만약 A이면 C이다'로 적는 경우가 대부분인데, 이것도 썩 적절치는 않다. 왜냐하면 A와 C는 그 자체로 온전한 하나의 문장을 나타낸다고 보아야 하기 때문이다.

2.4 반사실적 조건문의 진리조건

직설법적 조건문과 가정법적 조건문의 정확한 구분이나 사용 맥락과
관련해 다소 불분명한 점이 있지만, 그럼에도 불구하고 이들의 의미가
크게 다르다는 점은 부인할 수 없다. 처음의 OK 사례를 다시 보자.

  (1) 오스왈드가 케네디를 죽이지 않았다면, 다른 누군가가 죽인 것이다.

      (If Oswald didn't kill Kennedy, someone else did.)

  (2) 만약 오스왈드가 케네디를 죽이지 않았더라면, 다른 누군가가 죽였을
      것이다.

      (If Oswald hadn't killed Kennedy, someone else would
      have.)

직설법적 조건문인 (1)은 참이라고 생각되는 반면 가정법적 조건문인
(2)는 거짓으로 생각된다. 이 점은 우리가 이 둘의 의미나 진리조건을
아주 다르게 파악하고 있음을 말해 준다.

  하지만 (1)과 (2)가 아주 다르다는 점을 인정한다는 것이 곧 무엇을
의미해야 하느냐를 두고서는 견해차가 있다. 이 둘은 아주 다른 부류이
고 그래서 다른 의미론을 갖는 것으로 보아야 한다는 사람이 있다. 반
면에 이 둘이 다르지만, 이 차이는 '화용론'의 차이로 설명할 수 있으
며 이를 의미론의 차이로 간주할 필요는 없다는 사람도 있다. 직설법적
조건문에 대해 비진리함수적 분석을 옹호하는 스톨네이커가 후자의 노
선을 견지하는 대표적인 인물이다.

  진리함수적 분석을 옹호하는 사람이라면 (1)과 (2)를 아주 다르게

다루어야 한다. 바꾸어 말해, 반사실적 조건문에는 진리함수적 분석을
적용할 수 없다고 보아야 하는 강력한 이유가 있다. 첫째, 반사실적 조
건문에도 진리함수적 분석을 적용한다면 반사실적 조건문은 모두 참이
라고 해야 한다. 왜냐하면 그런 조건문의 전건은 거짓이기 때문이다.
이에 따라 우리는 (2)도 참이라고 해야 한다. 하지만 우리 직관에 따를
때, (1)은 참이지만 (2)는 거짓이다. 둘째, 반사실적 조건문에도 진리
함수적 분석을 적용한다면, 우리는 (2)의 후건과 모순되는 후건을 지닌
다음 조건문[17]도 마찬가지로 참이라고 해야 한다.

(17) 만약 오스왈드가 케네디를 죽이지 않았더라면, 어느 누구도 죽이지 않
    았을 것이다.

　(If Oswald hadn't killed Kennedy, no one would have.)

왜냐하면 이 조건문의 전건 역시 거짓이기 때문이다. 하지만 어느 누구
도 (2)와 (17)을 동시에 받아들일 것 같지는 않다.

　과거와 관련해 실현되지 않은 가정을 하기만 하면 모두 참이 되고 만
다는 것은 명백히 반직관적이다. 도리어 과거에 관해 사실과 반대되는
가정을 하는 주장들 가운데 어떤 것은 받아들일 만하고 어떤 것은 그렇
지 않은 것으로 보인다. 다음 예를 보자.

(5) 만약 6.25가 일어나지 않았더라면, 우리나라는 훨씬 더 좋은 사회가
    되었을 것이다.

17　'P이면 Q'와 'P이면 ~Q'처럼 전건은 같지만 후건은 서로를 부정한 조건문을
'반대 조건문'(contrary conditional)이라 부른다.

(18) 만약 6.25가 일어나지 않았더라면, 우리나라는 훨씬 더 좋은 사회가
되지 않았을 것이다.

아마 어느 누구도 이 둘을 다 주장하지는 않을 것이다. 이런 반사실적
조건문은 전건이 거짓이라는 이유만으로 참이 되는 질료적 조건문의
진리조건을 갖는다고 보기는 어렵다. 따라서 반사실적 조건문이 진리
조건을 갖는다면, 그것은 적어도 질료적 조건문의 진리조건과는 다른
것이어야 한다는 점에는 모두가 동의한다. 다시 말해, 진리함수적 분석
은 반사실적 조건문에는 적용되지 않는다는 점에는 모두 동의한다.

　반사실적 조건문을 두고서도 우리가 참/거짓을 따질 수 있다면, 그
것의 진리조건은 무엇인가? 반사실적 조건문의 진리조건으로 가장 널
리 받아들여지는 것은 가능세계 의미론에 기초한 분석이다. 스톨네이
커와 루이스가 이런 이론을 제시한 대표적 인물이다. 하지만 이런 분석
이 적용되는 범위를 두고서는 이들 사이에 견해차가 있다. 루이스는 가
능세계에 의한 분석을 반사실적 조건문에만 적용하는 반면, 스톨네이
커는 이를 직설법적 조건문에도 적용한다.

　우리 책의 주제는 직설법적 조건문에 국한되므로, 여기서는 반사실
적 조건문의 진리조건으로 제시된 가능세계 분석의 기본 착상만 잠깐
소개하기로 하겠다. 반사실적 조건문의 진리조건은 대략 다음과 같이
규정할 수 있다.

반사실적 조건문 "A였더라면 C"가 참이다.
= A가 참이면서 현실세계와 가장 가까운 가능세계에서 C가 참이다.

여기서 '현실세계와 가장 가까운 가능세계'란 현실세계를 최소로 수정한 가능세계를 말한다. 가정상 반사실적 조건문의 전건은 거짓일 터이므로 현실세계에서 성립한 것을 일부 수정해야 할 텐데, 이때 수정은 최소로 이루어져야 한다는 것이다.

위에 나온 제안은 대략 스톨네이커의 것이라고 할 수 있는데, 이후 가능세계들끼리의 유사성 비교 문제나 현실세계와 가장 가까운 가능세계가 언제나 단 하나 존재하는가 등의 문제를 두고 루이스와 많은 전문적인 논의가 있었다. 이에 대한 자세한 논의는 여기서 하지 않겠다. 반사실적 조건문의 진리조건을 제시하는 것이 우리의 관심사는 아니기 때문이다. 이에 따라 앞으로의 논의에서 '조건문'은 모두 직설법적 조건문을 의미할 것이다.

2

조건문의 진리조건은
무엇인가?

2부에서는 조건문의 진리조건을 다룬다. 먼저 3장에서는 일상적 조건문이 진리함수적
조건문임을 보이고자 하는 여러 논증을 소개한다. 4장에서는 진리함수적 분석의 대안
으로 제시된 두 가지 이론인 스톨네이커와 아담스의 논리 체계를 살펴보고, 5장에서는
진리함수적 분석을 옹호하는 두 가지 시도로 그라이스와 잭슨의 입장을 다룬다.

진리함수적 분석을 지지하는 논증

3.1 기본 전략

앞서 우리는 일상적 조건문의 진리조건을 질료적 조건문의 진리조건으로 잡을 때 여러 가지 반직관적 결과가 생겨난다는 점을 보았다. 그런 결과 때문에 진리함수적 분석을 바로 포기해야 하는 것은 아니다. 진리함수적 분석을 받아들이면서도 반직관적 결과들을 적절히 해명할 수 있다면 그런 분석 방안을 여전히 채택할 수도 있기 때문이다. 게다가 여러 가지 반직관적 결과에도 불구하고 일상적 조건문이 질료적 조건문과 다르지 않음을 보이는 논증도 많이 있다. 여기서 우리는 먼저 진리함수적 분석을 옹호하는 여러 논증을 살펴보고, 이어 진리함수적 분석을 유지하면서 반직관적 결과를 해명하는 방안을 검토하기로 하겠다.

우리가 일상적 조건문을 'A → C'로, 진리함수적 조건문을 'A ⊃

C' 로 나타낸다고 할 때 이 둘이 동치임을 보이려면 다음 두 논제를 입증하면 된다.[1]

논란 없는 원리(UP)

A → C ⊢ A ⊃ C

이행 원리(PP)

A ⊃ C ⊢ A → C

논란 없는 원리(the Uncontested Principle)와 이행 원리(the Passage Principle)는 조건문에 대한 진리함수적 분석을 옹호하는 두 기둥이라고 할 수 있다. 에징톤에 따르면 이 두 원리는 조건문의 진리조건이 어떠해야 하는지를 규정하는 것이다.[2] 그는 논란 없는 원리가 조건문이 진리조건을 갖는다고 보는 이론이 만족시켜야 할 최소한의 진리조건을 규정하는 것으로 이해한다. 조건문의 진리조건은 질료적 조건문의 진리조건보다 (더 강하면 강했지 그것보다) 더 약할 수는 없다는 것이다. 반면 이행 원리는 조건문의 진리조건이 질료적 조건문의 진리조건보다 강할 필요는 없으며, 그것으로 충분하다는 것을 말하는 것으로 이해한다. 이 두 원리를 받아들이게 되면, 직설법적 조건문의 진리조건과 질료적 조건문의 진리조건이 정확히 같다는 것이 따라 나오게 된다.

---

1   Jackson (1987), p. 4.
2   Edgington (1986), (1995).

논란 없는 원리와 이행 원리에 대한 정당화를 검토하기 전에 앞으로의 논의를 위해 전건 긍정규칙(modus ponens)과 조건 증명(conditional proof)의 두 가지 유형을 미리 구분해 두는 것이 좋을 것 같다. 이 구분은 거기에 나오는 조건문이 질료적 조건문인가 일상적 조건문인가에 따른 구분이다.

전건 긍정규칙(MP)

전건 긍정규칙1: A $\supset$ C, A $\vdash$ C

전건 긍정규칙2: A $\rightarrow$ C, A $\vdash$ C

조건 증명(CP)

조건 증명1: A, B $\vdash$ C이면, A $\vdash$ B $\supset$ C

조건 증명2: A, B $\vdash$ C이면, A $\vdash$ B $\rightarrow$ C

3.2 논란 없는 원리

이름에서도 드러나듯이, 논란 없는 원리의 타당성을 부인하는 사람은 별로 없다.[3] 그리고 이 원리를 받아들여야 할 좋은 이유들이 있다. 이 원리를 부정한다고 해보자. 이는 전건 긍정규칙2의 타당성을 부정하는 결과가 된다. 이를 보이는 증명은 다음과 같다.

---

3   이를 부인하는 사람으로는 이병덕 (2008), (2009), Douven (2016) 등을 들 수 있다. 논란 없는 원리를 둘러싼 국내 학자들끼리의 논쟁으로는 김세화 (2012), 양은석 (2011), (2012), (2013a), (2013b), (2014), 이병덕 (2012a), (2012b), (2012c), (2014), (2015), 최원배 (2011), (2012) 등을 참조.

논란 없는 원리가 성립하지 않는다고 해보자. 이는 전제 'A → C'가 참인데, 결론 'A ⊃ C'가 거짓인 경우가 있다는 의미이다. 그런데 결론인 질료적 조건문은 전건이 참이고 후건이 거짓인 경우에만 거짓이다. 따라서 논란 없는 원리가 성립하지 않는다는 것은 'A → C'가 참이고 'A'도 참인데 'C'는 거짓인 경우가 있다는 의미이다. 이를 전건 긍정규칙2에 적용해 보자. 이는 전건 긍정규칙2라는 추론이 부당하다는 의미이다. 왜냐하면 전제 'A → C'와 'A'가 모두 참인데 결론 'C'는 거짓인 경우가 있다고 했기 때문이다. 그러므로 논란 없는 원리가 부당하다는 주장은 전건 긍정규칙2가 부당한 추론이라는 주장으로 귀착된다.

전건 긍정규칙2를 인정하는 한 우리는 논란 없는 원리도 인정해야한다. 우리는 위의 증명을 다음과 같이 변형할 수도 있다.

논란 없는 원리가 성립하지 않는다고 해보자. 그러면 전제인 조건문 'A → C'는 참이지만 'A ⊃ C'는 거짓인 경우가 있다. 질료적 조건문의 특성상 그 경우 'A'는 참이고 'C'는 거짓이다. 그런데 우리가 조건문에 대해 전건 긍정규칙2를 받아들인다면, 가정상 'A → C'는 참이고 'A'도 참이므로, 전건 긍정규칙2에 의해 'C'도 참이다. 그런데 이는 'C'가 거짓이라는 애초 가정과 모순된다. 따라서 논란 없는 원리는 성립한다.[4]

이 증명은 귀류법 증명이다. 이것도 전건 긍정규칙2를 받아들이면 논란 없는 원리가 성립할 수밖에 없음을 잘 보여 준다.

---

4   Rieger (2012) 참조.

이번에는 좀 더 형식적으로 논란 없는 원리를 증명하려는 시도를 살펴보기로 하자.

우선 하나는 다음이다.[5]

$A \rightarrow C \vdash A \supset C$

1	(1) $A \rightarrow C$	전제
	(2) $A \lor \sim A$	논리적 참
3	(3) A	가정
1,3	(4) C	1,3 전건 긍정규칙2
1,3	(5) $\sim A \lor C$	4 선언 도입규칙
1,3	(6) $A \supset C$	5 동치
7	(7) $\sim A$	가정
7	(8) $\sim A \lor C$	7 선언 도입규칙
7	(9) $A \supset C$	8 동치
1	(10) $A \supset C$	2,3,6,7,9 선언 제거규칙

여기에 사용된 선언 관련 규칙과 동치 관계, 배중률, 전건 긍정규칙2 등을 문제 삼지 않는 이상 논란 없는 원리를 받아들여야 한다.

조건 증명1을 받아들이고 나아가 전건 긍정규칙2를 받아들인다면 논란 없는 원리도 받아들여야 한다는 점을 보여 주는 더 짧은 증명도 있다. 그것은 다음과 같다.

---

5   Priest (2008), p. 15 참조.

(1) A → C, A ⊢ C   전건 긍정규칙2가 타당하다는 가정

(2) A → C ⊢ A ⊃ C   (1)로부터 조건 증명1

일상적 조건문이 나오는 조건 증명2를 두고서는 그 정당성에 관해서 논란이 일기도 하지만, 여기 사용된 조건 증명1은 부인하기 어렵다. 질료적 조건문이 조건 증명을 통해 정당화된다는 것은 분명하기 때문이다. 따라서 논란 없는 원리를 증명하는 두 방식의 핵심 장치는 전건 긍정규칙2라고 할 수 있다.

지금까지의 논의를 통해 알 수 있듯이, 일상적 조건문에 대해 전건 긍정규칙2가 성립한다는 것을 인정하면 논란 없는 원리도 인정해야 한다. 달리 말해, 논란 없는 원리를 부정한다면 우리는 전건 긍정규칙2도 포기해야 한다. 앞 장 1.2의 논의(특히 '보충 1')에 비추어 볼 때, 이는 일상적 조건문이 전건이 참이고 후건이 거짓인데도 참일 수 있다는 것을 인정한다는 의미가 된다. 결국 일상적 조건문에 대해 다음과 같은 진릿값 결정 방식을 받아들여야 한다.

	A	C	A → C
(i)	T	T	?
(ii)	T	F	T/F
(iii)	F	T	?
(iv)	F	F	?

이를 받아들이고, 전건 긍정규칙을 기꺼이 포기해야 할까? 어떤 사람은 반 멕기가 제시한 전건 긍정규칙의 반례[6]에 고무되어 전건 긍정규칙을 포기하는 것이 정당하다고 생각할지 모르겠다. 하지만 반 멕기의 사

례는 조건문 안에 다시 조건문이 등장하는 중첩 조건문의 형태라는 '독특한 논리적 성격'을 지닌 것이다. 중첩 조건문이 나오는 경우가 아니라면 전건 긍정규칙의 반례란 있을 수 없음을 보여 주는 논증이 있다.[7] 따라서 단순히 반 멕기의 사례를 들어 전건 긍정규칙을 포기하는 것은 옳아 보이지 않는다.

3.3 이행 원리

논란 없는 원리를 부정하지 않는 이상, 진리함수적 분석에 맞서 비진리함수적 분석을 옹호하는 사람들이 택할 수 있는 방안은 이행 원리(PP)를 부정하는 방안뿐이다. 이행 원리는 조건문의 진리조건이 질료적 조건문의 진리조건보다 강할 필요는 없다는 것을 말해 주는 것이므로, 이를 부정한다는 것은 일상적 조건문은 질료적 조건문보다 더 강한 진리조건을 갖는다고 주장한다는 의미가 된다. 이런 전략이 직관에 좀 더 잘 부합한다고 볼 수 있다. 왜냐하면 우리는 일상적 조건문이 참이 되려면, 질료적 조건문이 참이 되기 위한 조건에 더해 무언가가 추가로 만족되어야 한다고 생각하는 경향이 있기 때문이다. 여기서는 먼저 이행 원리를 뒷받침하는 논증부터 살펴보기로 하자.

논증 1: '-이거나에서 -면으로'를 이용한 논증

이행 원리가 타당함을 보여 주는 논증 가운데 가장 잘 알려지고 직관

6　우리는 9장에서 이를 자세히 다룬다.

7　뒤의 9.4절 참조.

적인 것은 다음과 같은 논증이다. 이를 베넷은 '-이거나에서 -면으로'
(or-to-if, OTI)의 논증이라 불렀다.[8] 우리가 보여야 할 이행 원리는
다음이다.

이행 원리

$A \supset C \vdash A \rightarrow C$

대입 규칙을 받아들인다고 할 때, 이행 원리 대신 다음을 보여도 된다.

$A \lor C \vdash \sim A \rightarrow C$

이를 보이기는 아주 쉬운 것 같다.

> 전제는 A나 C 가운데 적어도 하나는 참임을 말한다. 이로부터 우리는 A가
> 참이 아니라면 C가 참이라고 말할 수 있다. 결론이 말하는 것이 바로 이것
> 이다.

이처럼 '-이거나'와 '-면'은 아주 밀접해 보인다. 어떤 의미에서 거의
직관적인 추론에 해당하는 것 같다. 비슷한 형태로 우리는 원래의 이행
원리 대신 다음을 보일 수도 있다.

---

8 Bennett (2003), p. 20 참조. 한편 스톨네이커는 이것이 질료적 조건문과 일상적
조건문이 동치임을 입증해 주는 핵심 논증이라고 보고 이를 '직접적 논증'(the direct
argument)이라고 부른다. Stalnaker (1975), p. 136.

$\sim(A\ \&\ C) \vdash A \rightarrow \sim C$

이를 보이기도 아주 쉬운 것 같다.

전제는 A와 C 둘 다가 참인 것은 아님을 말한다. 이로부터 우리는 A가 참이라면 C가 거짓이라고 말할 수 있다. 결론이 말하는 것이 바로 이것이다.

이번에는 좀 더 형식적으로 이행 원리를 단계적으로 증명하려는 시도를 살펴보고, 여기에 어떤 원리가 쓰이는지를 보기로 하자. 다음이 한 가지 증명이다.

$A \supset C \vdash A \rightarrow C$

    (1) $A \supset C$ 전제

    (2) $\sim A \lor C$ 1과 동치

    (3) $\sim\sim A \rightarrow C$ '-이거나에서 -면으로'의 논증 $A \lor C \vdash \sim A \rightarrow C$

    (4) $A \rightarrow C$ 3과 동치

'-이거나에서 -면으로' (OTI)의 논증에 의존하는 이 증명은 생각만큼 직관적이지 않다. 이를 보기 위해 여기서도 OTI 논증을 두 가지 형태로 나누는 것이 좋을 것 같다. 질료적 조건문이 나오는 경우와 일상적 조건문이 나오는 경우이다.

OTI 1: $A \lor C \vdash \sim A \supset C$

OTI 2: $A \lor C \vdash \sim A \rightarrow C$

이행 원리를 반대하는 사람이라면 질료적 조건문이 나오는 OTI 1은 받아들이겠지만 일상적 조건문에서도 그것이 성립하는지, 즉 OTI 2가 타당한지가 정확히 우리의 쟁점이라고 말할 것이다.

논증 2: 조건 증명을 이용한 논증

이행 원리를 증명하는 좀 더 흔한 방안은 조건 증명을 이용하는 것이다. 다음 원리 조건 증명2를 우리가 받아들인다고 하자.

조건 증명2 $A, B \vdash C$이면, $A \vdash B \to C$

이를 받아들인다면 다음과 같이 간단한 과정을 거쳐 이행 원리를 얻게 된다.

(1) $A \supset C, A \vdash C$	전건 긍정규칙1
(2) $A \supset C \vdash A \to C$	(1)에 조건 증명2

첫 번째는 부정하기 어렵다. 질료적 조건문의 경우 명백히 전건 긍정규칙이 성립하기 때문이다. 두 번째로의 이행을 부정할 수 있을까? 그것은 물론 조건 증명2를 받아들이느냐에 달려 있다.

조건 증명2를 자연연역에서 허용한다면, 우리는 이행 원리의 한 형태를 다음과 같은 방식으로 증명할 수도 있다.[9]

---

9 Edgington (1995a), p. 243 참조.

$\sim$(A & C) $\vdash$ A $\rightarrow$ $\sim$C

1	(1) $\sim$(A & C)	전제
2	(2) A	가정
3	(3) C	가정
2,3	(4) A & C	2,3 연언 도입규칙
1,2,3	(5) (A & C) & $\sim$(A & C)	1,4 연언 도입규칙
1,2	(6) $\sim$C	3,5 부정 도입규칙
1	(7) A $\rightarrow$ C	2,6 조건언 도입규칙(즉 조건 증명2)

조건 증명은 자연 연역에서 조건언 도입규칙에 해당한다. 이는 전건 A를 가정해서 후건 C를 도출할 수 있다면 우리는 조건문을 최종 결론으로 얻을 수 있다는 것을 말하는 규칙이다. 이 경우 질료적 조건문 A $\supset$ C를 도출할 수 있다는 점은 명백하다. 그런 점에서 조건 증명1은 논란의 여지가 없다. 하지만 이때 일상적 조건문 A $\rightarrow$ C를 도출할 수 있는지는 쟁점 사항이다. 즉 조건 증명2의 정당성이 문젯거리이다. 이것이 쟁점이 되는 이유는 후건 C가 애초에 주어진 상태라면 전건으로부터 실제로 이를 도출하지 않고도 조건문을 결론으로 얻을 수 있기 때문이다. 이런 이유에서 그런 식으로 정당화되는 조건문을 배제하기 위한 시도들이 있다. 대표적인 것은 연관 논리(relevant logic 또는 relevance logic)에서 '변항 공유 원리'(the principle of sharing variable)와 같은 것을 도입하는 것이다.[10] 이는 전건으로부터 후건이 실제로 도출될 때

---

10   가령 Mares (2004) 1장 참조.

만 조건문을 결론으로 얻도록 제한하는 장치이다. 다른 시도도 있다. 핸슨은 피치식의 자연 연역에서 반복 규칙의 사용을 일정하게 제한하여 후건이 그냥 얻어지는 경우를 배제하는 방안을 강구하고 있다.[11]

여기서 우리가 다루고 있는 이 문제와 선언 삼단논법(disjunctive syllogism)과의 연관성을 언급해 두는 것이 좋을 것 같다. 선언 삼단논법은 타당한 논증으로 생각된다.

$$A \lor C, \sim A \vdash C$$

그런데 조건 증명2를 받아들인다고 하자. 그러면 다음을 바로 얻을 수 있다.

$$A \lor C \vdash \sim A \rightarrow C$$

이는 OTI 2가 타당하다는 의미이고, 나아가 이행 원리가 성립한다는 것을 말해 준다. 이 함축의 전제인 $A \lor C$는 질료적 조건문, $\sim A \supset C$와 동치이기 때문이다. 그러므로 선언 삼단논법과 조건 증명2를 모두 받아들이면(물론 함축의 이행성도 받아들인다고 할 때) 이행 원리를 부정하기는 어렵다.

여러 원리들의 연관성과 관련한 논의를 한 단계 더 진전시킬 수도 있다. 다음을 모두 받아들인다고 해보자.

---

11   Hanson (1991) 참조.

A, ~A ⊢ C

A ⊢ ~A → C

이는 조건 증명2를 받아들일 경우 "모순으로부터는 어떤 것이나 다 따라 나온다"(EFQ)는 원리를 이용해 질료적 함축의 역설이 도출된다는 것을 말해 준다. 아마 이런 점은 조건 증명2가 문제의 근원이 아닌가 하는 인상을 좀 더 강하게 시사해 준다.

지금까지의 논의에 따를 때, 이행 원리를 정당화하는 주된 장치는 조건 증명임을 알 수 있다. 우리가 조건 증명을 부정할 수 없다면, 이행 원리를 받아들여야 할 것으로 보인다. 조건문을 조건부 확률과 관련지어 이해하는 사람들은 조건 증명을 통해 얻는 논증들의 타당성을 부정하는 나름의 논거를 갖고 있다.[12]

논증 3: 논리적 참을 이용한 논증

이행 원리를 증명하는 또 다른 논증도 있다. 이는 기바드가 제시한 것으로 '기바드 증명'이라고 보통 부르는 것이다.[13] 이 증명은 진리함수적 분석을 옹호하기 위한 것은 아니지만 아주 강력한 논증으로 보인다. 다음 원리들을 받아들인다고 하자.

(가) 논란 없는 원리 A → C ⊢ A ⊃ C

(나) 이입이출 원리 A → (B → C)는 (A & B) → C와 동치이다.

---

12   조건 증명을 통해 조건문을 결론으로 갖는 많은 추론은 확률 모형에서는 부당하다는 점을 보일 수 있다. 우리는 이를 4.2절과 10.2절에서 다룰 것이다.

13   Gibbard (1981), pp. 234-5.

   (다) A ⊃ C가 논리적 참이면, A ⊢ C

   (라) A ⊢ C이면, A → C는 논리적 참이다.

우리가 보이고자 하는 것은 이행 원리이다.

   A ⊃ C ⊢ A → C

다음에서 출발해 보자.

   (1) (A ⊃ C) → (A → C)

이입이출 원리인 (나)에 따를 때 이는 다음과 동치이다.

   (2) ((A ⊃ C) & A) → C

그런데 다음이 분명히 성립한다.

   (3) ((A ⊃ C) & A) ⊢ C

따라서 (라)에 의해 다음이 성립한다.

   (4) ((A ⊃ C) & A) → C는 논리적 참이다.

그러므로 (나)에 의해 다음도 성립한다.

(5) $(A \supset C) \to (A \to C)$는 논리적 참이다.

그런데 논란 없는 원리인 (가)에 의해 다음이 성립한다.

(6) $(A \supset C) \to (A \to C) \vdash (A \supset C) \supset (A \to C)$

따라서 다음도 성립한다고 할 수 있다.

(7) $(A \supset C) \supset (A \to C)$는 논리적 참이다.

이때 우리가 가정하는 것은 K_1이 K_2를 함축하는데, K_1이 논리적 참이라면 K_2도 논리적 참이라는 것이다. 이 가정이 받아들일 만한 것이라면 (7)로부터 (다)에 의해 다음을 얻는다.

(8) $A \supset C \vdash A \to C$

이것이 바로 우리가 원하던 이행 원리이다.

　이 증명에 사용된 원리들을 모두 받아들인다면 이는 이행 원리를 받아들여야 할 또 하나의 좋은 이유를 제시한다고 할 수 있다. 내가 보기에 이 증명에서 문제 삼을 수 있는 과정은 (5)와 (6)으로부터 (7)로 넘어가는 단계라 생각된다. 이때는 다음 원리가 가정된다.

K_1이 K_2를 함축하고, K_1이 논리적 참이라면 K_2도 논리적 참이다.

우리 논의에서 K_1과 K_2는 각각 'A → C'와 'A ⊃ C'에 해당하고, 지금 논의에서 논란 없는 원리인 (가)를 우리가 이미 받아들이고 있으므로, 위의 일반 원리를 받아들인다는 것은 결국 다음 원리를 받아들인다는 것이 된다.

(마) A → C가 논리적 참이라면 A ⊃ C도 논리적 참이다.

그런데 우리는 기바드 증명의 기본 가정 가운데 다음 두 원리로부터

(다) A ⊃ C가 논리적 참이면, A ⊢ C

(라) A ⊢ C이면, A → C는 논리적 참이다.

간단한 추론을 통해 (마)의 역인 다음도 쉽게 얻을 수 있다.

(바) A ⊃ C가 논리적 참이라면 A → C도 논리적 참이다.

이 두 원리, (마)와 (바)를 합칠 경우 이는 결국 질료적 조건문 가운데 논리적으로 참인 것의 외연이 일상적 조건문 가운데 논리적으로 참인 것의 외연과 정확히 일치한다는 것을 말해 준다. 이는 기바드 증명이 애초 이 점을 전제하고 일상적 조건문이 질료적 조건문과 동치임을 보이고 있다는 의미가 된다.[14]

실제로 기바드 증명에 (마)를 추가할 경우 이행 원리의 증명은 다음

---

14   기바드 증명에 대한 또 다른 분석으로는 Fitelson (2013), Gillies (2009), Khoo (2012) 등도 참조.

과 같이 간단히 이루어진다.

(1) $((A \supset C) \ \& \ A) \supset C$는 논리적 참이다.　　　자명

(2) $((A \supset C) \ \& \ A) \vdash C$　　　(1), (다)

(3) $((A \supset C) \ \& \ A) \to C$는 논리적 참이다.　　　(2), (라)

(4) $(A \supset C) \to (A \to C)$는 논리적 참이다.　　　(3), (나)

(5) $(A \supset C) \supset (A \to C)$는 논리적 참이다.　　　(4), (마)

(6) $A \supset C \vdash A \to C$　　　(5), (다)

논란 없는 원리인 (가)를 쓰지 않고도 증명이 되는 이유는 우리가 이를 받아들여 (마)를 정식화했기 때문일 것이다. 이 증명을 통해 우리는 (마)가 꽤 강한 가정임을 확인할 수 있고, 이에 따라 이에 대한 독자적인 정당화가 필요함을 알 수 있다. 아마 질료적 조건문과 일상적 조건문이 동치라면 논리적으로 참인 조건문의 외연은 일치하겠지만, 그 역도 성립하는지는 그다지 분명하지 않아 보이기 때문이다.

비진리함수적 분석의 대안

진리함수적 분석의 난점에 직면하여 다양한 대응방안을 내놓을 수 있고, 실제로 아주 다양한 이론들이 제시되었다. 우리가 살펴보고자 하는 대안 이론은 두 가지이다. 하나는 스톨네이커가 제시한 것이고, 다른 하나는 아담스가 제시한 것이다. 에징톤은 진리함수적 분석과 함께 이 두 이론을 조건문에 관한 대표적인 세 가지 이론으로 여긴다. 스톨네이커가 제시한 이론은 가능세계 의미론을 이용한 것이고, 그런 이유에서 조건문에 대한 '가능세계적 접근'이라고 부르기도 한다. 한편 아담스의 이론은 확률 개념을 이용해 조건문을 분석하는 것이라고 할 수 있는데, 에징톤은 이 이론을 '가정 이론'(the suppositional theory)이라 부른다.

두 이론을 본격적으로 살펴보기 전에 이를 진리함수적 분석과 대비해 보는 것이 좋을 것 같다. 우리는 1장에서 조건문에 대한 진리함수적 분석은 다음 세 가지 가정에 기초하고 있다고 말했다.

첫째, 조건문은 **명제**를 표현한다.

둘째, 조건문은 **복합**명제를 표현한다.

셋째, 조건문은 **진리함수적** 복합명제를 표현한다.

스톨네이커의 이론은 셋째 가정을 부정하고 첫째와 둘째 가정은 받아들이는 입장이다. 그의 이론에 따를 때, 조건문은 참/거짓을 나타내는 명제를 표현한다. 조건문은 진리조건을 갖지만 그것이 진리함수적인 것은 아니다. 이 때문에 스톨네이커의 이론을 '비진리함수적' 분석이라고 부르기도 한다. 아담스의 이론은 첫째 가정마저 부정하는 입장이다. 루이스의 증명을 포함해 첫째 가정을 부정하는 다른 적극적인 논증은 우리가 3부에서 본격적으로 다룰 주제이다. 이 장에서는 아담스의 견해를 조건문의 진리조건(truth-condition)을 제시하는 대신 '주장조건'(assertability)이나 '수용 조건'(acceptability)을 제시하려는 시도로 이해할 것이다. 아담스는 조건문의 주장조건을 확률, 특히 조건부 확률과 연관지어 설명하고자 한다.[1]

스톨네이커의 이론과 아담스의 이론 외에도 다양한 여러 변종이 있다. 우리가 여기서 다루지는 않겠지만 '추론주의'라는 입장도 있다.[2] 이에 따르면, 조건문은 전건으로부터 (일정한 가정과 함께) 후건을 추론할 수 있다는 것을 말하는 것으로 이해된다. 가정 이론 안에서도 아

---

1   뒤에서 보겠지만, '확률'이 아담스와 같은 가정 이론가들의 전유물은 결코 아니다. 진리함수적 분석이나 비진리함수적 분석을 채택하는 사람들도 확률 개념을 사용한다. 이들 사이의 핵심 차이는 확률 개념을 사용하느냐에 있다기보다 조건문이 주장조건만을 갖는다고 보느냐 아니면 주장조건과 진리조건을 모두 갖는다고 보느냐에 달려 있다.

2   이병덕 (2008) 등과 Douven (2015) 참조. 한편 라일은 조건문이 일종의 '추리 허가증'(inference-ticket)이라고 할 수 있다는 견해를 피력했다. Ryle (1950) 참조.

주 다양한 입장이 있다. 우리가 다루지는 않겠지만, 조건문은 진리조건을 갖지 않으며 단순히 전건으로부터 후건을 추리하는 성향을 드러낼 뿐이라는 '표현주의'의 입장도 있다.[3] 나아가 조건문은 전건이 참일 때는 진릿값을 갖지만, 전건이 거짓일 때에는 진릿값을 갖지 않는다는 혼합된 견해 등도 있다.[4]

4.1 스톨네이커의 가능세계 이론

4.1.1 기본 입장과 두 요소

스톨네이커가 자신의 조건문 이론을 제시한 논문의 첫 문장은 다음과 같이 시작한다.

조건문은 다른 두 명제의 진리함수인 어떤 명제를 표현하는 것이 아니라 그 두 명제의 함수인 명제를 표현한다.[5]

이는 스톨네이커가 진리함수적 분석의 기본 가정 가운데 세 번째 가정을 부정할 뿐 다른 두 가정은 받아들인다는 점을 잘 보여 준다. 그는 왜 조건문은 두 명제의 진리함수인 어떤 명제를 표현한다고 보지 않는가? 그도 진리함수적 분석을 반대하는 이유로 우선 질료적 함축의 역설을 든다. 이와 관련해서는 우리가 앞에서 이미 다루었으므로 추가 논의가

---

3   국내에서는 노호진이 이런 입장을 지지했으며, 이는 멜러가 표방한 입장이다. 노호진 (2006a), (2006b) 등과 Mellor (1993) 참조.

4   멕더모트가 이런 입장이다. McDermott (1996) 참조.

5   Stalnaker (1968), p. 28.

필요하지 않을 것이다.

막간: 연관성 이론에 관한 비판

스톨네이커는 진리함수적 분석 이외에 이른바 '연관성' 이론도 비판하고 있는데, 여기서 이를 잠깐 다루기로 하자. 연관성 이론이란 조건문이 전건과 후건 사이에 어떤 '연관성' 이 있음을 주장한다는 견해로, 아주 직관적이고 상식적인 견해라고 할 수 있다.[6] 진리함수적 분석의 난점 가운데 하나는 전건과 후건 사이에 아무런 연관성이 없는데도 전건이 거짓이거나 후건이 참이라는 이유만으로 조건문을 참으로 간주하게 된다는 점이다. 앞서 본 다음과 같은 예는 진리함수적 분석의 문제점을 잘 보여 주는 것으로 생각된다.

서울이 한국의 수도이면, 삼일절은 법정 공휴일이다.

이는 진리함수적 분석에 따를 때 참이라고 해야 하지만 대부분의 사람들은 이를 참으로 받아들이기를 주저할 것이다.

연관성 이론에 대해 스톨네이커는 통상적인 비판을 가한다. 전건과 후건 사이에 필요한 연관성이 정확히 어떤 것인지를 분명히 하라고 요구한다. 우리가 조건문을 사용해 나타내고자 하는 전건과 후건 사이의 연관성에는 여러 가지 종류가 있는 것으로 생각되므로 이런 요구는 정당해 보인다. 스톨네이커는 좀 더 나아간다. 그는 연관성이 조건문이 참이 되기 위한 필요조건이라고 할 수 없다는 것을 보이고자 한다. 다

---

6   스트로슨이 이런 입장이다. Strawson (1986) 참조.

음과 같은 상황을 생각해 보자. 우리가 이미 C가 성립할 것으로 강하게 믿고 있어서 A가 성립하든 하지 않든 그것은 C의 성립 여부에 별 영향을 주지 않는 상황을 고려해 보자. 스톨네이커에 따르면, 이때도 우리는 "A이면 C"가 참이라고 해야 한다. 이처럼 전건과 후건 사이에 연관성이 없는데도 조건문이 참이 되는 경우가 있으므로, 연관성은 조건문이 참이기 위한 필요조건일 수 없다는 것이다.

아마 연관성 이론의 옹호자라면 스톨네이커가 제시한 사례가 반례인지를 의심할 것이다. 전건 A의 성립 여부가 후건 C의 성립 여부에 별 영향을 주지 않는 상황인데도 "A이면 C"가 참이라고 할 수 있는지가 바로 쟁점이기 때문이다. 그렇다면 스톨네이커는 이를 먼저 보여야 하며, 그렇지 않을 경우 그는 논점 선취의 오류를 범했다고 할 수 있다. 뒤에서 보겠지만, 스톨네이커가 제시하는 진리조건에 따르면 그런 조건문은 참이 된다.

베넷은 스톨네이커보다 한 걸음 더 나아간다. 그는 때로 우리가 전건과 후건 사이에 아무런 연관성이 없음(the lack of connection)을 주장하기도 한다는 점을 들어 연관성이 필요조건일 수 없다고 말한다.[7] 그는 다음과 같은 예를 든다.

그가 사과를 하면, 나는 여전히 화를 낼 것이다.
(Even)if he apologizes, I shall (still) be angry.

연관성 이론의 옹호자라면 이 예에 대해서도 마찬가지로 이것이 진정

---

7   Bennett (2003), p. 45.

한 반례인지를 의심할 것이다. 우리가 두 가지 '사건' 또는 두 가지 '사실' 사이에 아무런 연관성이 없다는 것을 내세울 경우가 있다는 점은 분명하다. 가령 학과에서 최고 성적을 받는다는 것과 장학금을 받는다는 것 사이에 연관성이 없다고 해보자. 이런 상황을 스톨네이커나 베넷은 "강희가 학과에서 최고 성적을 받으면 그는 장학금을 받는다"와 "강희가 학과에서 최고 성적을 받지 않으면 그는 장학금을 받는다"가 둘 다 성립하는 상황으로 파악한다. 이들은 연관성 이론의 반례를 "A이면 C"가 성립하고 "A가 아니면 C"도 마찬가지로 성립해서 어쨌건 C가 성립하게 되는 상황이라고 보고 있기 때문이다. 아마 쟁점은 두 사건 사이에 연관성이 없다는 것을 주장하는 이런 상황을 우리가 어떻게 적절히 표현할 수 있는가 하는 점이고, 그때 사용된 문장이 과연 진정한 조건문이라고 할 수 있는지 여부일 것이다. 학과에서 최고 성적을 받는다는 것과 장학금을 받는다는 것 사이에 연관성이 없음을 말하고자 할 때 우리가 사용할 가장 자연스러운 문장은 "강희가 학과에서 최고 성적을 받지 않더라도 그는 장학금을 받는다"로 보인다. 이때 사용된 문장은 조건문의 형태로 분석되어서는 안 된다고 본다면 그런 예는 연관성 이론의 반례일 수도 없게 될 것이다. 이런 논의가 옳다면, 연관성 이론은 아직 여전히 유효한 대안일 수 있다.

이제 스톨네이커의 이론으로 되돌아가 보자. 스톨네이커의 이론을 구성하는 요소에는 두 가지가 있는데, 하나는 보통 '램지 검사법' (Ramsey Test Paradigm)이라고 부르는 것이고 다른 하나는 가능세계 의미론이다. 이들을 차례로 살펴보기로 하자.

일찍이 램지는 다음과 같은 주장을 했다.

두 사람이 "p이면 q일까?"를 두고 서로 다투고 있고, 둘 다 p일 수도 있다고 생각한다면, 그 둘은 자신이 알고 있는 것에 p를 가정적으로 첨가해, 그 토대 아래 q에 관해 다투는 것이다. 그들은 p라는 조건 아래 q에 대한 믿음의 정도를 정하고 있는 것이다.[8]

여기 나와 있는 것이 후대 사람들이 조건문을 평가하는 지침으로 여기게 되는 '램지 검사법'이라는 것이다. 램지는 여기서 조건부 주장의 평가 기준으로, 전건을 자신의 믿음 체계에 잠정적으로 추가해 그 안에서 후건이 믿을 만한지를 가늠해 볼 것을 제안하고 있다. 이는 우리가 조건부 사고를 한다고 할 때 그것이 어떤 방식으로 진행되는지를 잘 말해 주는 것으로 보이며, 우리의 직관을 잘 포착하고 있는 것 같다.

스톨네이커는 램지 검사법을 받아들여, 조건문을 평가하는 방법을 다음과 같이 정식화한다.

첫째, 전건을 당신의 믿음 체계에 (가언적으로) 추가하라. 둘째, (전건에 대한 가언적 믿음을 수정하지는 말고) 일관성을 유지하기 위해 필요한 조정을 하라. 마지막으로 그때 후건이 참인지를 생각해 보라.[9]

램지 검사법과 비교해 볼 때, 둘째 단계가 새로이 추가된 것임을 알 수 있다. 이는 전건이 거짓인 경우까지 포괄하기 위한 것이다.

위에 제시된 것은 조건문의 수용 조건이라고 할 수 있다. 스톨네이커

---

8   Ramsey (1929), p. 247.

9   Stalnaker (1968), p. 33.

의 최종 목적은 조건문의 진리조건을 제시하는 데 있다. 진리조건을 제시하기 위해 그는 자신의 이론의 두 번째 요소로 가능세계 의미론을 도입한다. 그가 보기에 수용 조건에 나오는 가언적인 믿음 체계를 하나의 가능세계에 해당하는 것으로 볼 수 있기 때문이다. 그는 다음을 조건문의 진리조건으로 제시한다.

A가 참인 가능세계, 그렇지 않다면 실제세계와 최소로 다른 가능세계를 생각해 보라. 그 가능세계에서 C가 참(거짓)인 경우에만 "A이면 C"는 참(거짓)이다.[10]

좀 더 형식적으로는, 다음이 그가 제시하는 조건문의 진리조건이다.

A 〉C는 α에서 참이다 = df. C가 f(A, α)에서 참이다.
A 〉C는 α에서 거짓이다 = df. C가 f(A, α)에서 거짓이다.

여기서 '〉'는 스톨네이커가 사용하는 조건문 결합사이고, 'f'는 전건이 참이 되면서 현실세계와 가장 가까운 가능세계를 선택하게 하는 선택 함수(selection function)이다.

스톨네이커의 이론에서 중요한 장치는 선택 함수이다. 왜냐하면 어떤 가능세계를 선택하느냐에 따라 조건문의 진릿값이 달리 결정될 수 있기 때문이다. 선택 함수와 관련해 'A'를 전건, 'α'를 '기저 세계'(the base world), 'β'를 '선택된 세계'(the selected world)라 부른다

---

10   Stalnaker (1968), pp. 33-4.

면, 선택 함수가 만족해야 할 필요조건으로 스톨네이커는 다음 네 가지를 든다.

(1) 모든 전건 A와 기저 세계 α에 대해, A는 f(A, α)에서 참이어야한다.

(2) 모든 전건 A와 기저 세계 α에 대해, f(A, α) = λ인 경우는 α와관련해 보았을 때 A가 참인 가능세계가 전혀 없을 때에 국한된다.

(3) 모든 기저 세계 α와 모든 전건 A에 대해, A가 α에서 참이라면f(A, α) = α.

(4) 모든 기저 세계 α와 모든 전건 B와 B′에 대해, B가 f(B′, α)에서참이고 B′은 f(B, α)에서 참이라면, f(B, α) = f(B′, α).

첫 번째 조건은 선택 함수에 의해 선택된 세계에서 전건이 참이어야한다는 것을 말한다. 다시 말해 선택 함수가 선택하게 되는 가능세계는전건이 참이 되는 세계여야 한다는 것이다. 둘째 조건은 전건이 불가능한 것일 경우, 즉 모순일 경우에만 모순이 성립하는 '불합리한 세계'를선택할 수 있다는 것을 말한다. 셋째와 넷째 조건은 앞의 비형식적인진리조건에 나온 '실제세계와 최소로 다른 가능세계'를 선택할 수 있도록 하기 위한 형식적 조건이다. 셋째 조건은 기저 세계가 전건이 참인 세계들 가운데 하나라면 기저 세계를 선택해야 한다는 것을 말한다.왜냐하면 기저 세계 자체만큼 기저 세계와 비슷한 가능세계는 없을 것이기 때문이다. 넷째 조건은 가능세계들을 유사성을 기준으로 배열한다고 할 때 지켜야 할 기본적인 속성을 규정하는 것이다. 스톨네이커에

따를 때, 이들 조건은 모두 형식적 조건이고 필요조건이지 충분조건은
아니다. 그는 구체적으로 어떻게 가능세계들의 유사성을 판단할지의
문제는 의미론적 문제라기보다 화용론적 문제로 여기며, 우리는 나중
에 이와 관련해 비판이 있다는 점을 보게 될 것이다.

4.1.2 스톨네이커 이론의 결과

이 절에서는 스톨네이커가 제시한 진리조건에 따를 때 조건문에 대
한 평가가 진리함수적 분석과는 어떻게 달라지는지를 살펴보기로 한
다. 우선 조건문에 대한 진리함수적 분석과 스톨네이커의 비진리함수
적 분석은 조건문의 참/거짓이 정해지는 구조를 다음과 같이 서로 다
르게 파악한다는 점에서 시작하기로 하자.

진리함수적 분석과 비진리함수적 분석

	A	C	A ⊃ C	A → C
(1)	T	T	T	T
(2)	T	F	F	F
(3)	F	T	T	T/F
(4)	F	F	T	T/F

여기서 'T/F'라고 표시한 것은 조건문의 진릿값이 참인 경우도 있고
거짓인 경우도 있다는 것을 나타낸다. 표에 분명하게 드러나 있듯이,
(1), (2)처럼 전건이 참일 경우에는 진리함수적 분석과 스톨네이커의
분석 사이에 아무런 차이가 없다. 전건이 참일 경우, 조건문의 진릿값
은 후건에 달려 있게 된다. 왜냐하면 스톨네이커가 제시한 진리조건에
따를 때, 전건이 참이라면 현실세계가 바로 전건이 참이면서 현실세계

와 가장 가까운 가능세계가 될 테고, 이때 후건이 참이면 조건문도 참이고 후건이 거짓이면 조건문도 거짓이 되기 때문이다. 차이는 전건이 거짓일 때 발생한다. 이때는 스톨네이커가 제시하는 진리조건에 따라 전건이 성립하는 가능세계에서 후건도 성립한다면 참이고 그렇지 않다면 거짓이 된다. 그러므로 (3), (4)의 경우에는 조건문이 참인 때도 있고 거짓인 때도 있게 된다.

　이제 앞서 진리함수적 분석의 난점으로 제시된 사례들이 스톨네이커의 이론에서는 어떻게 평가되는지를 보기로 하자. 먼저 앞서 나온 다음 조건문은 어떻게 될까?

　서울이 한국의 수도이면, 삼일절은 법정 공휴일이다.

전건과 후건이 모두 참이지만 둘 사이에 아무런 연관성이 없어 보이는 이런 조건문은 스톨네이커 이론에서도 여전히 참이다. 전건이 참일 경우 조건문의 진릿값은 후건에 달려 있기 때문이다. 이 점은 연관성이 조건문이 참이 되기 위한 필요조건이 아니라는 스톨네이커의 입장과는 잘 조화된다고 할 수 있다. 하지만 무관한 조건문을 참으로 평가한다는 것이 다소 반직관적이라는 점은 여전히 문제라고 할 수 있다.

　질료적 함축의 역설 사례는 어떤가? 앞의 표에 드러나 있듯이, 비진리함수적 분석에서는 후건이 참이라고 해서 조건문이 늘 참인 것은 아니며(표에서 (1)과 (3)을 보라), 전건이 거짓이라고 해서 조건문이 늘 참인 것도 아님(표에서 (3)과 (4)를 보라)을 쉽게 알 수 있다. 따라서 스톨네이커의 이론에서는 질료적 함축의 역설은 발생하지 않는다.

우리는 앞서(1장에서) 진리함수적 분석의 난점으로 제시된 반직관적인 추론이 있음을 보았다. 다음 추론은 스톨네이커의 의미론에서 모두 부당한 것으로 간주된다.

가언 삼단논법 $A \rightarrow B, B \rightarrow C \nvDash A \rightarrow C$

대우규칙 $A \rightarrow C \nvDash \sim C \rightarrow \sim A$

전건 강화규칙 $A \rightarrow C \nvDash (A \mathrel{\&} B) \rightarrow C$

이입이출 원리 $A \rightarrow (B \rightarrow C) \nvDash\vdash (A \mathrel{\&} B) \rightarrow C$

이들 추론은 **결론**에 모두 조건문이 나오는 형태라는 점을 주목할 필요가 있다. 특히 흥미로운 점은 가령 다음의 후건 부정규칙은 스톨네이커의 이론에서 타당한 추론인 반면,

후건 부정규칙 $A \rightarrow C, \sim C \vdash \sim A$

이것과 밀접하게 관련된 대우규칙은 부당하다는 점이다.

대우규칙 $A \rightarrow C \nvDash \sim C \rightarrow \sim A$

대우규칙의 경우 결론이 조건문 형태이기 때문이다. 그런데 우리가 조건 증명을 받아들인다면 후건 부정규칙을 받아들이면서 대우규칙을 받아들이지 않을 수는 없다. 이는 조건 증명이 스톨네이커의 이론에서 문제가 된다는 점을 시사해 준다고 볼 수 있다.

우리는 스톨네이커 이론의 특징으로 두 가지를 들 수 있다. 하나는 조

건문의 부정에 관한 것이다. 스톨네이커 이론에서는 다음이 성립한다.

조건문의 부정

$\sim(A \rightarrow C) \dashv\vdash A \rightarrow \sim C$, 다만 $\Diamond A$일 경우

조건문 $A \rightarrow C$의 부정이 $A \rightarrow \sim C$와 동치라는 것이다. 이를 우리는 조건문과 반대 조건문은 서로 모순 관계에 있다고 말할 수도 있다. 물론 이는 A가 참인 것이 가능한 경우에 그렇다는 것이다. 진리함수적 분석에서는 이 둘은 동치가 아니다. 질료적 조건문 $A \supset C$의 부정은 $A \&$ $\sim C$이지 $A \supset \sim C$가 아니기 때문이다. 스톨네이커의 의미론에 따를 때, 이 둘이 동치가 되는 이유를 잠깐 설명해 보자. 조건문 $A \rightarrow C$가 거짓이라는 것은 스톨네이커의 이론에서 전건 A가 참인, 현실세계와 가장 가까운 가능세계에서 후건 C가 거짓임을 뜻한다. 이때 조건문 $A \rightarrow \sim C$는 참일 것이다. 왜냐하면 전건 A가 참인, 현실세계와 가장 가까운 앞서의 그 가능세계에서 $\sim C$는 참일 것이기 때문이다. 조건문을 부정한다는 것이 곧 반대 조건문을 주장하는 것이라는 이런 결과는 조건문의 부정에 관한 우리의 일상적 직관의 **일부**를 잘 포착한다고 할 수 있다. 조건문의 부정에 관한 자세한 논의는 11장에서 하게 되므로, 여기서는 스톨네이커의 이론이 이런 특징을 가진다는 점을 확인하는 데서 논의를 그치기로 한다.

스톨네이커 이론의 또 한 가지 특징은 이른바 '조건 배중률'(the law of conditional excluded middle)에 관한 것이다. 이는 앞서 본 첫 번째 특징인 조건문의 부정에 관한 그의 견해와 연관되어 있다. 스톨네이커의 이론에서는 다음이 언제나 성립한다.

조건 배중률

⊢ (A → C) ∨ (A → ~C), 다만 ◇A일 경우

선택 함수가 선택하는, 전건 A가 참인 그 가능 세계에서 후건 C는 참
이거나 거짓일 것이다. 그 가능세계에서 후건 C가 참이라면 A → C가
참이 될 테고, 후건 C가 거짓이라면 A → ~C가 참이 될 것이다. 따라
서 그의 이론에서는 (A → C) ∨ (A → ~C)이 언제나 성립할 것이다.
그 원리를 표준 논리에서 P ∨ ~P가 언제나 성립한다는 것을 말하는
배중률과 비슷하다는 점에서 '조건 배중률'이라 부른다.
   끝으로 스톨네이커 이론의 특징과 관련해 언급할 필요가 있는 추론
형태 하나는 그가 '직접적 논증'이라고 부른 아래의 OTI 논증이다.

OTI 논증

A ∨ C ⊢ ~A → C

진리함수적 분석을 옹호하는 데 핵심 역할을 하는 이 추론은 스톨네이
커의 체계에서는 부당하다. 이 점은 앞서 그가 결론에 조건문이 나오는
추론은 부당하다는 주장과 일관된다. 하지만 그는 선언 삼단논법의 타
당성은 받아들인다.

선언 삼단논법

A ∨ C, ~A ⊢ C

앞의 논의를 참조할 때, 이 점도 스톨네이커가 조건 증명을 문제 삼기

때문임을 짐작할 수 있다.

지금까지 보았듯이, 스톨네이커의 이론에서는 결론이 조건문 형태로 된 추론 가운데 어떤 것은 부당한 것으로 평가된다. 이는 그 이론의 장점이기도 하지만 단점일 수도 있다. 앞서 우리가 본 반직관적인 결과들이 해당 추론의 진정한 반례라고 생각하는 사람들이라면 그런 추론들을 부당한 추론으로 평가한다는 것은 스톨네이커 이론의 장점이라고 생각할 것이다. 반면 반직관적 결과들을 적절히 해명할 수 있다고 보는 사람들이라면 그런 결과는 그 이론의 단점이라고 여길 것이다. 이처럼 반직관적 결과를 어떻게 보느냐에 따라 작업의 성격은 달라진다. 반직관적 결과를 진정한 반례로 보지 않고 해당 추론은 여전히 타당하다고 보는 사람이라면, 왜 그 결과들이 반직관적인 것처럼 보이는지를 적절히 해명해야 한다. 진리함수적 분석을 옹호하는 사람은 이런 전략을 취한다. 한편 반직관적 결과가 진정한 반례라고 보는 사람은 그런 잘못된 추론을 왜 우리가 일상적으로 하는지, 그리고 왜 그런 추론을 해도 큰 문제가 없는지를 적절히 해명해야 한다.

스톨네이커 체계에서는 OTI 추론이 실제로 부당하므로 그는 왜 그 추론이 타당한 추론처럼 보이는지를 해명해야 하는 과제를 안게 되는데, 그는 이 작업을 실제로 한다. 그는 OTI 추론이 '그럴듯한 추론' (the reasonable inference)이라는 점을 인정한다. 왜냐하면 이 추론이 직관적으로 타당해 보이는 경우가 많이 있기 때문이다. 그런데 그에 따르면 추론의 타당성은 의미론적 관계이지만 추론의 그럴듯함은 화용론적 관계이다.[11] 그의 설명 방식은 대개 우리가 앞으로 볼 그라이스의 견해와 비슷하다. 그 자신도 그라이스의 개념 틀을 빌어, 어떤 경우에 어떤 진술을 하는 것이 적절한지 여부를 고려하고 있기 때문이다. 그에 따르면, 선언의 경우 선언 주장을 적절히 할 수 있는 맥락은 다음과 같은 때이다.

> 선언 진술은 어떤 한 선언 성원이 다른 선언 성원이 참이 아니어도 참일 수 있는 맥락에서만 적절히 할 수 있다. 다시 말해, 'A & ~B'와 'B & ~A'가 둘 다 실제로 가능한 상황에서만 'A이거나 B'라고 말할 수 있다. 요지는 말한 것 전체에 각각의 선언 성원이 일정한 기여를 해야 한다는 것이다. 맥락이 이 조건을 만족하지 못한다면, 선언을 주장한다는 것은 선언 성원 가운데 어느 하나만을 주장한다는 것과 동치이다. 따라서 선언 주장은 의미가 없으며 오해의 소지가 있고, 그러므로 부적절하다.[12]

선언을 적절히 주장할 수 있는 맥락이 있고, 그렇지 않은 맥락이 있다는 것이다. 선언 'A이거나 C'를 적절히 주장할 수 있는 맥락이라면 선언 성원 A, C 각각이 전체 선언에 일정한 기여를 해야 한다. 그렇지 않은 상황에서 선언을 주장한다면 'A이거나 C'는 진정한 의미에서 선언 형태의 주장이라 할 수 없고, 이때 그것은 아무런 기여도 하지 않는 선언 성원을 제외한 C라는 주장과 같다는 것이다. 스톨네이커는 선언을 적절히 주장할 수 있는 맥락에서 OTI를 사용하는 경우 이는 '그럴듯한 추론'이 되고, 이 때문에 이것이 타당한 추론으로 비치게 된다고 설명하는 셈이다.

스톨네이커의 설명에 따를 때 다음은 적절히 주장된 선언이 아니다.

---

11   Stalnaker (1975), p. 138.

12   Stalnaker (1975), p. 147.

(가) 서울은 한국의 수도이거나 강희는 학생이다.

왜냐하면 각각의 선언 성원이 전체 선언에 어떤 기여를 하는지 분명하지 않기 때문이다. 달리 설명하면, (가)와 거기에 나오는 오른쪽 선언 성원을 뗀 다음 주장 (나)가 서로 동치라고 볼 수 있기 때문에 (가)는 적절히 주장된 선언이 아니라는 것이다.

(나) 서울은 한국의 수도이다.

(가)와 (나)가 실제로 다르지 않은 주장이라면 이때는 (가)로부터 다음 (다)로의 추론인 OTI는 부당한 추론임이 드러난다고 할 수 있다.

(다) 서울이 한국의 수도가 아니라면, 강희는 학생이다.

스톨네이커는 앞서 그가 부당한 추론으로 분류한 대우규칙과 가언 삼단논법에 대해서도 OTI와 비슷한 식의 설명을 한다. 이들 추론의 경우에도 적절히 주장할 수 있는 맥락에서 그 추론이 행해진다면 그것은 그럴듯한 추론이라고 할 수 있다는 것이다.

스톨네이커의 설명이 성공적인지의 여부는 특정 형태의 복합 명제를 주장할 수 있는 '적절한 맥락'이 어떤 것인지를 얼마나 분명하게 할 수 있느냐에 달려 있을 것이다. 선언의 경우 그는 전체 선언이 참이 되는데 각각의 선언 성원이 일정한 기여를 하는지를 기준으로 그것을 설명하고자 하는데, 이것이 얼마나 설득력이 있는지는 의문이다. 그는 이 작업을 화용론의 문제로 간주하는데 이와 관련해 주로 비판을 받게 된다는 점을 이후에 보게 될 것이다.

4.1.3 스톨네이커 이론의 문제점

조건문에 대한 비진리함수적 분석인 스톨네이커의 이론은 전건이 거짓이라고 해서 조건문이 무조건 참이 되는 것은 아니라는 사실을 적절한 장치를 통해 설명한다는 점이 이점이라고 할 수 있다. 나아가 그의 이론은 조건문의 부정이나 조건 배중률에서 보듯이 조건문에 대한 우리의 일상적 직관을 어느 정도 잘 포착한다는 장점도 있다.

하지만 이미 보았듯이, 이 이론에서도 전건과 후건이 모두 참이지만 이 둘 사이에 아무런 연관성도 없어 보이는 '무관한 조건문'을 여전히 참으로 평가한다는 문제가 있다. 그리고 루이스가 표현했듯이, 조건문의 부정을 후건의 부정으로 보는 견해는 장점뿐만 아니라 단점도 있다. 조건문의 부정에 관한 논의는 나중에 11장에서 할 것이다. 조건 배중률이 성립한다는 것과 관련해서도 마찬가지 이야기를 할 수 있다.

스톨네이커의 이론에 대한 가장 커다란 비판은 맥락 의존성이다. 그는 전건이 참이면서 현실세계와 가장 가까운 세계가 어떤 것이냐와 관련해 맥락의 역할을 중시하고 화용론적 애매성을 적극적으로 강조하는 입장이다. 이와 관련해 가장 널리 알려진 사례는 이른바 '기바드 현상'이라고 불리는 것이다. 이는 특정 맥락에서 우리가 조건문 'A이면 C'와 'A이면 ~C'를 모두 주장할 수 있는 상황이 있다는 것으로, 스톨네이커의 이론은 이 현상을 적절히 해명할 필요가 있다. 이는 우리가 7장에서 다룬다.

4.2 아담스의 확률 논리

4.2.1 기본 입장

1975년에 내놓은 조건문 책 『조건문의 논리』(*The Logic of Conditionals*) 서문에서 아담스는 '직설법적 조건문의 논리에 대한 확률적 접근법의 기본 입장'을 다음과 같이 서술한다.

> 조건문은 진릿값을 갖지 않고 (조건부 확률과 같은) 확률을 가지며, 조건문이 나오는 추론의 적절한 타당성 기준은 추론의 전제들이 모두 개연적이면서 결론이 비개연적일 수는 없어야 한다는 것이다. 이 기준을 질료적 조건문의 표준적인 '오류'에 적용했을 때뿐만 아니라 지금까지 의심의 여지가 없다고 여겼던 여러 형식(가령 대우규칙)에 적용해 보면, 정통적인 '질료적 조건문' 이론과는 아주 다른 결과를 낳는다는 점이 드러난다.[13]

이는 아담스의 견해를 잘 요약해 준다. 그는 조건문이 명제를 표현한다는 진리함수적 분석의 기본 가정을 받아들이지 않는다는 점을 분명히 하고 있다. 나아가 자신이 타당성의 기준을 새로이 설정하고 있다는 점을 밝히고 있고, 이에 따를 때 반직관적인 결과를 갖는 추론이 실제로 부당한 것으로 평가되게 된다는 점을 말하고 있다.

이 기본 입장에 우리가 필요로 하는 것이 한 가지가 더 있다. 그것은 조건문이 진릿값이 아니라 확률을 갖는다고 했는데, 정확히 어떤 확률을 갖느냐 하는 것이다. 이에 대한 아담스의 대답은 다음과 같다.

---

13   Adams (1975), p. ix.

이 책의 근본 가정은 다음과 같다. 'A이면 C' 형태의 직설법적 조건문의 확률은 조건부 확률이다.[14]

우리는 그가 말한 근본 가정을 간단히 다음과 같이 표현할 수 있다.

$$Pr(A \rightarrow C) = Pr(C \mid A), \ 단 \ Pr(A) > 0.$$

이를 보통 '아담스 논제' 또는 '스톨네이커의 가설'이라고 부르기도 한다.

　조건문이 진릿값을 갖지 않는다는 논제를 증명하고자 하는 논증은 우리가 3부에서 따로 다룰 주제이다. 이 장에서는 이런 견해가 어떤 함축을 갖는지에 대해서만 논의하기로 하겠다. 먼저 아담스 이론의 두 번째 요소인 새로운 타당성 기준에 관해 살펴보기로 하자. 아담스가 제시한 논리 체계를 보통 '확률 논리'(probability logic)라고 부른다. 이에 따르면, 진리 보존적(truth-preserving) 추리로 규정되는 연역적 타당성의 기준을 확률 보존적인(probability-preserving) 추리로 재정식화할 수 있다.[15] 그래서

　어떤 추리가 타당하다
　⇔ 전제들이 모두 참이면서 결론이 거짓일 수는 없다.

14　Adams (1975), p. 3.
15　확률 보존으로서의 타당성 기준을 설정하는 데는 다양한 방식이 있을 수 있다. 아담스는 그런 몇 가지를 Adams (1996)과 Adams (1998)에서 논의하고 있다.

대신 앞의 인용문에 나왔듯이 다음과 같이 규정해도 된다.

어떤 추리가 타당하다

⇔ 전제들이 모두 개연적(probable)이면서 결론이 비개연적(improbable)일 수는 없다.

여기서 후자는 다시 다음과 같이 좀 더 자세하게 규정된다.

어떤 추리가 타당하다

⇔ 결론이 거짓일 확률이 전제가 거짓일 확률의 합보다 크지는 않다.

위의 타당성 기준을 적용해 조건문이 나오는 추론의 타당성을 평가하려면 조건문의 확률을 계산할 수 있어야 하고, 이를 위한 것이 아담스 이론의 세 번째 요소인 아담스 논제이다.

$$\Pr(A \to C) = \Pr(C \mid A), \text{ 단 } \Pr(A) > 0.$$

조건문의 확률을 조건부 확률로 간주한다는 이 논제의 의미를 제대로 파악하려면, 먼저 $\Pr(A \to C)$와 $\Pr(A \supset C)$이 어떻게 다른지를 비교해 보는 것이 좋다. 다시 말해, 조건부 확률로 이해되는 조건문의 확률과 질료적 조건문의 확률이 어떻게 구분되는지를 알아야 한다. 우선 극단적인 두 경우에는 이 둘이 같다.

(i) $\Pr(A \to C) = \Pr(A \supset C)$

첫째, $Pr(A \& \sim C) = 0$일 때이다(다만 $Pr(A) \neq 0$). 이때는 다음이 모두 성립한다.

$$Pr(A \supset C) = Pr(A \rightarrow C) = Pr(C \mid A) = 1$$

둘째, $Pr(A) = 1$일 때이다. 이때는 다음이 성립한다.

$$Pr(A \supset C) = Pr(A \rightarrow C) = Pr(C \mid A) = Pr(C)$$

이 두 경우가 아니라면 다음이 언제나 성립한다.

(ii) $Pr(A \supset C) > Pr(A \rightarrow C)$

즉 조건부 확률로 이해되는 조건문의 확률은 특수한 두 경우가 아니라면 질료적 조건문의 확률보다 언제나 작다는 것이다. 이를 확인하려면 다음을 생각해 보면 된다. 우선 다음과 같은 분할(partition)을 생각해 보자. {A & C, A & ~C, ~A}. 앞서 우리가 고려한 두 가지 특수한 경우, 즉 $Pr(A \& \sim C) = 0$이거나 $Pr(A) = 1$, 즉 $Pr(\sim A) = 0$인 경우가 아니라면 다음이 성립한다.

$$Pr(A) > Pr(A \& \sim C)$$

이에 따라 특수한 두 경우가 아니라면, 다음이 성립한다.

$$Pr(\sim C \mid A) \ \rangle \ Pr(A \ \& \ \sim C)$$

그런데 다음이 성립한다.

$$Pr(A \supset C) = Pr(\sim(A \ \& \ \sim C))$$

그리고 확률 계산 규칙에 따라 다음이 모두 성립한다.

$$Pr(A \ \& \ \sim C) + Pr(\sim(A \ \& \ \sim C)) = 1$$
$$Pr(C \mid A) + Pr(\sim C \mid A) = 1$$

그런데 앞서 보았듯이 $Pr(\sim C \mid A) \ \rangle \ Pr(A \ \& \ \sim C)$이므로, 앞의 두 식으로부터 우리는 다음이 성립할 수밖에 없음을 알 수 있다.[16]

(ii) $Pr(A \supset C) \ \rangle \ Pr(A \rightarrow C)$

주사위 던지기의 예를 하나 생각해 보자. 'A'를 '짝수가 나온다'는 것으로, 'C'를 '6이 나온다'는 것으로 잡아 보자. 이때 $Pr(A \rightarrow C) = Pr(C \mid A) = 1/3$이다. 반면에 $Pr(A \supset C) = Pr(\sim A \lor C) = 2/3$이

---

16   아담스 자신은 이 관계를 다음과 같은 식으로 표현했다. Adams (1975), pp. 3-4.

$$u(A \rightarrow C) = u(A \supset C)/Pr(A).$$

여기서 'u(A)'는 1 - Pr(A)를 뜻한다.

다. 여섯 개의 경우 가운데 1, 3, 5, 6이 나오는 경우 참이기 때문이다. 특수한 두 경우를 제외한다면, 이처럼 조건문의 확률을 질료적 조건문의 확률로 보느냐 조건부 확률로 보느냐에 따라 확률값에 차이가 생긴다. 우리는 나중에 이 점이 조건문이 나오는 추론의 타당성 평가에 영향을 미치게 된다는 점을 확인하게 될 것이다.

4.2.2 아담스의 확률 논리 체계

이제 아담스 체계의 몇 가지 특징에 관해 살펴보기로 하자. 우선 주목할 점은 아담스 체계에서는 조건문 결합사는 주결합사로만 나온다는 점이다. 다시 말해 조건문을 구성요소로 갖는 중첩 조건문은 아담스 체계에서는 제대로 된 식(wff, well-formed formula), 즉 정식이 아니다. 이 점을 염두에 두고, 아담스 체계에서는 진리함수적 분석의 반직관적인 결과들을 어떻게 평가하는지를 살펴보기로 하자.

먼저 질료적 함축의 역설부터 보자.

$\sim A \vdash A \rightarrow C$

$C \vdash A \rightarrow C$

아담스 체계에서 이들은 모두 부당한 추리이다. 아담스는 이 점을 두 가지 방식으로 보인다. 첫째, 그가 제시한 확률 보존으로서의 타당성 기준에 따라 전제는 개연적이지만 결론은 개연적이지 않을 수 있음을 보인다. 이때 그는 벤 다이어그램을 이용해 그런 확률 분포가 가능하다는 점을 시각적으로 표현한다. 이른바 반례의 모형을 제시하는 셈이다. 둘째, 그는 그런 확률을 갖는 것으로 보이는 일상적 사례를 제시한다.

아담스가 채택하는 이 방식은 왜 문제의 추리가 부당하다고 할 수 있는
지를 아주 설득력 있게 보여 준다고 할 수 있으므로, 우리도 이 절차를
따르기로 하겠다.

질료적 함축의 역설 두 가지가 부당하다는 점을 보이려면 다음과 같
은 확률 분포가 가능하다는 점을 생각해 보면 된다.

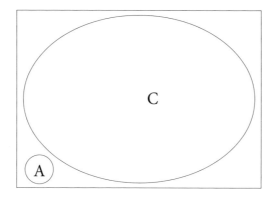

그림에서 원으로 나타낸 A와 C의 '면적'이 각각 그것들의 확률을 나타
낸다고 이해하고, 조건문의 확률은 '아담스 논제'에 따라 전건의 면적
가운데 후건이 차지하는 면적의 비율이라고 생각하면 된다. 위의 그림
에서, ~A의 확률은 아주 높다. 또한 C의 확률도 아주 높다는 것을 알
수 있다. 하지만 A → C의 확률은 아주 낮아 0이다. 이는 전제가 개연
적이면서 결론이 비개연적일 수 없는 것이 아님을 보여 준다. 이는 확
률 보존으로서의 타당성 기준에 비추어 볼 때 질료적 함축의 역설이라
는 두 형태의 추론이 모두 부당한 추론임을 의미한다. 이들 추론의 부
당성을 보이기 위해 아담스가 드는 구체적인 예는 다음이다.

A = 버클리에 내년에 비가 오지 않을 것이다.

C = 버클리에 내년에 비가 올 것이다.

아담스 체계에서도 대우규칙, 가언 삼단논법, 전건 강화규칙은 모두 부당하다. 먼저 대우규칙이 부당하다는 점을 보여 주는 아담스의 반례는 다음과 같다.

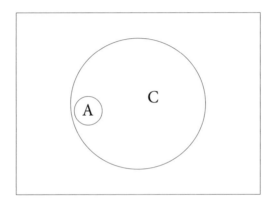

이런 모형에서는 다음과 같은 대우규칙이 부당함을 알 수 있다.

C→~A ⊢ A→~C

아담스는 우리가 다음과 같은 전제는 받아들이겠지만, 이로부터 다음과 같은 결론을 추론하지는 않을 것이라고 말한다.

내일 비가 온다면, 엄청난 폭우가 내리지는 않을 것이다.

따라서 내일 엄청난 폭우가 내린다면, 내일 비가 오지 않을 것이다.

다음으로, 가언 삼단논법이 부당함을 말해 주는 반례 모형은 다음과 같다.

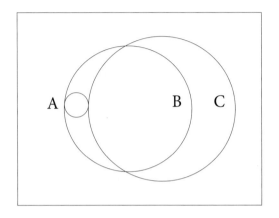

1장에서 우리가 본 다음 예는 원래 아담스가 제시한 것이었다.

A → B, B → C ⊢ A → C

스미스가 선거 전에 죽는다면, 존스가 승리할 것이다. 존스가 승리한다면, 스미스는 선거 후에 은퇴할 것이다. 따라서 스미스가 선거 전에 죽는다면, 스미스는 선거 후에 은퇴할 것이다.

바로 앞의 벤 다이어그램을 그대로 활용하면, 우리는 전건 강화규칙도 아담스 체계에서 부당하다는 것을 쉽게 알 수 있다.

B → C ⊢ (A & B) → C

가령 다음 전제는 받아들일 만하지만,

존스가 선거에서 승리한다면, 스미스는 선거 후에 은퇴할 것이다.

이로부터 다음과 같은 추론을 할 수는 없다.

따라서 스미스가 선거 전에 죽고 존스가 선거에서 승리한다면, 스미스는 선거 후에 은퇴할 것이다.

전건 강화규칙과 관련해 아담스는 한 가지 흥미로운 언급을 한다. 그는 $C \vdash A \rightarrow C$라는 형태의 질료적 함축의 역설은 전건 강화규칙 $B \rightarrow C \vdash (A \ \& \ B) \rightarrow C$의 특수 사례 가운데 하나라고 볼 수 있다고 말한다. 왜냐하면 전건 강화규칙에 나오는 B를 우리가 임의의 항진명제로 잡는다면 앞의 형태의 질료적 함축의 역설은 이 항진명제가 생략된 형태라고 할 수 있기 때문이다.

우리 논의와 관련해 또 한 가지 중요한 의의를 갖는 추론이 있는데, 그것은 OTI 추론이다.

$A \lor C \vdash \sim A \rightarrow C$

이 추론도 아담스 체계에서는 부당하다고 평가된다. 왜냐하면 다음과 같은 반례 모형이 가능하기 때문이다.

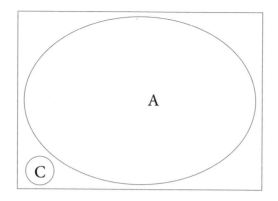

이 추론이 부당함을 보여 주기 위해 아담스가 드는 반례는 다음이다.

A = 버클리에 내년에 비가 내릴 것이다.
C = 버클리에 내년에 눈이 내릴 것이다.

아담스는 "'내년에 버클리에 비나 눈이 내릴 것이다'는 것을 주장할 수는 있지만, '비가 오지 않는다면 내년에 버클리에 눈이 내릴 것이다'"는 것을 추론하는 것은 역설적이라고 말한다.[17]

4.2.3 문제점

확률 보존으로서의 타당성 기준을 새로 제시해 확률 논리를 구축한 아담스 체계의 성과는 다음 두 가지라고 할 수 있다. 첫째, 조건문이 나오지 않는 추론이라면, 진리 보존으로서의 타당성 기준을 충족하는 것은 모두 확률 보존으로서의 타당성 기준도 만족시킨다는 것이다. 차이

---

17   Adams (1975), p. 16.

는 조건문이 나오는 추론에서 생긴다. 정확히 말해, 그것도 **결론**에 조건문이 나올 경우에만 차이가 생긴다. 이는 전제에 조건문이 나오지만 결론에는 나오지 않는다면 타당성의 기준을 진리 보존으로 잡든 확률 보존으로 잡든 차이가 없다는 것을 의미한다.[18] 왜 이 경우에만 차이가 발생하는지를 정확히 이해하는 일은 조건문 논의에서 가장 중요한 과제 가운데 하나일 것이다.[19]

둘째, 아담스 체계에서 타당한 추론과 스톨네이커의 체계에서 타당한 추론이 정확히 일치한다는 점이다.[20] 이 점이 우연의 일치인지를 두고서는 논란이 있다.[21] 이런 형식적 결과에 비추어 볼 때, 우리가 1장에서 거론한 반직관적인 결과들에 대한 이들 이론의 과제는 진리함수적 분석의 과제와는 다르다. 진리함수적 분석에서는 그 추론들이 실제로 타당하지만 그럼에도 왜 부당한 것처럼 비치는지를 해명해야 하는 반면, 스톨네이커나 아담스 체계에서는 왜 부당한데도 많은 맥락에서는 타당한 것처럼 잘 적용되는지를 해명해야 한다. 앞서 스톨네이커가 '그럴듯한 추론'이라는 개념으로 의도한 작업이 바로 그런 것이었다.

---

18 이와 관련해 가장 흥미로운 사례는 전건 긍정규칙이다. 뒤에서 보겠지만 중첩 조건문이 아니라면 전건 긍정규칙은 타당하다. 다만 결론 자체가 조건문 형태일 경우에는 부당한 사례가 있게 된다.

19 우리는 이후 10.2와 10.3절에서 이를 다룰 것이다.

20 엄밀하게 말하면 이 점도 제한이 필요하다. 이 두 체계의 외연이 같지는 않기 때문이다. 아담스 체계에서는 조건문 결합사가 주결합사로 나오는 형태만 허용된다. 이에 따라 아담스 체계에서는 이입이출 원리는 중첩 조건문이므로 제대로 된 식, 즉 정식이 아니어서 타당성을 거론할 수 없다. 한편 스톨네이커 체계에서는 이입이출 원리는 정식이고 부당한 추론으로 간주된다. 그러므로 두 체계의 결과가 같다는 말은 아담스 체계의 결과는 그대로 스톨네이커 체계에서도 성립한다는 의미로 이해해야 한다.

21 Gibbard (1981), p. 211, Edgington (1995a), p. 273.

아담스 또한 이런 작업을 하고 있다. 이를 위해 먼저 해야 할 작업은 과연 이들 체계에서 부당한 것으로 평가되는 추론이 진정 부당한 것인지를 논의해야 할 것이다. 우리가 이 장에서 살펴본 아담스의 반례 모형은 어떤 경우에 반례가 가능한지를 보여 주는 아주 설득력 있는 장치라고 할 수 있다. 하지만 그가 드는 구체적 예가 과연 모두 반례로 여겨질 수 있는지는 의문이다. 어떤 것은 받아들일 만하지만 그렇지 않은 것도 있는 것으로 보인다. 게다가 아담스에 동의해 이들이 부당한 추론이라고 하더라도 왜 직관적으로 타당해 보이는 사례가 많은지도 해명할 필요가 있다. 우리는 10장에서 이 작업을 할 것이므로, 여기서는 아담스 이론의 문제점을 좀 더 큰 틀에서 살펴보기로 하겠다.

아담스 이론은 조건문 결합사가 주결합사로 나오는 경우만 허용하므로, 그렇지 않은 경우를 다루기 어렵다. 가령 1장에서 '손쉬운' 신 존재 증명이라고 부른 추론을 아담스 체계에서 어떻게 평가할지에 대해 우리는 아무 말도 할 수 없다. 이런 한계는 아담스 이론이 지닌 문제점의 시작에 불과하다. 아마 아담스 이론을 둘러싼 가장 큰 논란은 조건문이 진릿값을 갖지 않고 확률을 갖는다는 그의 입장과 관련되어 있다고 할 수 있다. 조건문이 진릿값을 갖지 않는다는 입장에 대해 루이스는 다음과 같은 널리 알려진 비판을 제기했다.

나는 직설법적 조건문은 진릿값을 갖지 않는 문장이라는 가설에 대해 어떠한 결정적 논박도 할 수 없다. 하지만 나는 결정적이지 않은 논박은 할 수 있다. 그 가설은 너무 많은 것들을 새로 시작하게 한다. 그것은 우리로 하여금 너무 많은 것들을 새로 하도록 만들고, 이미 우리가 한 많은 것들을 쓸모없게 만든다. [22]

수사적으로 표현된 이 주장을 통해 루이스가 말하고자 하는 것은 분명하다. 조건문이 진릿값을 갖는 명제를 표현하는 것이 아니라고 한다면 진리조건적 의미론에 기반한 기존의 성과도 다 허물어지게 된다는 것이다.

　다른 또 한 가지 중요한 비판도 루이스로부터 나온다. 루이스는 조건문의 확률이 조건부 확률과 같게 되는 명제는 있을 수 없다는 것을 보이는 '사소함 결과'(the triviality results)를 내놓았다. 이 증명 결과가 어떤 함축을 갖는지는 논란거리이고, 다양한 해석을 할 수 있을 것이다. 하지만 이 단계에서 분명한 한 가지 사실은 조건부 확률로 이해된 조건문의 확률은 조건문이 참이 될 확률일 수는 없다는 점이다. 조건문의 확률이 조건문이 참이 될 확률이 아니라면, 어떤 주장이 개연적일 때 또는 확률이 높을 때 받아들이고 그렇지 않을 때 받아들이지 않는다는 것을 어떻게 이해해야 할지를 새로 설명해야 한다. 우리가 이미 보았듯이, 아담스는 어떤 추론의 부당성을 전제들은 모두 개연적이지만 결론은 개연적이지 않을 수 있음을 보여 입증하고자 한다. 이때 개연적이라는 것이 참이 될 확률일 수 없다면 우리는 어떤 근거에서 주장을 받아들이거나 믿어야 하는가라는 아주 근본적인 물음이 제기될 수밖에 없게 된다. 루이스 증명과 그것의 함축과 관련해서는 6장에서 본격적으로 다룰 것이다.

22　Lewis (1976), p. 142.

진리함수적 분석을 옹호하는 방안

지금까지 우리는 진리함수적 분석에 따르면 참이거나 타당한 추론이라고 해야 하지만 직관적으로는 그렇게 보기 어려운 사례가 있으며, 스톨네이커의 이론이나 아담스의 이론에서는 그런 반직관적 결과들을 나름대로 해명한다는 점을 보았다. 이 장에서는 진리함수적 분석을 받아들이는 사람들은 반직관적 결과를 어떻게 해명하는지를 살펴보고자 한다. 먼저 그라이스의 방안을 살펴보고, 이를 더 보완한 잭슨의 견해를 검토하는 순으로 논의를 하겠다.

5.1 그라이스의 이론

5.1.1 기본 전략

일상생활을 하면서, 우리는 사실이지만 말로 그것을 적나라하게 얘기해서는 안 되는 것이 때로 있다는 것을 안다. 참이라 하더라도 그것을 주장하는 것이 적절하지 않은 경우가 있는 것이다. 우리의 이런 직관이 진리함수적 분석을 옹호하는 전략의 단초이다. 이는 진리조건과 주장조건이 다를 수 있음을 시사해 준다. 참과 주장 가능성 사이의 이런 틈새를 인정할 경우 진리함수적 분석의 난점으로 여겨지는 반직관적 결과들을 거짓이나 부당한 것이 아니라고 이야기할 수 있는 길이 열리게 되고, 나아가 왜 그것들이 거짓이나 부당한 것처럼 비치는지도 나름대로 해명할 수 있게 된다.

5.1.2 대화상의 함축

그라이스는 우리가 일상적으로 대화를 할 때는 '협동의 원리'(Cooperative Principle)라고 부를 수 있는 것을 전제한다고 생각한다. 그는 구체적으로 네 가지 범주(양, 질, 관계, 방식)를 나열하고, 각 범주 안에서 우리가 따라야 할 구체적인 격률을 제시한다.[1] 양과 관련된 격률로 그는 다음 두 가지를 든다.

(현재 대화의 목적에 비추어) 필요한 만큼 정보를 제공해 주려고 노력해라.
필요 이상의 정보를 제공하려고 애쓰지 말라.

질과 관련한 격률로는 다음 두 가지를 든다.

당신이 거짓이라고 믿는 것을 말하지 말라.
당신이 보기에 적절한 증거가 없는 것을 말하지 말라.

---

1   Grice (1975), pp. 160-1.

관계와 관련한 격률로는 다음 하나를 든다.

관련 있는 것을 하라.

끝으로, 방식과 관련된 격률로 다음 네 가지를 든다.

모호한 표현을 피하라.
애매한 표현을 피하라.
(불필요하게 복잡해지지 않도록) 간결하게 하라.
순서에 맞게 하라.

물론 이들이 꼭 우리가 대화를 할 때 암암리에 따른다고 생각되는 모든 규칙이라고 할 수는 없을지 모른다. 불필요한 것이 들어 있을 수 있고 중요한 것이 빠져 있을 수도 있으며, 격률 자체를 좀 더 분명하게 정식화해야 할지도 모르겠다. 하지만 이 정도로도 진리조건과 주장조건의 괴리를 인정하기에는 충분하다.

우리가 이런 격률을 지키지 않을 경우 어떻게 '참'이지만 '부적절한'(inappropriate) 또는 '오해의 소지가 있는'(misleading) 주장이 생겨나는지를 보기로 하자. 내가 학교 오는 길에 방금 강희가 술집에 있다는 것을 두 눈으로 똑똑히 보고 왔다고 하자. 그런데 얼마 지나지 않아 길에서 만난 친구가 강희가 어디에 있는지를 물었다고 해보자. 이때 나는 그 친구에게 유익한 정보를 주고 싶지 않았고 그렇다고 거짓말을 하고 싶지는 않아서, "강희는 도서관에 있거나 술집에 있을 거야"라고 대답했다고 해보자. 이는 명백히 부적절한 주장 또는 오해의 소지가 있는 주장으로 여겨질 것이다. 왜냐하면 나는 협동의 원리라는 규칙을 위반한 것이기 때문이다. 구체적으로 이때 나는 최선의 정보를 제공해야 한다는 양과 관련된 첫 번째 격률을 위반한 것이라고 할 수 있다. 이런 격률을 전제할 때 상대방인 내 친구는 내가 한 선언 주장이 내가 줄 수 있는 최선의 정보라고 생각할 것이고, 이에 따라 가령 도서관에 가서 찾아보고 강희가 없다면 그는 강희가 술집에 있을 것이라고 추론할 것이다. 내가 한 위의 진술, "강희는 도서관에 있거나 술집에 있을 거야" 는 이런 '대화상의 함축'(conversational implicature)을 갖는다고 할 수 있다. 어쨌건 내가 한 주장이 참이라는 점은 명백하다. 선언은 선언 성원 가운데 어느 하나가 참이면 참이 되는데 '강희가 술집에 있다' 는 오른쪽 선언 성원이 참이기 때문이다.

선언과 관련한 이런 사례를 일반화해 보자. 내가 B가 이미 참임을 알고 있는 상황에서 A $\vee$ B를 주장한다면, 이는 우리가 따라야 할 격률을 위반한 것이다. 이는 대화를 할 때 내가 줄 수 있는 가장 강한 정보를 줄 것이라고 믿고 상대방도 대화를 하며, 특정한 이유 없이 더 약한 정보를 제공한다면 이는 부적절한 것이기 때문이다. 그런 이유에서 선언 주장은 부적절한 것으로 비치기는 하지만 그럼에도 불구하고 그것이 참임은 분명하다는 것이 이 사고노선의 핵심이다. 이때 내가 제공한 정보가 거짓인 것은 아니기 때문이다. 결국 우리는 진리조건과 주장조건이 꼭 일치하지는 않는 상황이 있다는 점을 확립한 것이다.

이런 전략을 조건문에 적용하면 질료적 함축의 역설 사례 가운데 다음 유형은 쉽게 해명할 수 있을 것으로 보인다.

(가) C ⊢ A ⊃ C

가령 강희가 오늘 모임에 온다는 것을 확신하고 있는 상황에서 내가 이를 "연수가 오늘 모임에 온다면, 강희도 모임에 올 것이다"라고 한다면 이는 오해의 소지가 있고 내가 가진 최상의 정보를 제공한 것이 아니라고 할 수 있기 때문이다. 이때 나는 내가 줄 수 있는 더 강한 정보가 있음에도 불구하고 약한 정보를 제공한 것이다. 단정적으로 C라고 주장할 수 있는데도 이를 조건부 주장으로 약화해서 주장했기 때문이다. 하지만 결론에 나오는 조건문, A → C는 실제로 참이다. 진리함수적 분석에 따를 때 후건 C가 참이면 조건문은 언제나 참이기 때문이다. 결국 이 경우 앞서 본 선언과의 유비는 아주 밀접하다고 할 수 있다.

이번에는 질료적 함축의 역설의 다른 짝에도 이 방식이 잘 적용되는지를 생각해 보자.

(나) ~A ⊢ A ⊃ C

우리는 왜 이 추론이 타당한데도 부당한 것처럼 비치는지를 해명하는 방안으로 다음과 같은 '우회 방안'을 생각해 볼 수 있다. 이 논증을 우선 다음과 같은 두 개 논증으로 분석하자.

(다) ~A ⊢ ~A ∨ C
(라) ~A ∨ C ⊢ A ⊃ C

그라이스의 이론을 따를 경우 우리는 (다)와 같은 선언 도입규칙이 왜 타당한 추론인데도 부당한 것처럼 비치는지를 쉽게 설명할 수 있다. (다)가 부적절하게 보이는 이유는 우리가 강한 주장 ~A를 할 수 있는 상황임에도 불구하고 그보다 약한 선언 주장 ~A ∨ C을 하는 것이기 때문이다. 결국 질료적 함축의 역설의 나머지 짝은 이처럼 실제로는 타당하지만 부당한 것처럼 보이는 단계를 포함하고 있기 때문에 그것이 반직관적인 결과로 보인다고 해명할 수 있다.

5.1.3 문제점

질료적 함축의 역설에 적용할 경우 그라이스의 해명 방식은 설득력이 있어 보인다. 다른 여러 가지 반직관적 결과들도 이처럼 잘 해명할 수 있을까? 잭슨은 이 전략이 그다지 성공적이지 않으며, 보완이 필요하다고 주장한다.

잭슨을 따라 그라이스 전략의 문제점이 무엇인지부터 보기로 하자. 잭슨은 그라이스가 "(확률이 거의 같다면) 강한 것을 주장해야 한다"는 것으로 표현할 수 있는 격률을 내세운다고 보고, 이런 격률의 반례가 있음을 적극적으로 보이고자 한다. 잭슨의 비판은 많은 사람들에게 아주 설득력이 있는 것으로 받아들여졌는데,[2] 그가 제시한 반례들을 살펴보기로 하자.[3] 잭슨은 A가 B를 함축할 경우 A를 더 '강한' 주장이라고 부른다. 다음 조건문을 보자.

(1) 태양이 10분 안에 사라진다면, 지구는 18분 안에 어둠에 휩싸일 것이다.

잭슨에 따를 때, 이 조건문의 전건이 거짓일 확률은 1에 가깝다. 따라

---

2   Lewis (1976), pp. 142-3. Bennett (2003), p. 33.
3   Jackson (1979), (1987) 2.1절 참조.

서 이 조건문의 확률은 전건이 거짓일 확률과 별 차이가 없다. 그런데 우리는 질료적 함축의 역설에 따라 전건의 부정이 이 조건문을 함축하므로 전건이 더 강한 주장이라고 해야 한다. 하지만 그에 따르면 도리어 더 약한 주장인 조건문이 훨씬 더 주장할 만하다. 이는 격률과 달리, 강한 주장이 아니라 약한 주장을 내세우는 것이 더 적절한 상황도 있음을 말해 준다.

잭슨의 두 번째 반례는 질료적 함축의 역설의 또 다른 짝으로, 후건이 참임을 확신하고 있는 상황이다. 잭슨에 따르면 이때도 후건을 단독으로 주장하기보다 도리어 조건문을 주장하는 것이 더 적절한 경우가 있다. 그는 하트가 출마하는 것과 상관없이 레이건이 재선될 것이라고 확신하는 상황을 가정한다. 이때 후건은 단독으로 다음 두 조건문을 모두 함축하므로, 전자가 더 강한 주장이지만 약한 조건문을 주장하는 것이 더 적절하다는 것이다.

(2) 하트가 출마한다면, 레이건이 재선될 것이다.
(3) 하트가 출마하지 않는다면, 레이건이 재선될 것이다.

질료적 함축의 역설 사례에 대한 잭슨의 이런 비판이 얼마나 설득력이 있는지는 의문이다. 이때 그가 드는 조건문을 주장하는 것이 과연 거짓인 전건이나 참인 후건을 단독으로 주장하는 것보다 더 적절한 것인지를 두고 다른 평가를 할 수 있을 것 같기 때문이다. 그는 이들 사례에서 그 점을 증명하기보다 당연한 것으로 가정하고 논의를 하고 있다. 가령 (1)을 주장하는 것이 (1)의 전건의 부정만을 주장하는 것보다 더 적절한지는 논증이 필요해 보인다. 게다가 (2)와 (3)의 후건을 확신하고 있는 사람이 (2)와 (3)처럼 주장한다면 이는 도리어 오해의 소지가 있다고 말할 수 있고, 이 점에서 (2)와 (3)은 주장할 만한 것이 아니라고 말할 수도 있을 것 같다.

더 큰 문제는 '강한 것을 주장하라' 라는 격률을 잭슨처럼 이해하는 것이 올바른가 하는 점이다. 우리가 알듯이, A가 B를 함축한다면 일반적으로 다음이 성립한다.

$$Pr(A) \leq Pr(B)$$

다른 한편으로, A가 B를 함축할 경우 잭슨처럼 A를 '강한' 주장이라고 부른다는 점도 사실이다. 그런데 우리가 확률이 높은 주장이 더 주장 가능한 것이라고 본다면, 이 둘은 서로 상충하는 것으로 보인다는 점이 문제이다. A가 B를 함축할 경우, 함축한다는 점에서는 A가 더 강한 주장이지만 확률이 높은 것이 더 주장 가능하다고 한다면 B가 더 강한 주장이라고 해야 한다.

그럼에도 아래 나오는 잭슨의 두 가지 비판은 아주 설득력이 있는 것 같다. 하나는 논리적으로 참인 주장과 관련된 비판이고 다른 하나는 동치인 주장과 관련된 비판이다. 앞에서 보았듯이, 진리함수적 조건문으로 이해할 경우 다음은 논리적 참이다.

$$\vdash (A \supset B) \lor (B \supset C)$$

논리적으로 참인 주장은 어떤 주장에 의해서든 함축되므로, 우리는 이것이 아주 약한 주장이라고 해야 한다. 이로부터 우리는 그런 종류의 주장은 대부분 주장할 만하지 않은 것이라고 할 수 있다. 하지만 어떤 논리적 참은 아주 주장할 만한 것으로 보인다는 것이 잭슨의 비판이다. 그는 다음 예를 든다.

> 조지는 여기 있거나 여기 없다.
> 부분은 전체보다 크지 않다.

이들이 실제로 주장할 만한 것이라고 한다면 강한 것을 주장하라는 격률이 언제나 적용되는 것은 아니라고 할 수 있을 것이다.

다른 한 가지 설득력 있는 비판은 논리적 동치와 관련한 것이다. 논리적 동치는 서로를 함축하므로 이들은 똑같은 정도로 주장 가능하거나 주장 가능하지 않다고 보아야 한다. 하지만 동치 사이에도 차이가 있어 보인다는 것이 잭슨의 비판이다. 가령 다음은 모두 동치이다.

> $\sim A$, $\sim A \,\&\, (A \supset B)$, $\sim A \,\&\, (A \supset C)$

동치인 다음 두 주장 가운데 첫 번째 것은 주장 가능하지 않지만 두 번째 것은 주장 가능한 것으로 보인다.

> 내일 태양이 떠오를 테고 떠오르지 않는다면 별 문제가 되지 않을 것이다.
> 내일 태양이 떠오를 테고 떠오르지 않는다면 그것은 세상의 종말이 될 것이다.

그라이스가 제시한 격률의 핵심을 '강한 것을 주장하라'로 파악하는 잭슨의 입장이 옳고 나아가 두 주장 가운데 한 주장이 다른 주장을 함축하면 함축하는 주장이 더 강한 주장이라는 잭슨의 견해를 받아들일 경우, 이런 반박은 아주 결정적인 것으로 보인다. 하지만 그라이스의 견해를 이런 식으로 정식화할 수 있을지를 두고 의문을 제기할 수 있다. 우리는 애초 그라이스가 이런 식의 설명을 제시한 것이 아니라고 볼 이유가 있는 것 같다. 잭슨이 해석한 그라이스의 격률에 따르면 A ⊢ A ∨ B가 성립하므로 우리는 A ∨ B 대신 A를 주장해야 하듯이, 같은 방식으로 A & B ⊢ A가 성립하므로 우리는 둘 가운데 A & B를 주장해야 할 것이다. 하지만 이 경우는 그라이스가 거론하고 있는 다른 격률을 위반하게 될 수 있다. 그라이스는 대화의 맥락에서 불필요하게 많은 정보를 제공하지 말라고도 말하고 있기 때문이다. 이 점은 잭슨의 그라이스 해석이 정당하지 않을 수 있음을 보여 주는 것 같다. 물론 이렇게 말한다고 해서 그라이스의 전략이 성공적이라는 것은 아니다. 도리어 그라이스의 전략이 일부분에 성공적으로 적용된다고 하더라도 그런 전략이 적용되는 범위를 둘러싸고 한계가 있다는 점은 분명해 보이기 때문이다. 우리는 이와 관련된 점을 곧 다룰 잭슨의 견해를 비판할 때 논의할 것이다.

5.2 잭슨의 이론

5.2.1 기본 입장

진리함수적 분석을 가장 적극적으로 옹호하는 인물은 잭슨이다. 그도 기본적으로 진리조건과 주장조건의 차이를 이용해 진리함수적 분석의 난점을 해명하는 전략을 취한다. 잭슨이 일상적 조건문의 진리조건

을 질료적 조건문의 진리조건으로 본다는 점은 그가 자신의 이론을
'보완된' 동치 이론(the supplemented equivalence theory)이라 부르
는 데서 잘 드러난다. 그에 따를 때, 일상적 조건문의 주장조건은 질료
적 조건문의 주장조건과 다르다. 그는 다음과 같이 말한다.

> 우리의 이론은 '보완된' 동치 이론이다. 비록 A → C와 A ⊃ C는 같은 진
> 리조건을 갖지만, A → C를 말할 때는 무엇인가가 더 있다. ...[4]

여기서 잭슨은 조건문의 진리조건은 질료적 조건문과 같지만 주장조건
은 다르다는 점을 분명히 하고 있다.

진리조건에서는 차이가 없으면서 주장조건에서는 차이가 나는 예로
이해하기 가장 쉬운 것은 'A이고 B' (A and B)와 'A이지만 B' (A but
B)라는 쌍이다. 가령 다음 두 문장을 생각해 보자.

(가) 강희는 젊고 똑똑하다.
(나) 강희는 젊지만 똑똑하다.

이 두 문장의 진리조건은 같다. 강희가 젊고 또한 강희가 똑똑할 경우
그 두 문장은 참이고 그렇지 않다면 거짓이다. 그럼에도 불구하고 이
둘 사이에는 차이가 있다. (나)를 말함으로써 우리는 통상적으로 젊다
는 것과 똑똑하다는 것 사이에 어떤 대비가 있다는 점을 시사한다. 이
런 대비가 없는데도 우리가 (나)를 주장한다면 이는 청자를 오도하는

---

[4]   Jackson (1987), p. 28.

것이거나 적어도 '이지만'의 의미를 정확히 이해하지 못한 것이라고
말할 수 있다. 잭슨이 드는 또 다른 예는 'A'와 '그럼에도 불구하고 A'
(Nevertheless A)이다.

그러면 조건문의 주장조건은 무엇인가? 잭슨의 대답은 다음과 같다.

직설법적 조건문의 주장 가능성은 전건이 주어졌을 때 후건의 조건부 확률
이다. 기호로 나타내면 다음과 같다.

$As(A \rightarrow C) = Pr(C \mid A) = df\ P(A\ \&\ C)/P(A),$ 단 $Pr(A) \neq 0.$[5]

이는 '아담스 논제'라 부르는 것을 잭슨도 받아들인다는 의미이다. 차
이는 잭슨이 조건문의 확률은 조건부 확률에 달려 있다고 서술하지 않
고, 즉 $Pr(A \rightarrow C) = Pr(C \mid A)$라고 적지 않고, 조건문의 '주장 가능
성' $As(A \rightarrow C)$은 조건부 확률 $Pr(C \mid A)$에 달려 있다고 표현한다는
점이다. 이것은 내가 보기에 조건문의 주장 가능성이 조건부 확률에 달
려 있다는 점을 가장 명시적으로 표현한 사례이다. 잭슨은 이것이 우리
가 조건문을 사용할 때 따르는 일반적 사실이라고 보고,[6] 조건문 이론은
이 점을 적절히 설명하거나 이 사실을 도출할 수 있어야 한다고 본다.

5.2.2 굳건함

잭슨의 '굳건함'(robustness)이라는 개념은 조건문의 주장조건을 충

---

5   Jackson (1987), p. 11.
6   잭슨은 이를 '데이터'(data)라고 부른다.

족시키기 위한 장치로 작동하게 된다. 그는 다음과 같은 설명과 함께 이 개념을 처음 도입한다.

> ... S_1이 S_2보다 논리적으로 강하다고 가정하고, 또한 S_1의 확률은 S_2의 확률보다 아주 조금만 낮다고 해보자. 이와 일관되게, 새로운 정보 I가 S_1에 미치는 영향과 S_2에 미치는 영향이 서로 다른 경우가 있을 수 있다. 특히 I가 S_1의 확률은 크게 낮추면서도 S_2의 확률은 별로 낮추지 않는(S_2가 더 높아질 수도 있다) 경우가 있을 수 있다. 나는 그런 상황을 일컬어 I와 관련해 (S_1은 아니고) S_2가 '굳건하다'고 말하겠다. 우리가 조건화를 받아들인다면, ... "A가 I와 관련해 굳건하다"는 것은 $Pr(A)$와 $Pr(A \mid I)$가 비슷하고 둘 다 높을 때에 국한된다고 말할 수 있다.[7]

두 주장이 서로 비슷한 확률을 지니고 있다고 하더라도 새로운 정보와 관련해 이들 사이에 차이가 있을 수 있다는 것이다. 즉 새로운 정보를 고려했을 때, 굳건하게 확률이 그대로 유지되는 경우가 있고 그렇지 않은 경우가 있다. 이런 차이를 간과한 것이 그라이스 이론의 '빈틈'(lacuna)이라고 할 수 있으며, 그래서 잭슨은 다음과 같은 '보완'이 필요하다고 생각한다.

> 결과는 주장의 적절성을 고려할 때 우리는 높은 확률이나 관련성, 정보력, 등 뿐만 아니라 굳건함도 감안해야 한다는 것이다.[8]

---

7 Jackson (1987), p. 22.
8 Jackson (1987), p. 25.

잭슨은 조건문의 경우 굳건하다는 개념이 다음과 같이 적용된다고 본다.

> 그것[조건문 구문]은 전건과 관련해 굳건하다는 것을 나타내 준다. 따라서
> A ⊃ C가 아주 가능성이 높을 때 그리고 A와 관련해 굳건할 때, 다시 말해
> Pr(A ⊃ C | A)도 높을 때 A → C를 주장하는 것이 적절하다.[9]

또 다른 곳에서는 다음과 같이 말한다.

> 우리 이론에 따를 때, A → C의 주장 가능성은 다음 두 요소, Pr(A ⊃ C)가
> 높은 정도와 A ⊃ C가 A와 관련해 굳건한 정도의 산물이다.[10]

잭슨의 이런 주장은 결국 조건문의 주장 가능성이 조건부 확률에 달려 있다는 결과가 된다. 왜 그렇게 되는지를 우리는 다음과 같이 설명할 수 있다. A와 관련해 A ⊃ C가 굳건해야 한다는 두 번째 요소부터 보자. 앞에 나온 굳건함에 대한 잭슨의 정의에 따를 때, 이것은 Pr((A ⊃ C) | A)이 높다는 의미이다. 그런데 확률 계산 규칙으로부터 다음이 성립한다.

$$Pr((A \supset C) \mid A) = Pr(C \mid A)$$

결국 두 번째 요소가 말하는 것은 조건부 확률이 높아야 한다는 것이

---

9 Jackson (1987), p. 28.
10 Jackson (1987), p. 31.

된다. 첫째 요소인 Pr(A ⊃ C)가 높아야 한다는 것은 방금 본 두 번째 요소로부터 쉽게 충족된다. 왜냐하면 우리가 앞에서 보았듯이 확률 계산 규칙에 따를 때 다음이 언제나 성립하기 때문이다.[11]

$$Pr(A \supset C) \geqq Pr(C \mid A)$$

그러므로 Pr(C | A)가 높을 경우에는 언제나 두 요소도 높게 된다. 이는 앞서 잭슨이 정식화한 조건문의 주장조건을 그대로 충족하게 된다는 의미이다.

지금까지 보았듯이, 잭슨의 입장은 조건문의 진리조건은 질료적 조건문으로 보면서도 주장조건은 조건부 확률로 보는 견해라고 할 수 있다. 이런 견해를 택할 경우 진리함수적 분석의 난점으로 거론된 반직관적 결과들을 두고서도 독특한 입장을 보이게 된다. 아담스의 이론에서는 반직관적 결과들은 확률 모형의 반례가 있게 되므로 부당한 것으로 평가된다. 조건부 확률을 조건문의 주장조건으로 받아들이는 잭슨은 이와는 전혀 다른 평가를 내린다. 잭슨에 따르면 그것들은 여전히 타당하다. 왜냐하면 조건문의 진리조건은 질료적 조건문의 진리조건을 그대로 따르기 때문이다. 다만 그것들은 조건문이 전건과 관련해 '굳건한' 상황에서 주장된 것이 아니라는 점에서 부적절하게 주장된 것으로 평가된다. 잭슨의 입장에서는 그런 반직관적 사례들을 부당한 것으로 여긴다면 이는 부적절하게 주장된 것과 부당한 것을 혼동한 것이라고 말하게 된다.

---

11 앞서 우리는 특수한 두 경우를 제외하고는 질료적 조건문의 확률이 언제나 조건부 확률보다 높다는 점을 보았다.

5.2.3 문제점

잭슨이 제시한 '굳건함' 이란 개념을 둘러싸고 비판이 있다. 그가 예로 드는 '이고' 와 '이지만' 의 차이는 아주 설득력이 있다. 이런 차이에 대해서는 이미 프레게나 더미트가 잘 설명한 적이 있고, 쉽게 받아들일 만하다. 하지만 우리 일상어의 '~면' 구문이 그가 말하는 굳건함을 애초에 표현하는 수단인지를 두고는 석연치 않은 점이 있다.[12] 이는 결국 잭슨의 개념이 정확하게 규정되지 않았다는 비판인 셈이다.

하지만 좀 더 치명적인 비판이 있다. 그것은 그의 이론의 적용 범위와 관련된 것이다.[13] 잭슨의 이론은 그라이스의 이론과 마찬가지로 기본적으로 참이지만 주장 가능하지 않은 것들을 설명하기 위한 것이다. 그런데 앞에서 진리함수적 분석의 난점으로 드는 사례 가운데는 진리함수적 분석에 따르면 **거짓**이지만 직관적으로는 참인 것으로 보이는 것도 있었다. 다음이 그런 예였다.

그 컵이 떨어졌을 경우 그것이 깨졌다면, 그것은 잘 깨지는 것이다.

이런 사례의 경우 잭슨의 이론은 어떤 해결책도 되지 못한다. 그의 이론은 참이지만 주장 가능하지 않은 것을 해명하는 장치이지 거짓인 것을 해명하는 장치가 아니기 때문이다.

다른 한 가지 비판도 비슷하다. 잭슨의 이론은 조건문이 어느 경우에 참이지만 그것을 주장하는 것은 적절하지 않은지를 설명하기 위한 것

---

12   Bennett (2003), pp. 38-42.
13   Edgington (1995a), p. 281 참조.

이다. 하지만 조건문이 더 큰 복합 명제의 일부로 나오는 경우가 있고, 이때 그 조건문은 그 자체로 주장된 것이 아니다. 가령 다음의 논리적으로 참인 명제에서

$\vdash (A \rightarrow B) \vee (B \rightarrow C)$

우리는 전체 선언을 주장하는 것이지 조건문인 각각의 선언 성원을 주장하는 것이 아니다. 따라서 이 경우도 잭슨의 이론은 아무런 설명도 해 주지 못한다는 한계가 있다. 그때 우리는 조건문을 주장하는 것이 아니므로, 그것을 '잘못' 주장한 것이라는 해명도 할 수 없기 때문이다.

3

조건문이 과연
진리조건을 갖는다고
할 수 있는가?

3부에서는 조건문이 진리조건을 갖지 않는다는 것을 보이고자 하는 논증을 다룬다. 아담스, 에징톤, 기바드, 베넷 등은 조건문은 명제를 표현하지 않으며, 이에 따라 참이나 거짓과 같은 진릿값을 갖지 않는다는 주장을 하는 사람들이다. 이런 입장은 진리함수적 분석의 근본 가정을 문제 삼는 시도로, 우리는 여기서 루이스, 기바드, 에징톤이 제시한 논증을 차례로 검토한다.

루이스 논증

6.1 기본 구조

조건문은 진리조건을 갖지 않는다 또는 조건문은 명제를 표현하지 않는다는 것을 보이는 논증 가운데 우리가 가장 먼저 살펴볼 것은 이른바 '사소함 결과' (the triviality results)에 바탕을 둔 루이스 논증이다.[1] 왜 그의 논증이 조건문은 진리조건을 갖지 않는다는 것을 보이는 논증으로 이해되는지를 살펴보는 데서 논의를 시작하기로 하자. 이후에 나온 같은 제목의 후속 논문[2]에서 루이스는 사소함 결과를 증명한 앞 논문의 요지를 다음과 같이 정리하는 것으로 시작한다.

---

1 이는 1976년 그의 유명 논문 "Probabilities of Conditionals and Conditional Probabilities"에서 제시되었다.

2 "Probabilities of Conditionals and Conditional Probabilities II" (1986).

직설법적 조건문에 관한 아담스 논제는 주장 가능성이 통상적으로 참일 주관적 확률에 달려 있는 것과 꼭 같이, 직설법적 조건문의 주장 가능성은 전건이라는 조건하에서 후건의 조건부 주관적 확률에 달려 있다는 것이다. 이 논제는 잘 확립되었다. 남은 문제는 그 점을 어떻게 가장 잘 설명할 수 있는가 하는 것이다. 가장 좋은 설명은 $Pr(A)$가 양일 때는 언제나 직설법적 조건문의 진리조건이 아래 등식을 보장하도록 되어 있다고 말하는 것이다.

$$(*)\ Pr(A \to C) = Pr(C \mid A) = df.\ Pr(C\ \&\ A)\ /\ Pr(A)$$

이전 논문에서 나는 이런 가장 좋은 설명은 결코 옳을 수 없다는 것을 보였다.[3]

이 인용문은 루이스가 비판하고자 하는 것이 다음의 아담스 논제, 즉 조건문의 확률이 곧 조건부 확률이라는 주장임을 분명히 해 주고 있다.

$$Pr(A \to C) = Pr(C \mid A))$$

그러면 아담스 논제에 대한 비판이 어떻게 해서 조건문은 진리조건을 갖지 않는다는 점을 보여 주는 논증이 되는가? 이를 이해하려면, 인용문에 암시되어 있는 루이스 논증의 배경 요소들을 좀 더 분명히 할 필요가 있다.

우선 루이스 논증이 어떤 주장 A의 주장 가능성 또는 수용 가능성은

---

3   Lewis (1986b), p. 102.

그 주장이 참일 확률에 달려 있다는 사실을 언급하는 데서 출발한다는 점을 주목할 필요가 있다. 1976년에 나온 원래 논문에서는 루이스는 이를 '주장 가능성은 주관적 확률에 달려 있다' (Assertability goes by subjective probability)라는 슬로건으로 표현하였다.[4] 이 일반 원리는 아담스나 다른 많은 사람들이 받아들이는 기본적인 사항이다. 루이스는 아담스 논제가 이런 일반 원리에 예외가 있음을 주장하는 것으로 해석한다. 다시 말해, 아담스는 주장 가능성이 이런 확률에 달려 있지 않은 경우를 인정한다는 것이다. 왜냐하면 조건문의 주장 가능성은 조건부 확률에 달려 있기 때문이다. 그래서 루이스는 다음과 같이 말한다.

일상적인 직설법적 조건문의 경우에는 주장 가능성이 [확률에 달려 있는] 대신에 전건하에서 후건의 조건부 확률에 달려 있는 것 같다.[5]

여기서 루이스가 대비하고 있는 것은, 곧 이어 좀 더 명시적으로 나오지만 절대적 확률과 조건부 확률의 대비이다. 보통의 경우 어떤 주장의 주장 가능성은 그 주장의 절대적 확률에 달려 있는 데 반해 특이하게도 조건문의 경우에는 그 주장의 주장 가능성이 절대적 확률이 아니라 조건부 확률에 달려 있는 것으로 보인다는 것이다. 이처럼 루이스가 절대적 확률과 조건부 확률을 대비시킨다는 점을 주목해야 한다. 우리는 가령 정상적인 주사위를 던졌을 때 '2가 나올 확률은 1/6이다' 라고 말하기도 하고, 또한 정상적인 주사위를 던져 '짝수가 나왔다는 조건하에

---

4   앞으로 여기 나오는 확률은 '주관적 확률' 을 의미하므로, 간단히 그냥 '확률' 이라고 하겠다.

5   Lewis (1976), p. 76.

서 그것이 2일 확률은 1/3이다'라고 말하기도 한다. 우리는 보통 이때
의 '확률'이 다르지 않다고 생각하곤 한다. 하지만 이는 자명하지 않으
며 정당화가 필요한 것임을 명심할 필요가 있다.

　루이스는 아담스에 동의해서 조건문의 경우에는 그것의 주장 가능성
이 절대적 확률이 아니라 조건부 확률에 달려 있다고 볼 수 있다는 점
을 기꺼이 인정한다. 그래서 그는 이어서 다음과 같이 말한다.

> 아담스가 나를 확신시켜 주었다. 나는 일상적인 직설법적 조건문 A → C의
> 주장 가능성이 실제로 조건부 확률 Pr(C | A)에 달려 있다는 사실은 이제
> 확고하게 자리 잡았다고 생각한다. 그런데 왜 그런가? 왜 절대적 확률 Pr(A
> → C)에 달려 있지 않은가?[6]

루이스는 이런 의문을 설명(또는 해명)해 줄 최선의 방안으로 제시된
것이 바로 아담스 논제라고 본다. 그는 이를 다음과 같이 표현한다.

> 다음이 가장 좋은 설명일 것이다. A → C의 주장 가능성은 어쨌건 Pr(A →
> C)에 달려 있다. 직설법적 조건문도 예외가 아니다. 하지만 그것은 또한
> Pr(C | A)에도 달려 있다. 아담스가 말하듯이, →의 의미가 ... Pr(A → C)
> 과 Pr(C | A)이 항상 같다는 것을 보장해 주기 때문이다. 간단히 말해, **조건**
> **문의 확률은 조건부 확률이다**. 여러 사람이 이런 논제를 주장하였다.(루이
> 스의 강조)[7]

---

6   Lewis (1976), p. 77.
7   Lewis (1976), p. 77.

우리는 여기서 아담스 논제가 앞서 슬로건으로 나온 일반 원리가 예외 없이 성립한다는 것을 보여 주는 데 가교 역할을 하는 것으로 이해되고 있음을 알 수 있다. 달리 말해, 조건문의 주장 가능성은 원리의 예외가 되어 절대적 확률이 아니라 조건부 확률에 달려 있는 것으로 비치지만, 조건문의 경우에는 그것의 절대적 확률과 조건부 확률이 일치하게 되어 있다는 것을 말해 주는 것이 바로 아담스 논제의 핵심이라는 것이다.

아담스 논제가 말하듯이, 조건문의 확률은 조건부 확률과 일치하게 되어 있다면 그 조건문이 진리함수적 조건문으로 이해될 수 없다는 점은 분명하다. 왜냐하면 아담스를 다룰 때 이미 보았듯이, $Pr(A \rightarrow C)$과 $Pr(C \mid A)$이 항상 같지는 않기 때문이다. 도리어 이 둘은 아주 극단적인 경우에만 같다. 그래서 루이스는 다음과 같이 말한다.

> 직설법적 조건문은 [진리함수적 조건문과는] 다른 어떤 것일 수밖에 없다. 그것을 '확률 조건문'이라 부르자. 우리는 확률 조건문의 진리조건을 제시할 수 있을지도 모르고, 제시할 수 없을지도 모른다. 하지만 적어도 우리는 조건부 확률에 관해 우리가 알고 있는 것을 이용해 확률 조건문의 의미와 논리를 상당 부분 알게 될 수도 있을 것이다.
>
> 아뿔싸, 이런 가장 좋은 설명 방안은 결코 옳을 수 없다. 우리는 조건문의 확률이 ... 적절한 조건부 확률과 같게 되도록 조건언 결합사를 해석할 수 있는 어떤 방도도 없다는 것을 보게 될 것이다. ... 확률 조건문을 찾으려는 노력은 허사로 끝나며, 우리는 직설법적 조건문의 경우에는 주장 가능성이 절대적 확률에 달려 있지 않다는 것을 인정해야만 한다.[8]

---

8   Lewis (1976), pp. 77-8.

조건문의 확률이 언제나 조건부 확률과 같게 되도록 조건언 결합사를
해석할 수 있는 어떤 방도도 없다는 것을 보여 주는 증명이 우리가 곧
보게 될 '사소함 결과' 이다. 루이스가 말하는 대로, '확률 조건문'[9]을
찾으려는 노력이 허사로 끝날 수밖에 없다면 우리는 당연히 확률 조건
문의 진리조건도 찾을 수 없게 될 것이다. 바로 이런 측면에서 루이스
의 증명이 조건문이 진리조건을 갖지 않음을 보여 주는 논증으로 해석
된다는 점을 알 수 있다. 결국 우리는 조건문의 확률은 그 조건문이 참
일 절대적 확률을 나타내는 것이 아니라는 점을 인정할 수밖에 없다는
것이다.[10]

6.2 사소함 결과의 증명[11]

이제 아담스 논제가 성립하지 않음을 보이는 루이스 증명을 자세히 살
펴보기로 하자.[12] 먼저 다음과 같은 확률론의 기본 원리들을 받아들인
다고 하자.

   (i) $0 \leq Pr(A) \leq 1$

---

9   이는 조건문의 절대적 확률이 언제나 조건부 확률과 같게 되는 어떤 임의의 조건
문을 지칭하기 위해 루이스가 만든 말이다.
10   바로 이런 의미에서 아담스의 확률 논리에서 '확률' 은 참일 확률을 일컫는 것일
수 없고 그것은 이름뿐인 확률이라는 말을 하게 되는 것이다.
11   이후 내용은 최원배 (2005)에 바탕을 둔 것이다.
12   이 증명은 루이스가 제시한 증명과 똑같지는 않다. 이 증명을 재구성하는 데에는
Lewis (1976) 외에 Appiah (1985a), Bennett (2003), Blackburn (1986) 등을 참조하
였다.

(ii) A와 B가 동치라면, Pr(A) = Pr(B).

(iii) A와 B가 양립 불가능하다면, Pr(A ∨ B) = Pr(A) + Pr(B).

(iv) A가 필연적이라면, Pr(A) = 1.

그리고 조건부 확률에 관한 기본적 정의로 (1)을 받아들이고[13] 귀류법 논증을 위해 아담스 논제인 (2)를 참이라고 가정하자.

(1) Pr(C | A) = Pr(C & A) / Pr(A) (단 Pr(A) > 0)

(2) Pr(A → C) = Pr(C | A)

일종의 보조 정리로 루이스는 다음을 먼저 증명하는데, 이에는 확률 함수가 조건화 규칙(conditionalization)에 대해 닫혀 있다는 점이 가정된

---

[13]　확률 체계에 따라 조건부 확률을 원초적 개념으로 잡고, 이를 바탕으로 곱 사건(연언)의 확률을 정의하기도 하고, 아니면 곱 사건(연언)의 확률을 원초적 개념으로 잡고 이를 바탕으로 조건부 확률을 정의하기도 한다. 확률 이론을 처음으로 공리 체계화했던 콜모고로프는 (1)이 조건부 확률의 정의라고 말한다(Kolmogorov (1933), p. 6). 루이스도 논문에서 이를 조건부 확률의 정의로 여긴다. 하지만 이것이 단순한 규약을 넘어 조건부 확률에 대한 참된 정의인지를 두고서는 논란이 있다. 가령 하엑은 조건부 확률 개념을 원초적 개념으로 여겨야 하며, 조건부 확률을 (1)과 같은 형태로 분석하는 것은 적절한 분석도 아니라고 주장한다(Hajek (2003) 참조). (1)이 조건부 확률에 대한 정의라면 조건부 확률을 알기 위해서는 언제나 우변에 나오는 절대적 확률, Pr(A)와 Pr(A & C)를 알아야 할 것이다. 하지만 반드시 그렇지는 않다는 점이 지적되었다. 가령 지금 모스크바에 비가 오고 있는지 여부에 대해 전혀 모르더라도, 우리는 지금 모스크바에 비가 오고 있다는 조건하에서 모스크바 거리가 젖어 있을 확률은 상당히 높다고 확신할 수 있기 때문이다. 이는 우리가 Pr(A)를 전혀 모르더라도 Pr(C | A)를 알 수 있다는 의미이다. 따라서 Pr(A)와 Pr(A & C)가 주어지면 조건부 확률이 주어지는 것은 사실이지만, 이들이 꼭 주어져야 조건부 확률이 주어지는 것은 사실이 아니라고 할 수 있다.

다. 그래서 Pr(B)가 0보다 클 경우, Pr′(A)가 항상 Pr(A | B)와 같은 확률 함수 Pr′이 존재하며, 이때 우리는 조건화 규칙에 의해 Pr로부터 Pr′을 얻는다고 말한다.

(3) Pr(A → C | B) = Pr(C | A & B), 단 Pr(A & B) ⟩ 0[14]

(3)에서 B 대신 C와 ~C를 각각 차례로 대입하면, 우리는 다음을 얻는다.

(4) Pr(A → C | C) = Pr(C | A & C) = 1
(5) Pr(A → C | ~C) = Pr(C | A & ~C) = 0

이제 우리는 주된 증명으로 넘어갈 수 있다. 우선 Pr(A) ⟩ 0, Pr(A & C) ⟩ 0, Pr(A & ~C) ⟩ 0이라고 가정하자.

Pr(A → C)

   = Pr((A → C) & C ∨ (A → C) & ~C)   ∵ (ii)

---

14   이를 얻는 과정은 다음과 같다.

Pr(A → C | B)
 = Pr′(A → C)
 = Pr′(C | A)
 = Pr′(C & A) / Pr′(A)
 = Pr(C & A | B) / Pr(A | B)
 = {Pr(C & A & B) / Pr(B)} / {Pr(A & B) / Pr(B)}
 = Pr(C & A & B) / Pr(A & B)
 = Pr(C | A & B)

$$= \Pr((A \to C) \,\&\, C) + \Pr((A \to C) \,\&\, {\sim}C) \quad \because (iii)$$

$$= \Pr((A \to C) \mid C) \times \Pr(C) + \Pr((A \to C) \mid {\sim}C) \times \Pr({\sim}C)$$
$$\because (1)$$

$$= \Pr(C \mid A \,\&\, C) \times \Pr(C) + \Pr(C \mid A \,\&\, {\sim}C) \times \Pr({\sim}C)$$
$$\because (3)$$

$$= (1 \times \Pr(C)) + (0 \times \Pr({\sim}C)) \qquad \because (4),\ (5)를\ 각각\ 대입$$

$$= \Pr(C)$$

$\Pr(A \to C) = \Pr(C \mid A)$이므로 결국

(6) $\Pr(A \to C) = \Pr(C \mid A) = \Pr(C)$

즉 A와 C는 선험적으로 서로 독립적이라는 결과를 얻는다.

위의 결과는 물론 그 자체로 불합리해 보인다. 하지만 루이스의 말대로 이것이 적나라한 모순은 아니다. 루이스는 이것이 성립하는 확률 체계라면, 그런 체계의 형식 언어는 표현력이 심각하게 제약을 받게 된다는 점을 보인다. 이것이 유명한 이른바 첫 번째 사소함 결과(the first triviality result)이다.[15]

(가) 첫 번째 사소함 결과: 위의 논증의 가정들이 옳다면, 이런 언어에서는 3개의 서로 배타적인 명제란 있을 수 없다.

---

15 아래 벤 다이어그램을 이용한 증명은 Adams (1998), pp. 261-2를 참조하였다.

 귀류법을 적용하기 위해 양의 확률을 가지는 3개의 서로 배타적인 명제, P, Q, R이 있다고 가정하자. 그리고 이들을 다음과 같이 벤 다이어그램으로 나타낸다고 하자.

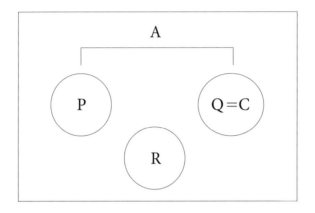

그리고 A = P ∨ Q로, C = Q로 잡는다고 하자. 그러면 A & C와 A & ~C는 모두 양의 확률을 지닌다. 왜냐하면 A & C는 Q와 동치이고, A & ~C는 P와 동치인데, 이들은 앞에서 양의 확률을 갖는다고 가정되었기 때문이다. 따라서 우리는 앞의 주된 증명에서처럼 기본적인 요건, 즉 Pr(A), Pr(A & C), Pr(A & ~C)가 모두 0보다 크다는 조건을 확보한 셈이다. 그런데 앞의 증명 결과와 모순되게 이 조건에서 Pr(C)는 Pr(A → C)와 같지 않고 그보다 작다는 것을 보일 수 있다.

 (i) Pr(C) = Pr(Q)

 (ii) Pr(A → C) = Pr(A & C) / Pr(A)

 = Pr(Q) / Pr(P ∨ Q)

 (iii) Pr(P ∨ Q) ≦ 1 - Pr(R)

(iv) $\Pr(R) > 0$

(v) $\Pr(P \vee Q) < 1$

(vi) $\Pr(Q) < \Pr(Q) / \Pr(P \vee Q)$

(vii) $\Pr(C) < \Pr(A \rightarrow C)$

이는 $\Pr(A \rightarrow C) = \Pr(C)$라는 앞의 증명 결과와 모순이다. 따라서 3개의 서로 배타적인 명제가 있다는 가정은 거짓이다. 결국 3개의 서로 배타적인 명제란 있을 수 없다.

루이스는 3개의 서로 배타적인 명제가 있을 수 없는 이런 언어를 표현력이 극히 제한된 '사소한 언어'(trivial language)라고 부른다.[16] 즉 조건문의 확률이 조건부 확률과 언제나 같게 되는 확률 체계가 있을 수 있지만 그런 체계의 표현력이란 3개의 상호 배타적 명제를 표현할 수조차 없을 정도로 지극히 사소하다는 것이고, 이런 이유 때문에 이 증명을 '사소함 결과'라고 부른 것이다.

루이스는 이렇게 입증된 첫 번째 사소함 결과를 바탕으로 이런 체계의 확률 함수는 많아야 4개의 서로 다른 확률값만을 가질 수 있다고 하는 두 번째 사소함 결과(the second triviality result)를 입증한다.

(나) 두 번째 사소함 결과: 위의 논증의 가정들이 옳다면, 이런 확률 함수는 많아야 4개의 서로 다른 확률값만을 가질 수 있다.

---

16   Lewis (1976), p. 80.

증명

5개의 서로 다른 확률값을 갖는 확률 함수가 있다고 가정해 보자. 이를 통해 모순을 도출할 수 있다. 그 확률 함수가 5개의 서로 다른 확률값을 갖는다면, 이 가운데 적어도 셋, 가령 $Pr(P)$, $Pr(Q)$, $Pr(R)$은 0과 1 사이의 값을 가질 수밖에 없다(나머지 둘은 각각 0과 1일 수 있다). 이 경우 우리는 P, Q, R과 이들의 확률을 다음 벤 다이어그램처럼 나타낼 수 있다.

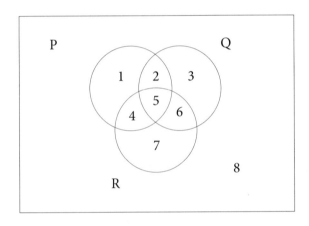

그런데 $Pr(P)$, $Pr(Q)$, $Pr(R)$이 모두 다른 값이려면, 벤 다이어그램에 나오는 전체 8개의 영역 가운데 적어도 3개 영역은 양의 확률을 가져야 한다. 왜냐하면 두 개 영역만 양의 확률을 갖는다면, 그 경우 이 둘은 서로 배타적이므로 이것들의 합은 1이어서 0과 1 사이에 서로 다른 확률값은 2개에 그치게 되고, 결국 $Pr(P)$, $Pr(Q)$, $Pr(R)$은 서로 다른 확률값이 아니게 되기 때문이다. 따라서 적어도 세 개 영역은 양의 확률을 가져야 한다. 그런데 이들 각 영역은 서로 배타적이고, 따라서 이에 상응하는 명제는 서로 배타적일 수밖에 없다. 그러므로 우리는 적어도 세 개의 서로 배타적인 명제를 갖게 된다. 그런데 이는 앞의 증명 결과와 모순된다. 따라서 5개의 서로 다른 값을 가질 수 있다는 애초의 가정이 잘못이며, 결국 이런 확률 함수는 많아야 4개의 값만을 가질 수 있다.

6.3 증명의 기본 전제: 문제의 원인?

루이스의 증명이 처음 제시되었을 때 이것은 '폭탄'[17]으로 받아들여질 만큼 충격적이었다. 이에 따라 많은 학자들이 이 증명을 면밀히 재검토 하게 되었고, 루이스 증명의 가정에 관해 의문이 제기되었다.

루이스의 주된 증명에는 일종의 보조 정리인 (3) $\Pr(A \to C \mid B) = \Pr(C \mid A \,\&\, B)$이 이용되는데, 앞에서 보았듯이 이를 도출하는 데는 조건화 규칙이 사용되고 있다. 즉 $\Pr(B) > 0$일 경우, $\Pr'(A) = \Pr(A \mid B)$인 확률 함수 $\Pr'$이 언제나 존재한다는 점을 가정하고 있다. 이 조건화 규칙을 이용하여 우리는 (3)을 얻게 되는데, 이 식은 B라는 조건하에서 조건문 $A \to C$의 확률은 B와 전건 A라는 조건하에서 후건 C의 확률과 같음을 말한다. 이를 (2)와 결합하면, $\Pr(B \to (A \to C)) = \Pr((B \,\&\, A) \to C)$이 성립하고, 이는 결국 조건문 안에 다시 조건문이 나타나는 중첩 조건문을 변형할 수 있게 해 준다. 이 조건화 규칙의 사용과 관련하여 몇 가지 이의가 제기되었다.

우선 반 프라센은 여기에 루이스의 '형이상학적 실재론'(metaphysical realism)이 깔려 있다고 비판하였다.[18] 스톨네이커는 반 프라센의

---

17   van Fraassen (1976), p. 273, Stalnaker (1976), p. 302.

18   van Fraassen (1976) 참조.

이런 비판에 동의하지는 않는다. 하지만 스톨네이커는 반 프라센의 비판이 정확히 어느 단계를 문제 삼는지를 명확히 해 주고 있으므로 이를 잠깐 살펴볼 필요가 있다. 스톨네이커는 (3)이 구체적으로 다음과 같이 증명된다고 이해한다.[19]

$$Pr'(A \& C) = Pr'(A) \times Pr'(C \mid A)$$
$$= Pr'(A) \times Pr'(A \to C)$$
$$= Pr(A \mid B) \times Pr(A \to C \mid B)$$
$$Pr'(A \& C) = Pr(A \& C \mid B)$$
$$= Pr(A \mid B) \times Pr(C \mid A \& B)$$

이 둘로부터 $Pr(A \mid B)$를 소거하여 결국 다음을 얻는다.

(3) $Pr(A \to C \mid B) = Pr(C \mid A \& B)$

스톨네이커에 따를 때, 반 프라센은 이 증명에서 $Pr'(A \to C)$로부터 $Pr(A \to C \mid B)$로 나아가는 단계가 문제가 있음을 지적하고 있다.[20] 블랙번 또한 (3)이 보편적으로 성립하지 않음을 주장하고,[21] 나름의 예를 들고 있다. 하지만 여기서 이들의 논거를 자세히 살펴볼 필요는 없다. 왜냐하면 조건화 규칙을 사용하지 않고도 루이스의 결과를 얻을 수 있

---

19   Stalnaker (1976), p. 303 참조. 또한 Sainsbury (2001), p. 145 참조.

20   Stalnaker (1976), p. 303.

21   Blackburn (1986). 또한 Appiah (1985a)도 참조.

기 때문이다.[22] 루이스의 증명이 제시된 이래 좀 더 약한 가정만으로도 같은 결과를 얻을 수 있다는 것을 보여 주는 여러 가지 증명이 추가로 제시되었다.[23] 따라서 현재 루이스의 증명은 확고하게 자리 잡았다고 할 수 있다.

그러면 왜 조건문의 확률은 조건부 확률일 수 없을까? 루이스 증명의 여러 형태 가운데 이 점과 관련해 시사하는 바가 가장 많은 증명은 아래 증명이라고 할 수 있다.[24]

우선 조건문의 확률이 조건부 확률과 언제나 같게 되는 그런 명제 X가 있다고 해보자. 그리고 $Pr(A)$, $Pr(C \& A)$, $Pr(C \& {\sim}A)$는 모두 0보다 크다고 하자. 증명의 기본 방식은 조건부 확률은 같지만 조건문의 확률은 다른 확률 함수가 언제나 존재한다는 점을 보이는 것이다. 이를 위해 주목해 두어야 할 점은 조건부 확률 $Pr(C \mid A)$는 $Pr(A)$와 $Pr(A \& C)$의 값에 의해 완전히 고정된다는 점이다.

$$Pr(X) = Pr(A \to C) = Pr(C \mid A) = Pr(C \& A) / Pr(A) \text{ 가정}$$

우리가 찾는 명제 X는 다음 세 가지 조건을 만족시켜야 한다.

(i) ${\sim}A$가 X를 함축해서는 안 된다.

22 이를 보려면 Stalnaker (1976)과 Lewis (1986b)를 참조.
23 이런 대표적인 증명은 Carlstrom and Hill (1978)이다. 최근의 예 하나로는 Milne (1997) 참조.
24 이 증명의 원초적 아이디어는 Carlstrom & Hill (1978)에 나온다. 증명 방식은 Edgington (1995a), (1997)에 의존하며, 이를 도형으로 나타내는 아이디어는 Hajek (1994)의 영향을 받았다.

~A가 X를 함축한다고 해보자. 이 경우 X는 우리가 찾는 X일 수 없다. 이를 확실히 하기 위해 다음과 같은 벤 다이어그램을 이용해 보기로 하자.

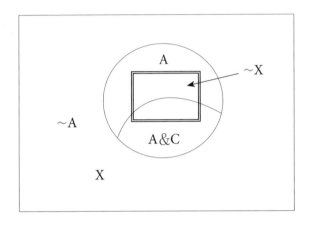

그림에서 A가 참이 되는 영역을 원으로 나타내고, 원 바깥의 영역은 ~A가 참이 되는 영역이라 하자. 그리고 원 안에는 다시 일부가 A이면서 C인 영역이라고 하자. ~A가 X를 함축한다면, X가 참이 되는 영역은 ~A가 참이 되는 영역 전체를 포함하게 될 것이다. 이를 나타내기 위해 위의 그림에서 원 안에 있는 네모 바깥의 영역이 바로 X가 참이 되는 영역이고, 네모 안의 영역은 ~X가 참이 되는 영역이라고 하자. 그림에서 분명히 드러나듯이, 이때 Pr(~A)는 높지만 Pr(X)는 낮을 수 없다. 즉 Pr(X) > Pr(~A). 그러나 Pr(~A)는 높지만 Pr(C | A)는 낮을 수 있다. 가령 다음 벤 다이어그램은 그런 상황이다.

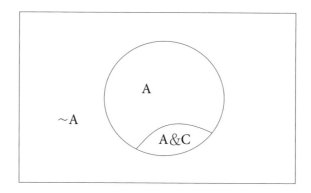

그러므로 Pr(X)와 Pr(C | A)이 모든 확률 함수에서 같지는 않을 것이다. 따라서 ~A는 X를 함축할 수 없다.

(ii) X는 A를 함축할 수 없다.

X가 A를 함축한다고 해보자.

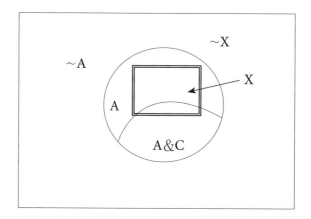

이 경우 Pr(X)는 높지만 Pr(A)는 낮을 수 없다. 이번 그림의 경우 네모 안의 영역이 X의 영역이고 네모 바깥의 영역이 ~X의 영역임을 주목

하라. 하지만 이때 $Pr(C \mid A)$는 높지만 $Pr(A)$는 낮은 경우가 있을 수 있다. 가령 아래 그림은 그런 경우를 나타낸다.

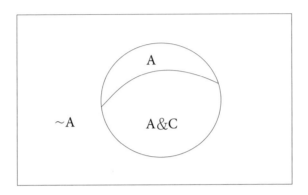

따라서 $Pr(X)$와 $Pr(C \mid A)$가 모든 확률 함수에서 같지는 않을 것이다. 결국 X는 A를 함축할 수 없다.

(iii) X는 ~A를 함축할 수 없다.

X가 ~A를 함축한다고 해보자.

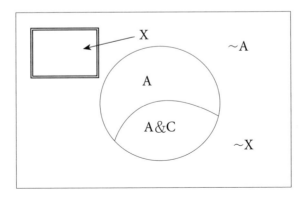

이 경우 Pr(X)는 높지만 Pr(~A)는 낮을 수 없다. 그러나 Pr(C | A)는 높지만 Pr(~A)는 낮은 경우가 있을 수 있다. 아래 그림은 그런 경우를 나타낸다.

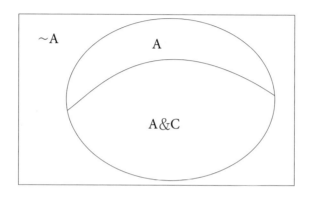

따라서 Pr(X)와 Pr(C | A)가 모든 확률 함수에서 같지는 않을 것이다. 결국 X는 ~A를 함축할 수 없다.[25]

이상의 논의에 따라 우리는 최종적으로 다음을 얻게 된다.

(1) X는 ~A의 전체 영역에서 참이어서는 안 된다.
(2) X는 ~A의 일부 영역에서 참이어야 한다.
(3) X는 A의 일부 영역에서 참이어야 한다.

바꾸어 말해, X가 참인 영역은 ~A 영역 전체를 다 차지해서는 안 되고, ~A 영역 안에 완전히 포함되어서도 안 되며, A 영역 안에 완전히

---

25   이 조건이 Edgington (1997a)에는 빠져 있다.

포함되어서도 안 된다. 그것은 A와 ~A 영역에 걸쳐 있을 수밖에 없다. 따라서 확률 Pr(X)는 A 영역을 얼마나 차지하고 있는가에 의해서 뿐만 아니라 ~A 영역을 얼마나 차지하고 있는가에 의해서도 영향을 받는다. 그런데 A 부분은 같지만 ~A 부분은 다른, 즉 Pr(~A & X)는 다른 확률 함수가 존재한다. 이 경우 Pr(A & C)와 Pr(A)는 같고, 따라서 Pr(C | A)도 같고 나아가 Pr(A & X)도 이전과 같을 것이다. 하지만 Pr(X)는 이와 다를 수밖에 없다. 왜냐하면 Pr(X) = Pr(~A & X) + Pr(A & X)가 성립하는데, Pr(A & X)는 여전히 같지만 Pr(~A & X)는 다르기 때문이다(아래 두 그림 참조). 따라서 Pr(C | A) ≠ Pr(X)인 확률 함수가 언제나 존재한다.

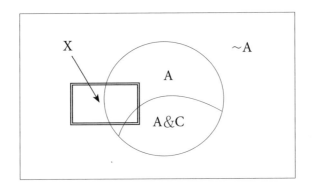

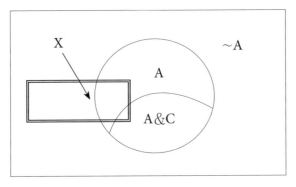

6.4 조건부 확률의 특징

이 증명으로부터 얻을 수 있는 교훈은 무엇인가? 이 증명에서 잘 드러
나는 것은 바로 조건부 확률의 행태이다. 조건문의 확률이 조건부 확률
과 같을 수 없음을 보이는 과정에서 조건부 확률의 특징이 잘 부각되고
있기 때문이다. 바꾸어 말하면 이 증명은 조건부 확률이 지닌 독특한
성질을 이용해 어떠한 명제의 확률도 이 조건부 확률과 언제나 같을 수
는 없음을 보인다고 할 수 있다. 여기서 말하는 조건부 확률이 지닌 독
특한 성질이란 다음 표에 나와 있는 성질이다. 이들 각각이 위의 증명
에서 차례대로 이용되고 있다.

(i)	$Pr(\sim A)$이 높다	$Pr(C \mid A)$ 조건부 확률은 낮다.
(ii)	$Pr(A)$이 낮다	$Pr(C \mid A)$ 조건부 확률은 높다.
(iii)	$Pr(\sim A)$이 낮다	$Pr(C \mid A)$ 조건부 확률은 높다.

조건부 확률의 경우 위의 조합이 모두 가능하다는 점이 증명에 이용되
었다. A의 확률이 높을 경우 ~A의 확률은 낮으므로, 이를 간단히 다
음과 같이 표현할 수 있다(여기서 '↓'는 확률이 낮음을, '↑'는 확률
이 높음을 나타낸다).

	$Pr(A)$	조건부 확률	$Pr(\sim A)$
(i)	↓	↓	↑
(ii)	↓	↑	↑
(iii)	↑	↑	↓

이 표를 보면 조건부 확률의 높고 낮음은 전건이나 전건의 부정의 확

률의 높고 낮음과 관련이 없음을 알 수 있다. 전건의 확률이 높거나 낮아도 조건부 확률은 낮거나 높을 수 있다. 벤 다이어그램에서 볼 때, 조건부 확률은 오로지 전건이 참이 되는 영역 가운데 후건이 참이 되는 영역이 얼마나 넓은지에 달려 있다. 바꾸어 말해 전건이 참이 되는 영역 자체가 얼마나 넓은지는 조건부 확률의 높고 낮음에 아무런 영향도 주지 않는다. 이는 조건부 확률에서는 전건이 거짓이 되는 경우가 논의 대상에서 제외된다는 점을 말해 준다. 그 이유는 물론 조건부 확률이 (1) $\Pr(C \mid A) = \Pr(A \& C) / \Pr(A)$에 의해 정해지기 때문이다. 조건부 확률은 어떤 의미에서 '상대적 크기'의 문제이며, 그래서 (1)에서도 비율로 나타나는 것이다.

  이런 논의는 자연스레 조건부 확률이 과연 확률인가 하는 물음을 제기해 준다고 생각된다. 아마 많은 사람들이 (1)의 좌변에 나오는 'Pr'이란 기호 때문에 조건부 확률도 당연히 확률이라고 생각할지 모른다. 그러나 현재의 쟁점이 바로 '조건부 확률'이 과연 '확률'인가라는 근본적 물음임을 생각해 본다면, 그 점은 당연히 받아들여야 할 것이 아니다. 자세히 보면, 우리는 (1)의 좌변에 나오는 기호 $\Pr(\ \mid\ )$과 우변에 나오는 기호 $\Pr(\ )$가 다름을 알 수 있다. 이 점이 좌변에도 'Pr'이란 기호를 적음으로써 흐려진 것이다. 원한다면 우리는 가령 $\Pr_A(C)$와 $\Pr(C)$라고 적어 이들을 서로 구분할 수도 있을 것이다. 물론 우변에 나오는 $\Pr(A \& C)$와 $\Pr(A)$는 각각 실제로 확률값을 가리킨다. 하지만 그렇게 해서 얻게 되는 조건부 확률은 우변에 나오는 이 값들의 '비율'이다. 즉 확률이 비율로 표현될 수도 있겠지만, 비율 자체가 바로 확률은 아니다.[26]

  지금까지의 논의대로 조건문의 확률은 조건부 확률일 수 없고, 그 원인이 조건부 확률의 고유한 특징과 연관되어 있다면, 이런 논의가 갖는 철학적 함축은 과연 무엇일까? 루이스 증명이 갖는 철학적 함축은 여러 가지일 수 있다. 이 가운데 가장 흥미로운 것은 이를 조건문은 진릿값을 갖지 않는다는 논제를 지지하는 것으로 이해하는 것이다. 하지만 이런 결론으로 꼭 나아가야 하는 것은 아니다. 조건문의 확률은 조건부 확률일 수 없다고 주장할 수도 있다. 아니면 조건부 확률은 진정한 확률일 수 없다고 주장할 수도 있을 것이다. 여기서는 일단 이런 다른 출구를 시사하는 것으로 그치기로 한다.

---

26 조건부 확률의 이런 특징을 지적한 사람은 많다. 이 점은 조건부 확률의 정의를 자세히 살펴보면 바로 알 수 있다. 중요한 점은 이런 특징이 어떤 철학적 함축을 지니는가 하는 것이다. Edgington (1986), (1995a), (1997), Adams (1975), Lowe (1996), Hajek (2003) 참조.

기바드 논증

7.1 기바드 현상[1]

조건문이 진릿값을 갖지 않는다는 점을 보이고자 하는 대표적인 논증 가운데 또 다른 하나는 이른바 '기바드 현상'(the Gibbard phenomenon)에 근거한 기바드 논증이다.[2] 기바드 현상이 무엇인지를 설명하기 전에, 그것이 왜 조건문이 진릿값을 갖지 않는다는 것을 보이는 논증이 되는지부터 살펴보기로 하자. 에징톤은 기바드 논증의 구조를 다음과 같이 요약하고 있다.

첫째, 두 진술이 양립 가능하다면, 그 둘을 동시에 받아들여도 될 것이다.

---

1   이후 내용은 최원배 (2014a)에 바탕을 둔 것이다.

2   이 논증은 Gibbard (1981)에 제시된 논증이다. 이 논증을 다루고 있는 국내논문으로는 노호진 (2006b), 선우환 (2008), 송하석 (2009)를 참조.

일관적인 A와 임의의 C에 대해, …… 어느 누구도 "A이면 C"와 "A이면 ~
C"를 동시에 받아들이지는 않을 것이다. 도리어 "A이면 C"를 받아들인다
는 것은 "A이면 ~C"를 거부한다는 것이다. 그러므로 "A이면 C"와 "A이면
~C"가 둘 다 참일 수는 없다. 둘째, 그런데 우리는 어떤 사람 X가 아주 적
절한 이유에서 "A이면 C"를 받아들일 수 있고, 다른 사람 Y도 아주 적절한
이유에서 "A이면 ~C"를 받아들일 수 있는 그런 사례를 찾아볼 수 있다. 좋
은 기바드 사례라면, X의 이유와 Y의 이유 사이에는 완벽한 대칭성이 존재
한다. 그래서 어느 하나가 옳고 다른 것은 그르다고 말할 여지가 전혀 없다.
어느 쪽도 잘못이 전혀 없으며, 그들의 두 판단이 모두 거짓이라고 할 여지
도 전혀 없다. 따라서 그들의 판단은 모두 참일 수도 없고, 모두 거짓일 수
도 없으며, 어느 하나만 거짓일 수도 없다. 그런 경우, 참과 거짓은 평가하
기에 적합한 용어가 아니다(truth and falsity are not suitable terms of
assessment).[3]

인용문의 마지막 문장은 약간 수사적으로 표현되어 있지만, 에징톤이
염두에 두는 기바드 논증의 구조는 비교적 분명한 것 같다. 두 조건문
(가)와 (나)가 있다고 해보자.

(가) A이면 C
(나) A이면 ~C

그런데 이 두 조건문이 모두 참이라고 할 수도 없고, 모두 거짓이라고

---

3   Edgington (1997a), p. 107. 또한 Edgington (1995a), pp. 293-4도 참조.

할 수도 없고, 어느 하나만 참이라고도 할 수 없는 사례, 즉 이른바 기바드 현상이 있다는 것이다. 에징톤에 따를 때, 그런 현상이 있다는 사실은 조건문을 두고 참이라거나 거짓이라는 식의 평가를 하려는 우리의 시도가 잘못임을 말해 주는 것이라고 보아야 한다는 것이다. 좀 더 쉽게 말한다면, 기바드 논증의 대략적인 구조는 다음과 같다고 할 수 있다. 조건문이 진릿값을 갖는다면 (가)와 (나)의 두 조건문은 모두 참이거나, 모두 거짓이거나, 어느 하나는 참일 것이다. 그런데 두 조건문이 모두 참도 아니고, 모두 거짓도 아니며, 어느 하나만 참인 것도 아니다. 그렇다면 우리는 조건문이 진릿값을 갖는다는 원래의 전건을 부정해야 하며, 이에 따라 조건문은 진릿값을 갖지 않는다고 최종적으로 결론 내려야 한다는 것이다.

에징톤의 이런 분석을 따를 경우 기바드 논증의 결론을 이끌어 내려면 우리는 실제로 두 조건문이 모두 참도 아니고, 모두 거짓도 아니며, 어느 하나가 참인 것도 아니라는 세 가지가 모두 성립한다는 것을 보여야 한다. 이에 따라 기바드 논증의 결론을 피하고자 한다면 우리는 다음 가운데 어느 한 방안을 택하면 된다.

첫째, 문제의 조건문이 모두 거짓일 수 있음을 보이는 방안
둘째, 문제의 조건문 가운데 어느 하나만 참일 수 있음을 보이는 방안
셋째, 문제의 조건문이 모두 참일 수 있음을 보이는 방안

이 가운데 기바드 논증을 부정하고자 하는 사람들이 가장 많이 채택하는 방안은 셋째 방안이며, 그 다음으로 많이 택하는 방안은 둘째 방안이다. 첫째 방안은 가장 인기가 없는 방안이다. 이 방안들을 차례로 검

토해 보는 방식을 통해 과연 조건문은 진릿값을 갖지 않는다는 결론이 합당하게 도출되는지를 살펴보기로 하자.

본격적인 논의에 앞서 먼저 기바드가 든 실제 기바드 현상을 도입하기로 하자. 기바드는 다음과 같이 서술하고 있다.

> 피터와 스톤이 미시시피 강의 배에서 포커 게임을 하고 있다. 이제 피터가 콜(call)을 하거나 그만두거나(fold) 해야 할 차례이다. 내 부하인 Z(Zack)가 스톤의 패를 슬쩍 보았는데, 패가 아주 좋았고, 그 내용을 피터에게 신호로 알려준다. 내 부하 J(Jack)는 두 사람의 패를 모두 보았는데, 피터의 패가 아주 낮아 스톤의 패가 이기는 패라는 점을 알고 있다. 이 순간 그 방을 벗어난다. 잠시 후, Z는 내게 "피터가 콜 했다면, 그가 이겼다"라고 적은 쪽지를 몰래 건네주고, J는 내게 "피터가 콜 했다면, 그가 졌다"라고 적은 쪽지를 몰래 건네준다. 나는 이 두 쪽지가 내가 신임하는 부하들이 건넨 것이라는 점은 알고 있지만 누가 어느 쪽지를 건넸는지는 모른다. 나는 피터가 그만두었다고 결론짓는다.[4]

앞의 분석에 따를 때, 우리가 해야 할 작업은 다음 두 조건문이 과연 동시에 참일 수도 없고, 동시에 거짓일 수도 없으며, 어느 하나만 참이라고도 할 수 없는지를 따져 보는 일이 된다.

(다) 피터가 콜 했다면, 그가 이겼다.

(라) 피터가 콜 했다면, 그가 졌다.

---

4   Gibbard (1981), p. 231.

조건문은 진릿값을 갖는다고 보기 어렵다는 기바드 논증의 결론이 정당하게 도출되는지를 알기 위해 세 방안을 차례로 검토해 보자.

7.2 세 가지 대응방안

7.2.1 둘 다 거짓으로 보는 방안

우선 첫째 방안이다. 이는 (다)와 (라)가 모두 거짓일 수 있음을 보이는 방안이다. 하지만 이 방안은 설득력이 별로 없어 보이며, 채택할 만한 방안이 아닌 것 같다. Z와 J 두 사람이 각각 알고 있는 것에 비추어 볼 때, 두 진술 모두 거짓이라고 말하기는 상당히 어려워 보이기 때문이다. Z는 피터가 스톤의 패를 알고 있다는 사실을 알고 있으며, 이에 따라 그는 (다)를 충분히 주장할 수 있는 것으로 보인다. 한편 J는 피터의 패가 스톤의 패보다 낮다는 사실을 알고 있으며, 이에 따라 그는 (라)를 충분히 주장할 수 있는 것으로 보인다. 그래서 기바드는 다음과 같이 말한다.

> 이로부터 우리는 어느 누구도 거짓인 어떤 것을 주장하고 있지 않다는 점을 알 수 있다.[5]

기바드가 이런 판단을 할 때 그가 드는 일반 원리는 다음과 같은 것이다. 우리가 진정으로 거짓인 무언가를 주장한다면, 그때는 실제로 그 사안과 관련해 무언가를 잘못 알고 있을 경우, 즉 어떤 실수(mistake)

---

5   Gibbard (1981), p. 231.

가 들어 있을 경우에 국한된다는 것이다. 그런데 우리 예의 경우에는 그런 실수나 잘못 알고 있는 것이 전혀 없다는 것이다. 다시 말해, Z와 J 어느 누구도 어떤 잘못된 믿음에 근거해 각각 (다)와 (라)를 주장하고 있는 것은 결코 아니라는 것이다. 여기서 기바드가 내세우는 일반 원리는 충분히 받아들일 만한 것으로 보인다. 실제로 어떤 믿음이 거짓이라고 주장하려면, 적어도 그 믿음이 어떤 점에서 잘못된 믿음인지를 적절히 지적할 수 있어야 할 것으로 보이기 때문이다.

기바드에 따를 때, 이 사안과 관련된 사실들은 다음 네 가지이다.[6]

(a) 피터가 지는 패를 가지고 있었다.

(b) 피터는 자신의 패는 물론이고 스톤의 패도 알고 있었다.

(c) 피터는 자신이 지는 패를 가지고 있다는 것을 알 경우에는 그만두는 성향을 지녔다.

(d) 피터는 그만두었다.

이 가운데 Z는 (b)와 (c)를 알고 있었고, 이에 근거해 (다)를 주장한 것이다.[7] 한편 J는 (a)와 (c)를 알고 있었고, 이에 근거해 (라)를 주장한 것이다. 이때 이들 두 사람이 알고 있었던 (a), (b), (c)는 실제로 모두

---

6   Gibbard (1981), p. 231.

7   이 과정을 좀 더 설명하면 다음과 같다. Z는 피터가 자신의 패뿐만 아니라 상대방의 패도 알고 있고, 지는 패를 쥐고 있을 경우에는 절대 콜을 하지 않는 성향을 지닌 인물이라는 점을 알고 있다. 이때 피터가 콜 했다는 전건을 추가해 보자. 그 경우 우리는 피터가 이겼다는 후건을 충분히 추론할 수 있을 것 같다. 왜냐하면 피터는 지는 패를 쥐고는 콜을 하지 않는 사람이기 때문이다. 이 점에서 Z의 주장은 충분히 설득력이 있어 보인다.

관련 사실이므로, 기바드의 주장대로 여기에 무슨 잘못이나 실수가 들어 있다고 말하기는 어렵다. 그렇다면 이것으로 둘 다 거짓일 수는 없다는 점이 확보되는 것 같고, 따라서 첫째 방안은 채택할 만한 방안이 아니라고 쉽게 결론지을 수 있을 것 같다.[8]

7.2.2 하나만 참으로 보는 방안

둘째 방안으로 넘어가기로 하자. 둘째 방안은 (다)와 (라) 가운데 어느 하나만 참이라고 주장하는 방안이다. 이런 방안이 가능할까? 이 방안의 단초는 Z와 J가 알고 있는 관련 사실이 서로 다르다는 점에서 찾을 수 있다. Z는 (b)와 (c)를 알고 있는 반면, J는 (a)와 (c)를 알고 있다. 기바드에 동의해 두 사람이 잘못 알고 있다거나 실수를 저지르고 있다고 말하기는 어렵다는 점을 인정한다 하더라도, 두 사람이 서로 다른 근거에 바탕을 두고 다른 주장을 한다는 사실은 중요한 점을 시사해 준다고 볼 수 있다. 그것은 바로 둘 가운데 어느 한 사람은 다른 사람이 알고 있는 사실을 모르고 있어서 잘못된 판단을 하는 것이라고 말하는 방안이다. 즉 무언가를 **잘못 알고 있지는 않지만**, 그럼에도 불구하고 무엇인가를 **알지 못해서** 거짓된 믿음을 갖게 된다고 말할 여지가 있어 보인다. 다시 말해 정보가 부분적이거나 불충분하거나 완전하지 않아서 어느 한 사람은 잘못된 믿음을 갖게 되었다는 식으로 설명하는 방안이 있을 것 같다. 펜들버리는 바로 이런 노선에서 다음과 같은 입장을

---

8 그런데 여기에는 우리가 따져 보지 않은 한 가지 가능성이 남아 있다. 그것은 참된 근거에서 출발했지만 거짓된 믿음에 다다르게 될 가능성이다. 다른 맥락에서 잭슨과 라이칸이 이런 가능성을 잠깐 언급한 바 있다. Jackson (1990), 특히 p. 138 및 Lycan (2001), p. 170 참조.

피력하고 있다.

　… 신의 관점에서 보면, 우리는 J의 조건문

　[(라)] 피터가 콜 했다면, 그가 졌다.

가 참일 수밖에 없다는 사실을 안다. 그것은 피터가 더 낮은 패를 가지고 있
다는 흔들릴 수 없는 이유 때문이다. **정확히 똑같은 이유에서**, 우리는 Z의
조건문

　[(다)] 피터가 콜 했다면, 그가 이겼다.

는 **거짓**이라는 점을 안다. Z 자신도 그가 가진 정보에다가 J가 가진 정보까
지 추가로 알게 되었다면 의심할 여지 없이 이 점을 받아들였을 것이다. 이
처럼 좀 더 확대된 지식을 갖게 된다면 그는 분명히 (다)를 승인하는 입장에
서 (라)를 승인하는 입장으로 바꿀 것이다. …(강조는 펜들버리의 것)[9]

　이런 입장을 '강경 노선'이라고 부르는 라이칸 또한 관련 정보를 모
두 고려하는 '초월적 관점'(transcendent point of view) 또는 '전지적
관점'(omniscient point of view)을 기바드가 취하지 않았다고 비판하
면서 다음과 같이 말하고 있다.

9　Pendlebury (1989), p. 182.

Z와 J 자신들과 달리 우리는 [기바드 현상]의 모든 사실을 알고 있다. 이런 사실에 비추어 볼 때, 두 조건문 가운데 어느 것이 올바른 조건문인가? **피터의 패가 스톤의 패보다 낮다는 사실에 비추어 볼 때**, J에 동의해 우리는 피터가 콜 했다면 그가 졌다고 결론 내려야 한다고 나는 생각한다. 피터가 콜 했다면 그가 이겼다는 것이 참이라고 말할 이유는 전혀 없다. 후자의 조건문이 Z에게 주장 가능한 이유, 즉 그것이 그에게 주장 가능한 유일한 이유는 Z가 피터의 패의 내용을 **모르고**(ignorant) 있었기 때문이다. 그가 좀 더 많은 것을 알았다면, 즉 피터의 패의 내용을 알았다면, 그도 마음을 바꾸어서 반대 조건문을 주장했을 것이다. 그는, 아주 정당하게, 거짓인 어떤 것을 주장한 것이다.(강조는 라이칸의 것)[10]

결국 이들에 따를 때, 피터가 더 낮은 패를 가지고 있었다고 하는 관련 사실 (a)를 알고 있었느냐 여부가 두 조건문의 참/거짓을 결정하는 데 중요한 차이를 가져온다. 그래서 그 사실을 알고 있었던 J의 진술은 참이지만 모르고 있었던 Z의 진술은 거짓이라는 것이다.[11] 나아가 이들은

---

10   Lycan (2001), p. 169.

11   불필요한 오해를 미리 방지하는 것이 좋을 것 같다. 기바드 현상에서 피터는 실제로는 콜을 하지 않았다. 이 점은 기바드가 나열한 관련 사실 가운데 (d) "피터는 그만두었다"에 잘 드러나 있다. 우리가 이제 이 사실을 안 상태에서 하게 될 다음의 두 가지 가정법적 조건문 가운데서는

(마) 피터가 콜 했더라면, 그가 이겼을 것이다.
(바) 피터가 콜 했더라면, 그가 졌을 것이다.

(바)가 참이라는 데 모두 다 동의한다. 그 이유는 현실세계에서 피터가 실제로 스톤보다 더 낮은 패를 가지고 있고, 나아가 현재의 포커 게임 규칙이 그대로 통용되는 세계가 현실세계와 더 가까운 세계라고 할 수 있기 때문이다. 그런데 지금 우리가 평가하고자 하는 조건문 (다)와 (라)는 이런 가정법적 조건문이 아니며 그것과 혼동해서도 안

Z 또한 관련 사실 (a)를 알게 되면, 당연히 (다)를 버리고 (라)를 받아들였을 것이라고 말하고 있다.[12]

　Z와 J가 각각 (다)와 (라)를 내세우면서 이들이 의존하는 관련 사실이 다르다는 점은 명백하다. 하지만 그 차이가 어느 한 조건문만 올바른 것으로 여기게 하는 차이를 불러온다고 할 수 있을까? 이들의 주장처럼 이 예의 경우 관련 사실 (a)가 결정적인 정보라고 할 수 있을지도 모르겠다. 따라서 이 점을 제대로 알고 있어야만 올바른 조건문을 주장하게 된다고 말할 여지도 있을 것 같다. 그렇다 하더라도 이것으로 바로 기바드 현상에 근거한 기바드 논증이 무너지는 것은 아니다. 에징톤이 잘 지적했듯이, 이들의 비판을 받아들인다 하더라도 그것이 보여 주는 것은 기바드 논증의 예가 완전하지 않다는 것뿐이다.[13] 다시 말해, 이들의 비판이 드러내 주는 것은 원래의 기바드 사례에 등장하는 두 사람 Z와 J의 정보가 서로 질적으로 달라서, 어느 하나를 특별히 선호한다거나 우월한 것으로 볼 이유가 없지 않다는 점을 말해 줄 뿐이다. 그러므로 우리가 그렇지 않은 예, 즉 두 사람의 정보가 정확히 대칭적인 구조를 지닌 기바드 사례를 제시할 수 있다면, 이러한 비판에서 벗어날 수 있고, 기바드 논증은 여전히 유효하게 될 것이다.

　실제로 대칭적인 기바드 사례가 여러 가지 제시되었다. 하나는 베넷이 제시한 수문의 예이다.

된다.

12   하지만 베넷은 이 점을 받아들이지 않는다. Bennett (2003), p. 85 참조.
13   Edgington (1995a), p. 294.

댐에 상부 수문이 하나 있고, 그 아래 그것과 연결된 두 개의 수문, 동문과 서문이 있다. 세 개의 수문은 다음과 같이 연결되어 있다. 동문이 열려 있을 경우, 상부 수문을 개방하면 동쪽으로 물이 흐르게 되고, 서문이 열려 있을 경우 상부 수문을 개방하면 서쪽으로 물이 흐르게 된다. 아주 드물게, 동문과 서문이 모두 열려 있는 경우에는 상부 수문은 열 수 없다. 세 개의 문을 동시에 열 수는 없도록 되어 있기 때문이다.

서문이 열려 있다는 것을 알고 있는 W는 "상부 수문이 열리면 물은 모두 서쪽으로 흘러갈 것이다"라고 생각한다. 동문이 열려 있다는 것을 알고 있는 E는 "상부 수문이 열리면 물은 모두 동쪽으로 흘러갈 것이다"라고 생각한다.[14]

다른 하나는 에징톤이 제시한 것이다.

질병 D를 예방하는 두 가지 백신 A와 B가 있다. 어느 백신이든 질병을 완전히 예방하지는 못한다. A를 맞았는데 D에 걸리는 사람은 누구나 부작용 S를 앓게 된다. B를 맞았는데 D에 걸리는 사람은 어느 누구도 부작용 S를 앓지 않는다. 두 가지 백신을 다 맞으면 그 병에 완전히 예방이 된다. 이들 사실은 알려져 있다. X는 존스가 A를 맞았다는 점을 알고 있으며, "존스가 그 병에 걸린다면 그는 S를 앓게 된다"고 생각한다. Y는 존스가 B를 맞았다는 점을 알고 있으며, "존스가 그 병에 걸린다면 그는 S를 앓지 않게 된다"고 생각한다.[15]

---

14 Bennett (2003), p. 87 참조.
15 Edgington (1997a), p. 108.

이들 예의 경우[16] 확실히 어느 한 사람의 정보가 상대방의 정보보다 더 우월하다고 말하기는 어려워 보이며, 어떤 부족한 정보 때문에 어느 한 사람이 잘못된 판단을 하고 있다고 말할 여지도 거의 없어 보인다.

혹시 이 경우 어느 한 사람의 정보가 다른 사람의 정보보다 우월하지는 않지만 그럼에도 불구하고 이들의 주장이 모두 거짓이라고 주장할 여지가 있을까? 두 사람 모두 각자 단편적인 정보만을 가지고 있고, 그래서 서로 다른 판단을 하고 있으며, 이들 각자가 서로 상대방이 지닌 정보를 새로이 알게 된다면, 그때서야 올바른 판단을 하게 된다고 말할 수 있을까? 다시 말해, 이 경우 상대편이 알고 있는 정보를 서로 모르고 있으므로, 이에 따라 잘못된 판단을 한다고 주장할 수 있을까? 물론 이 경우에도 두 사람이 서로 다른 근거에 의존하고 있다는 것은 사실이다. 그리고 상대방이 알고 있는 어떤 사실을 다른 사람은 모르고 있다는 점도 사실이다. 그렇다고 그 사람이 모르던 그 정보를 알게 되면 문제가 해결되는가? 그렇지 않다는 점을 베넷이 잘 보여 주었다. 두 사람이 알고 있는 정보들이 완벽하게 대칭을 이루고 있는 이 예에서, 상대방이 모르던 정보를 서로 알게 된다고 해보자. 그렇다면 그 사람들은 전건이 거짓임을 알게 되고 만다. 가령 동문과 서문이 모두 열려 있다는 것을 알게 되면 그 사람은 상부 수문마저 열리는 경우란 없다는 사실을 알게 된다. 이때 "상부 수문이 열리면 ..."으로 시작되는 직설법적

---

16 공교롭게 두 예의 경우 모두 미래 시제로 표현되고 있다. 2장에서 보았듯이, 이런 미래 시제 직설법적 조건문이 과연 가정법적 조건문처럼 의미론적으로 취급되어야 하는지 아니면 과거 시제 직설법처럼 직설법적 조건문으로 취급되어야 하는지를 두고 논란이 있다. 필요하다면, 이들 두 예를 원래의 기바드 사례처럼 과거 시제의 직설법적 조건문을 표현하도록 바꾸어도 된다.

조건문은 아무런 의미가 없게 된다.[17] 바로 이런 의미에서, 완전히 대칭
적인 기바드 현상일 경우 그때 두 사람이 더 알아야 할 추가 정보란 없
다는 베넷의 주장은 정당한 것으로 보인다.[18] 그러므로 이 경우에 두 사
람의 주장이 모두 거짓이라고 볼 수도 없는 것으로 보인다.

　결국 완벽하게 대칭적인 기바드 사례라면 어느 한 조건문만 참이라
고 말할 수도 없는 것으로 보이고, 이에 따라 결국 두 번째 방안도 채택
하기 어려운 것 같다.

7.2.3 둘 다 참으로 보는 방안

　조건문은 진릿값을 갖지 않는다는 기바드 논증의 결론을 피하고자
한다면 이제 남은 방안은 셋째 방안, 즉 문제의 조건문이 둘 다 참일 수
있음을 보이는 방안뿐이다. 그런데 이 방안을 채택하기에는 우선 커다
란 장애물이 놓여 있다. 그것은 기바드 현상의 두 조건문이 참이라는
주장은 조건문과 관련된 일반 원칙 가운데 하나라고 생각되는 '조건
무모순율'(Conditional Non-Contradiction, CNC)과 곧바로 충돌하
는 것으로 보이기 때문이다.

　조건 무모순율: $\sim((A \rightarrow C)\ \&\ (A \rightarrow \sim C))$, 단 A는 일관적이다.

조건 무모순율이 직관적으로 받아들일 만한 원리라고 볼 이유는 많이

17　베넷은 이를 표현하여, 직설법적 조건문은 이른바 'zero-intolerance'라고 말한
다. Bennett (2003), p. 55.
18　Bennett (1988) 참조.

있다.[19] 베넷은 이 원리가 '거의 논란의 여지없이 참'[20]이라고 말한다. 더구나 조건 무모순율을 정리로 받아들이는 논리 체계도 많이 있다. 가령 스톨네이커 이론에서도 조건 무모순율은 성립하며,[21] 아담스의 이론에서도 "A이면 C"와 "A이면 ~C"를 동시에 주장할 수는 없다는 점에서 조건 무모순율이 성립한다. 실제로 진리함수적 조건문보다 강한 진리조건을 내세우는 이론에서는 조건 무모순율이 늘 성립한다고 할 수 있다.[22]

그렇다면 어떤 선택을 해야 할까? 조건 무모순율과 기바드 사례가 실제로 충돌한다면 두 가지 입장이 있을 수 있다. 첫째는 조건 무모순율을 받아들이고, 이에 근거해 기바드 사례가 동시에 참일 수는 없다고 주장하는 입장이다. 기바드와 베넷은 이런 입장을 취한다. 둘째는 기바드 사례가 동시에 참임을 받아들이고, 이는 조건 무모순율의 반례가 있음을 보여 주는 것으로 이해해 조건 무모순율을 버리는 입장이다. 진리함수적 분석을 옹호하는 사람들은 이런 입장을 택할 수 있다.

하지만 이런 '양립 불가능론' 외에 '양립 가능론'도 있을 수 있다.[23] 이는 조건 무모순율을 받아들이고 아울러 기바드 사례가 모두 참이라는 점도 받아들이면서, 기바드 사례는 조건 무모순율의 반례가 아니라고 주장하는 것이다. 이런 입장이 어떻게 가능할까? 다음과 같이 색인사가 나오는 두 문장을 생각해 보자.

---

19   다른 견해로는 Rumfitt (2013) 참조.

20   Bennett (2003), p. 84.

21   Stalnaker (1968), (1975) 참조.

22   Bennett (2003), p. 84 및 Edgington (1995a), p. 293 참조.

23   이는 라이칸이 Lycan (2001), p. 176에서 사용한 용어이다.

오늘은 월요일이다.

오늘은 월요일이 아니다.

여기 나오는 색인사 '오늘'이 서로 다른 날을 지시한다면, 이 두 문장은 모순이 아니다.

비슷한 식의 설명을 기바드 사례의 조건문을 두고서도 할 수 있을 것 같다. 특히 조건 무모순율이 정리인 스톨네이커 이론에서 기바드 사례는 심각한 위협이 되므로, 이를 기바드가 제안한 대로, 다음과 같이 설명하는 방안을 생각해 보자.

Z가 자신의 쪽지를 건네는 맥락은 선택 함수 σ에 의존하고 J가 자신의 쪽지를 건네는 맥락은 이와는 다른 선택 함수 τ에 의존한다면, [(다)]와 [(라)]는 스톨네이커의 조건문 형식으로는 이를 각각 a $\Box\!\!\to_\sigma$ c와 a $\Box\!\!\to_\tau$ ~c로 나타낼 수 있을 것이다. 이때 비록 조건 무모순율은 고정된 선택 함수에 대해서는 성립한다 하더라도 Z가 발화한 [(다)]와 J가 발화한 [(라)]는 서로 모순되지 않는다. 다시 말해, a $\Box\!\!\to_\sigma$ c와 a $\Box\!\!\to_\sigma$ ~c는 서로 모순되고 a $\Box\!\!\to_\tau$ c와 a $\Box\!\!\to_\tau$ ~c도 서로 모순된다. 하지만 Z가 발화한 [(다)]는 a $\Box\!\!\to_\sigma$ c를 나타내고 J가 발화한 [(라)]는 a $\Box\!\!\to_\tau$ ~c를 나타내므로, 이 둘은 서로 모순되지 않는다.[24]

이런 방식으로 우리는 기바드 사례가 조건 무모순율의 반례가 아니라고 설명할 수 있을 것 같다. 하지만 이것이 단순히 반례를 피하기 위한

---

[24] Gibbard (1981), p. 230.

미봉책이어서는 안 될 것이다. 사실 대화가 맥락에 의존한다는 점은 부인할 수는 없다. 그렇지만 맥락 안에서 우리는 서로 적절히 성공적으로 대화를 해 나간다는 점 또한 분명하다. 그렇기 때문에 그 의존성은 우리가 성공적으로 대화를 한다는 테두리 내에서 설명되어야 할 것이다.

기바드가 위와 같은 해결 방안이 온당한지에 대해 의문을 품는 것도 바로 이런 점 때문이다. 그에 따르면, 대화에 참여하는 화자와 청자는 특정 맥락 안에서 공유하는 지식이 있고 그래서 화용론적인 애매성을 적절히 해소할 수 있다. 하지만 우리가 선택 함수의 맥락 의존성을 이런 식으로 이해하게 될 경우 온전한 대화가 이루어질 수 있을지 의심스럽다고 그는 생각한다. 왜냐하면 이때 화자가 서로 다른 선택 함수를 염두에 두고 있다는 점은 대화 참여자들 사이에 공유된 지식이라기보다 청자에게 알려지지 않은 지식으로 보이기 때문이다.[25] 이 점이 바로 우리가 앞에서 스톨네이커 이론이 지닌 문제점으로 맥락 의존성을 지적했을 때 의도한 것이었다. 기바드의 이런 지적은 대체로 온당해 보이며, 따라서 이런 식으로 조건 무모순율과 기바드 사례를 조화시키려는 시도는 만족스럽지 않다고 할 수 있다.[26]

---

25 Gibbard (1981), p. 232 참조.

26 스톨네이커는 이후에 조건문의 맥락 의존성을 인정하면서도 그것이 극단적인 주관성을 의미하는 것은 아님을 보이려고 시도하고 있다. Stalnaker (1984), 6장 및 (2005) 참조. 스톨네이커의 입장을 옹호하는 것으로는 Block (2008), Santos (2008), 송하석 (2009) 등을 참조.

7.3 새로운 제안

선택 함수의 차이가 아니라 다른 차이를 통해 양립 가능론을 옹호하는 방안도 있을 것 같다. 여기서는 이를 논의해 보기로 하겠다. 동일한 사안에 대해 우리가 서로 다른 결론을 내리는 경우 가운데 널리 알려진 것은 다음과 같은 통계적 삼단논법의 사례이다.

> 피터슨은 스웨덴 사람이다. 스웨덴 사람의 천주교인 비율은 2%가 되지 못한다. 따라서 피터슨이 천주교인이 아니라는 것은 거의 확실하다.

> 피터슨은 루르드로 순례를 떠났다. 루르드로 순례를 떠나는 사람들 중에 천주교인이 아닌 사람은 2%가 되지 못한다. 따라서 피터슨이 천주교인인 것은 거의 확실하다.[27]

강한 귀납 논증으로 이해될 수 있는 이 두 논증을 통해 우리는 양립할 수 없는 두 가지 결론을 얻게 된다. 그래서 헴펠은 다음과 같이 말한다.

> 통계적 삼단논법의 형식을 지닌 논증 중에서 전제가 참인 경우, 그와 같은 형식을 지니면서 전제 또한 참이지만 결론은 첫 번째 논증의 결론과 논리적으로 양립할 수 없는 경쟁하는 논증이 언제나 존재한다.[28]

---

27 Hempel (1965), p. 99.
28 Hempel (1965), p. 101.

우리 논의에서 중요한 사실은 이런 진단 이후에 그가 하는 다음과 같은 언급이다.

물론 연역추리의 형식은 절대 비일관성을 야기하지 않는다. 특히 다음과 같은 삼단논법의 형식을 지닌 논증

a는 F이다. 모든 F는 G이다. 따라서 a는 G이다.

의 전제가 참인 경우, 똑같이 참인 전제를 지니지만 주어진 논증의 결론과 논리적으로 양립할 수 없는 결론을 지니는 같은 형식의 경쟁하는 논증은 존재하지 않는다. 양립할 수 없는 결론은 오직 양립할 수 없는 전제들로부터만 도출될 수 있고, 참인 전제들의 집합은 양립 불가능할 수 없다.[29]

헴펠의 요지는 귀납 추론의 경우 똑같이 참인 전제들로부터 양립 불가능한 결론을 지니는 같은 형식의 논증이 존재해 비일관성이 야기되지만, 연역 추론의 경우 똑같이 참인 전제들로부터 양립 불가능한 결론을 지니는 같은 형식의 논증은 존재하지 않으므로 비일관성이 결코 야기되지 않는다는 것이다.

  헴펠의 이 통찰을 유지하면서, 조건문 "A이면 C"가 참이 되는 조건은 자연연역에서 그렇게 하듯이 "전건 A와 합쳐져 후건 C를 연역적으로 추론하게 하는 어떤 참인 진술(들)이 있다"는 것이라고 해보자. 이때 기바드 사례를 새롭게 설명할 수 있는 길이 열리게 된다. 우리 틀에

---

29 Hempel (1965), pp. 102–3.

따를 때 기바드 예의 각 조건문들은 전건 'A'로부터 후건 'C'를 도출
하게 하는 참인 전제들이 있고, 또한 전건 'A'로부터 후건 '~C'를 도
출하게 하는 참인 전제들이 있다는 것을 말하게 된다. 그런데 같은 형
태의 연역 추론에서는 서로 모순되는 결론을 낳을 수 없다는 것이 헴펠
의 통찰이다. 그렇다면 이는 무엇을 말해 주는 것일까? 우리는 기바드
예의 경우 전건으로부터 후건을 도출하게 하는 전제들은 서로 다른 것
일 수밖에 없다는 것을 알 수 있다. 도식적으로 말해 기바드 사례에서
두 사람은 각각 다음과 같은 추론 관계를 바탕으로 각자의 조건문을 내
세우고 있다고 할 수 있다.

$$A, F_1 \vdash C$$
$$A, F_2 \vdash {\sim}C$$

여기에서 보듯이, 이들은 서로 다른 전제에 의존하고 있다. 정확히 같
은 전제에 근거해 서로 다른 결론을 이끌어 낸다면 그것은 무엇인가가
잘못되었음을 말해 주는 것이라고 할 수 있다. 하지만 서로 다른 전제
에 근거해 서로 다른 결론을 이끌어 내는 것은 하등 문제될 것이 없다.
이런 의미에서 기바드 사례에 나오는 두 사람의 주장은 서로 모순이 아
니라고 할 수 있으며, 이에 따라 그것은 조건 무모순율의 반례도 될 수
없는 것이다.

물론 기바드 현상이 단순히 서로 다른 전제들에 근거해 서로 모순되
는 것처럼 보이는 조건문을 내세우는 것이라고는 할 수 없다. 기바드
현상이 되기 위해서는 갖추어야 할 핵심 요소가 하나 더 있다. 그것은
두 사람이 알고 있는 정보를 통합하게 되면, 전건의 부정을 이끌어 낼

수 있어야 한다는 점이다. 다시 말해 두 사람이 알고 있는 서로 다른 정보가 있기만 하면 되는 것은 아니고, 서로 다른 그 두 정보를 통합할 경우 모순이 야기되어 전건의 부정을 얻을 수 있어야 한다는 것이다. 우리의 실제 예들이 이런 성격을 지닌다는 점은 가령 처음 본 기바드 사례의 경우, 두 부하의 정보로부터 내가 피터가 그만두었다는 결론을 내린다는 사실에서도 찾아볼 수 있다. 에징톤은 바로 이 점이 기바드 현상이 발생하기 위한 필요충분조건이라고 여긴다.

> A가 배제될 수 있을 때 — A가 거짓임을 알 수 있을 정도로 충분한 현재 이용 가능한 사실이 있을 때 — 전건이 A인 기바드 사례가 생겨날 수 있다. ~A를 함축하는 현재 이용 가능한 사실들의 집합을 F라고 하자. F & A는 모순이다. 따라서 F의 두 부분 집합 F_1과 F_2가 존재해서, 어떤 C에 대해 A & F_1은 C를 함축하고, A & F_2는 ~C를 함축한다. X는 F_1을 알고 있고, "A이면, C"라고 생각한다. Y는 F_2를 알고 있고, "A이면, ~C"라고 생각한다. 각자가 관련 정보를 더 잘 알게 된다면, 그들은 A가 거짓임을 확신할 수 있을 것이며, "A이면 ...."라는 생각은 아무런 소용이 없게 될 것이다. 역으로 A가 배제될 수 없다면 — A가 거짓임을 보일 수 있기에 충분한 현재 사실이 없다면 — 기바드 현상은 생겨나지 않는다.[30]

에징톤의 이런 언급은 기바드 현상의 두 예가 어떤 의미에서 모두 참이라고 할 수 있는지를 잘 보여 주며, 나아가 그럼에도 불구하고 왜 그것들이 또한 조건 무모순율의 반례가 아니라고 할 수 있는지도 잘 보여

---

30 Edgington (1997a), pp. 110-1. 또한 Edgington (1995a), pp. 295-6.

준다.

지금까지의 논의 결과, 우리는 조건 무모순율을 받아들이면서도 두 조건문이 모두 참일 수 있음을 설명하는 방안이 가능하다는 점을 보았다. 이 논의가 성공적이라면 이는 기바드 논증의 결론은 여전히 확립되지 않았음을 의미한다. 왜냐하면 기바드 논증의 결론을 이끌어 내려면 기바드 현상의 두 조건문이 모두 참일 수도 없고, 모두 거짓일 수도 없으며, 어느 하나만 참일 수도 없어야 하는데, 모두 참일 가능성이 아직 열려 있기 때문이다. 이에 따라 우리는 기바드 논증이 조건문이 진릿값을 갖지 않는다는 결론을 제대로 확립해 주지 못한다고 결론 내릴 수 있다.

8

에징톤 논증

1986년에 나온 "조건문이 진리조건을 갖는가?"라는 제목의 논문에서 에징톤은 다음과 같은 언급으로 그의 논문을 시작한다.

> 이 논문의 첫 번째 부분...에서 나는 직설법적 조건문 'A이면 C'가 A와 C의 진리함수인 진리조건을 가질 가능성을 배제한다. 두 번째 부분...에서 나는 그런 조건문이 A와 C의 진리함수가 **아닌** 진리조건을 가질 가능성을 배제한다. ... 따라서 나는 조건문을 이해하려는 시도에서 철학자들이 저지른 잘못이 조건문의 기능이 세계가 어떠한가에 따라 참이나 거짓이 되는 진술을 하는 것이라고 가정한 데 있다고 결론 내린다.[1]

이는 에징톤 논증의 구조가 어떤 것인지를 잘 말해 준다. 그는 조건문

---

1 Edgington (1986), p. 177.

이 진리조건을 갖는다면 그것은 진리함수적 진리조건이거나 아니면 이보다 강한 비진리함수적 진리조건임을 우선 가정한다. 그런 다음 조건문이 진리함수적 진리조건을 갖는다고 보기 어렵다는 점을 밝히고, 나아가 비진리함수적 진리조건을 갖는다고 보기도 어렵다는 점을 밝히고자 한다. 이로부터 그는 조건문은 아예 진리조건을 갖지 않는다고 보아야 한다고 결론 내린다. 그의 논증을 차례대로 따라가 보자.

8.1 진리함수적 진리조건에 대한 비판

조건문이 진리함수적 진리조건을 갖는다고 볼 수 없다는 에징톤의 논거는 통상적인 것과 다르지 않다. 그도 우선 질료적 함축의 역설을 든다. 그는 진리함수적 분석에 따를 때 다음이 타당한 추론이라는 점을 주목한다.

노동당이 다음 총선에서 이기지 못할 것이다.
따라서 노동당이 다음 총선에서 이긴다면, 새로 들어설 정부는 국가 의료보험 정책을 폐기할 것이다.

또한 진리함수적 분석에 따르면, 다음도 역시 타당한 추론이라고 해야한다.

보수당이 다음 총선에서 이길 것이다.
따라서 선거운동 기간에 수상과 대부분의 장관이 연루된 엄청난 스캔들이 드러난다면, 보수당이 다음 총선에서 이길 것이다.

　에징톤에 따를 때, 이들 추론의 전제는 받아들이면서 결론을 거부하는 사람이라면 그는 비일관적 믿음을 가진 사람이라고 해야 한다. 왜냐하면 조건문이 진리함수적 진리조건을 갖는다고 할 경우 이들 추론은 모두 타당해서 전제가 결론을 함축하는 것이라고 보아야 때문이다. 그는 그런 사람은 마치 "이것은 빨간색이고 그리고 이것은 사각형이다"에 대해 '예' 라고 답하면서 "이것은 빨간색이다"에 대해서 '아니오' 라고 답하는 사람과 마찬가지라고 주장한다. 그런데 가령 앞의 추론에 나오는 전제인 "노동당이 다음 총선에서 이기지 못할 것이다"라는 것은 받아들이지만 결론인 "노동당이 다음 총선에서 이긴다면, 새로 들어설 정부는 국가 의료보험 정책을 폐기할 것이다"라는 것을 거부하는 사람이 모순에 빠져 있는 것은 아님이 분명해 보인다. 또한 "보수당이 다음 총선에서 이길 것이다"에 대해서는 '예' 라고 답하지만 "선거운동 기간에 수상과 대부분의 장관이 연루된 엄청난 스캔들이 드러난다면, 보수당이 다음 총선에서 이길 것이다"에 대해서는 '아니오' 라고 답한다고 해서 이것이 비일관적인 것으로 생각되지도 않는다.[2]

　에징톤은 질료적 함축의 역설 사례와 관련해 그들 추론이 실제로는 부당하다고 말하기보다는 그들 추론을 타당하다고 간주할 경우 생겨나는 문제점을 지적하는 데 초점을 맞추고 있는데, 이는 다분히 의도적이다. 그라이스의 전략에 따라 그것들이 부당한 추론처럼 보이지만 그렇지 않다는 점을 보이는 식으로 질료적 함축의 역설을 피하고자 하는 시도를 미리 차단하기 위해서 그는 그렇게 한다. 에징톤은 선언의 경우 '거짓' 과 '말로 표현하기에는 부적절함' 의 구분이 유효하다는 점을 기

2　Edgington (1986), pp. 182, 185.

꺼이 받아들인다. 하지만 그는 이런 그라이스의 설명 방식이 조건문에
는 제대로 작동하지 않는다고 말한다. 게다가 에징톤이 정식화하듯이
개인의 믿음이 일관적인지를 문제 삼게 되면, 이 경우에는 그라이스의
전략을 적용할 수도 없게 된다. 왜냐하면 이때는 대화를 할 때 적절한
언급인지를 따져 볼 만한 것, 즉 대화상의 함축을 고려할 여지가 아예
없기 때문이다.[3]

에징톤은 진리함수적 진리조건을 갖는다고 봄으로써 얻을 수 있는
어떤 이론적 이점에 근거해서 진리함수적 분석을 옹호하는 전략도 단
호히 거부한다. 가령 어떤 사람은 조건문이 나오는 추론의 타당성을 설
명하기 위해서라도 조건문의 진리조건을 인정해야 한다고 주장할 수
있을 것이다. 추론의 타당성은 진리 보존의 문제이고, 이는 진리조건을
전제할 것이기 때문이다. 하지만 에징톤은 이 경우 진리함수적 분석에
따르면 타당하지만 반직관적인 추론이 무수히 많다는 점을 지적하면
서, 일례로 1장 끝에서 본 '손쉬운' 신 존재 증명을 든다.

$\sim A \supset \sim(B \supset C), \sim B \vdash A$

신이 존재하지 않는다면, 내가 기도를 하면 내 기도에 신이 응답할 것이라
는 것은 사실이 아니다. 나는 기도를 하지 않는다. 따라서 신은 존재한다.

나아가 에징톤은 조건문이 더 큰 복합 명제의 한 요소로 나타나는 사
례를 근거로 들어 조건문의 진리조건을 인정해야 한다는 견해도 장점
보다는 단점이 더 많다고 본다. 그는 다음을 예로 든다.

---

3   Edington (1986), p. 182.

(A이면 C) 이거나 (~A이면 C)

조건문이 진리함수적 진리조건을 갖는다고 할 경우 이는 항진명제이다. 따라서 첫 번째 조건문을 거부하는 사람이라면 누구든 모순에 빠지지 않기 위해서는 두 번째 조건문은 받아들여야 한다. 가령 내가 "보수당이 진다면 대처는 사임할 것이다"라는 것을 거부한다면, 나는 "보수당이 이긴다면 대처는 사임할 것이다"라는 것은 받아들여야 한다. 하지만 에징톤에 따를 때 이는 터무니없다.

타당한 추론일 경우, 그 추론의 전제를 받아들이면서 결론은 거부한다면 비일관적인 믿음을 갖게 되는 결과가 된다는 점은 명백하다. 타당한 논증과 일관성은 다음과 같이 서로 연결되어 있기 때문이다.

논증 "A_1, A_2, ..., A_n 따라서 C"가 타당하다.
⟺ 명제들의 집합 {A_1, A_2, ..., A_n, C의 부정}이 비일관적이다.

그러면 이를 통해 에징톤은 조건문의 진리조건은 진리함수적일 수 없음을 보여 주는 데 성공했다고 할 수 있을까? 나는 그렇지 않다고 생각한다. 에징톤의 논증은 조건문을 '거부한다'는 것이 곧 단일한 형태임을 가정하고 있다. 하지만 우리가 사용하는 일상적 조건문의 부정이 꼭 단일한 형태라고 가정해야 하는 것은 아니다. 뒤에서(11장) 보겠지만, 조건문을 거부하는 서로 다른 방식이 있을 수 있다. 만약 그렇다면 에징톤의 바람과 달리, 조건문이 진리함수적 진리조건을 가질 가능성은 아직까지 배제되지 않았다고 할 수 있을 것이다.

8.2 비진리함수적 진리조건에 대한 비판

조건문이 진리조건을 갖지만 그것은 진리함수적이지 않다고 해보자. 이는 전건과 후건이 특정한 진릿값을 갖지만 조건문의 진릿값은 그것만으로 결정되지 않고, 추가로 어떤 조건이 더 만족되어야 참이 된다는 의미이다. 그러므로 조건문의 진리조건이 진리함수적이지 않다면 다음과 같은 가능성이 있을 것이다.

	A	C	A이면 C
1a	T	T	T
1b	T	T	F
2a	T	F	T
2b	T	F	F
3a	F	T	T
3b	F	T	F
4a	F	F	T
4b	F	F	F

여기서 가령 1a와 1b는 전건과 후건이 모두 참인 때에도 조건문 'A이면 C'는 참인 경우도 있고 거짓인 경우도 있다는 것을 나타낸다. 조건문의 진리조건이 비진리함수적이라면, 1, 2, 3, 4에서 a와 b로 이루어진 네 개의 쌍 가운데 적어도 한 개의 쌍은 성립해야 할 것이다. 그래야만 전건과 후건의 진릿값만으로 조건문의 진릿값이 완전히 결정되지는 않는다고 말할 수 있기 때문이다.

에징톤은 네 개의 쌍 가운데 어느 것도 성립할 수 없다는 것을 보여 조건문의 진리조건이 비진리함수적일 수 없음을 증명하고자 한다. 좀 더 구체적으로, 그는 다음 표에서 음영으로 표시한 네 가지 가능성은 모두 존재할 수 없음을 보이고자 한다.

	A	C	A이면 C
1a	T	T	T
1b	T	T	F
2a	T	F	T
2b	T	F	F
3a	F	T	T
3b	F	T	F
4a	F	F	T
4b	F	F	F

위의 네 가지 가능성이 모두 제거가 된다면 조건문의 진릿값은 전건과 후건의 진릿값에 완전히 의존하는 결과가 된다. 이 경우 그 진리조건은 비진리함수적인 것이라 할 수 없을 것이다. 이것이 조건문의 진리조건이 비진리함수적일 수 없다는 것을 보이고자 할 때 에징톤이 염두에 두는 논증의 구조이다.

에징톤을 따라 네 가지 가능성이 모두 제거가 되는지를 차례로 살펴보기로 하자.

(1) 에징톤은 1의 경우와 관련해 다음 가정에서 출발한다.

가정 1:
A와 C가 모두 참일 때, 조건문이 비진리함수적 진리조건을 갖는다고 해보자.

이는 "A이면 C"가 가령 "A 그리고 나서 C"라는 구문과 비슷하다는 의미이다. 후자의 참/거짓은 A와 C의 참/거짓에만 의존하지 않고 시간적 선후에도 영향을 받기 때문이다. 다시 말해, A와 C가 모두 참이라 하더라도 이것만으로 우리는 'A 그리고 나서 C'가 참인지는 결정할 수 없다. 에징톤은 가정 1이 다음과 같은 함축을 갖는다고 본다.

가정 1의 귀결 C1:

어떤 사람이 A가 참임을 확신하고 C가 참임도 확신하지만, "A이면 C"가 참인지를 결정하기에는 충분한 정보를 갖지 못할 수가 있다. 즉 조건문이 참인지에 대해서는 잘 모르겠다고 하면서 그 조건문의 구성 성분이 참이라는 데는 확신하는 것이 일관적일 수 있다.

에징톤에 따르면, 이런 귀결[4]은 우리의 '상식'과 맞지 않을 뿐만 아니라 자신이 내세우는 조건문에 대한 이론과도 맞지 않는다.

귀결 1이 '상식'과 맞지 않는다는 점과 관련해 에징톤은 다음과 같이 말한다.

인정하건대, 조건문 "A이면 C"는 A와 C가 모두 참임을 확신하는 사람에게는 별 관심거리가 아니다. 하지만 그는 이런 인식 상태에서 A이면 C를 의심하거나 부인할 수는 없다. 전건과 후건이 참임을 확립했다는 것은 조건문을 검증하는, 논란의 소지가 전혀 없는 한 가지 방안임이 분명하다. 만약 당신은 A이면 C임을 부인하고 있고, 나는 A와 C가 모두 참임을 알고 있다고 한

---

4   에징톤이 이 귀결이 가정으로부터 엄밀하게 도출된다고 주장하는 것은 아니다. 도리어 그는 이런 귀결의 예외로 보이는 조건문의 사례가 있다는 점을 기꺼이 인정한다. 이런 이유에서 가정 1로부터 귀결 1이 따라 나오느냐는 것을 여기서 논의할 필요는 없다.

다면, 나는 확실히 당신을 바로잡아줄 수 있는 위치에 있는 것이다.[5]

하지만 에징톤이 말하는 '상식'이 과연 우리가 통상적으로 받아들이는 것인지를 두고서는 논란이 일 수 있다. 우리가 앞에서 보았듯이, 서울이 한국의 수도라는 점을 잘 알고 있고, 나아가 삼일절이 법정 공휴일이라는 점도 잘 알고 있는 사람이 "서울이 한국의 수도이면, 삼일절은 법정 공휴일이다"라는 조건문이 참인지에 대해서는 갸우뚱하는 태도를 보일 수 있다. 그런 사람의 태도를 우리가 상식과 배치되는 것이라고 해야 하는지 의문이다.

물론 전건과 후건이 참이면 조건문은 언제나 참이라고 해야 한다는 견해를 받아들이는 사람은 아주 많으며, 에징톤도 그런 사람 가운데 하나이다. 나아가 비진리함수적 진리조건을 내세우는 사람들 가운데서도 이를 받아들이는 사람이 있다. 우리가 이미 보았듯이, 가령 스톨네이커의 이론에서 전건과 후건이 모두 참이면 조건문은 무조건 참이 된다. 왜냐하면 전건과 후건이 현실세계에서 참이므로, 전건이 참이면서 현실세계와 가장 가까운 가능세계는 바로 현실세계가 될 텐데 이 세계에서 후건은 참이므로, 이 조건문은 참이 되기 때문이다. 하지만 비진리함수적 진리조건을 내세우는 사람이 이를 반드시 인정해야 하는 것은 아니다. 도리어 비진리함수적 분석의 기본 정신은 전건과 후건의 참만으로 조건문이 참이 된다는 것을 반대하는 데 있다고 할 수도 있기 때문이다. 이렇게 볼 경우 진리함수적 분석과 비진리함수적 분석의 견해차는 바로 에징톤이 말하는 '상식'을 상식으로 받아들이느냐에 있다고

---

5   Edgington (1986), p. 194.

할 수 있다. 따라서 지금 단계에서는 에징톤의 논증에 전제된 '상식'의 지위를 둘러싸고 논란이 일 수 있다는 점을 지적해 두고 그의 논증을 계속 보기로 하자.

에징톤은 귀결 1이 조건문에 관해 자신이 내세우는 이론과도 맞지 않는다고 주장한다. 에징톤은 기본적으로 아담스의 이론에 동조하는 사람인데, 에징톤의 용어를 따라 이런 이론을 이제부터는 '가정 이론' (the suppositional theory)이라 부르기로 하자. 가정 이론을 받아들인 다면 귀결 1은 불합리하다고 할 수 있다. 왜냐하면 A와 C 모두에 대해 확신을 가지고 있는 사람이라면 A & C에 대해서도 A만큼 확신을 가질 테고, 이때 A일 경우 C의 조건부 확률은 아주 높을 수밖에 없기 때문이다. 이에 따라 그는 다음과 같이 말한다.

그러면 가정 1은 거부되어야 한다. A와 C가 모두 참일 때 진리함수적 특성은 성립하지 않을 수 없다. 'A & C'는 'A이면 C'이기에 충분하다. 1b라는 가상의 가능성은 존재하지 않는다.[6]

조건문의 진리조건이 비진리함수적일 수 없다는 것을 보이는 에징톤의 논증은 이처럼 2a, 3b, 4b라는 다른 '가상의 가능성'도 존재하지 않는다는 것을 보이는 식으로 진행된다. 그런데 에징톤의 이런 결론은 우리가 에징톤이 말한 '상식'을 받아들이고 또한 가정 이론이 조건문에 관한 올바른 이론이라는 것을 전제할 경우에만 정당화된다는 점을 분명히 할 필요가 있다.

---

6   Edgington (1986), p. 194.

(2) 2의 경우와 관련해서는 에징톤은 다음 가정에서 출발한다.

가정 2:
A는 참이지만 C는 거짓일 때, 조건문이 비진리함수적 진리조건을 갖는다고
해보자.

에징톤에 따를 때, 이 가정은 다음과 같은 함축을 지닌다.

가정 2의 귀결 C2:
어떤 사람이 A가 참임을 확신하고 C가 거짓임도 확신하지만, "A이면 C"가
참인지를 결정하기에는 충분한 정보를 갖지 못할 수가 있고, 이에 따라 그
조건문이 참인지에 대해서는 잘 모르겠다고 할 수가 있다.

이런 귀결 C2도 앞서 본 귀결 C1과 마찬가지로 자신이 내세우는 가정
이론과 맞지 않을 뿐만 아니라 상식과도 맞지 않는다는 것이 에징톤의
진단이다. A & ∼C는 'A이면 C'를 거부하기에 충분하며, 이에 따라
그는 가정 2도 거짓이고 결국 2a라는 '가상의 가능성'도 존재하지 않
는다고 결론 내린다.
  전건이 참인데 후건이 거짓이면 조건문이 거짓이라는 데는 학자들
사이에 이견이 없다. 이 점에서 귀결 2는 상식과 배치된다고 말할 여지
가 충분하며, 이에 따라 가정 2가 받아들일 만하지 않다는 점도 쉽게
인정할 수 있을 것 같다. 지금까지의 논의 결과, 우리는 1b의 가능성을
완전히 배제할 수 있을지에 대해서는 유보적이었지만 2a의 가능성이
없다는 점에는 기꺼이 동의하였다.

(3) 에징톤은 3의 경우와 관련해 다음 가정에서 출발한다.

가정 3:

A는 거짓이고 C는 참일 때, 조건문이 비진리함수적 진리조건을 갖는다고 해보자.

에징톤은 어떤 사람이 C가 참이라는 점은 확신하고 있지만 A가 참인 지 여부는 잘 모르는 상황을 생각해 본다. 이런 상황에서 가정 3을 받아들인다면 다음과 같이 세 가지 가능성이 있을 것이다.

	A	C	A이면 C
1a	T	T	T
3a	F	T	T
3b	F	T	F

에징톤은 이런 결과는 자신의 가정 이론과 맞지 않으며 상식과도 맞지 않는다고 주장한다. 먼저 가정 이론을 우리가 올바른 이론으로 받아들인다면, 3b의 가능성은 없다는 점은 비교적 쉽게 알 수 있다. 이 상황은 C가 참임을 확신하고 있는 상황이므로, A & C의 확률과 A의 확률은 차이가 없을 테고, 따라서 A라는 조건 아래 C의 확률은 아주 높다고 해야 할 것이기 때문이다.

그러면 3b의 가능성은 없다는 것이 상식과도 부합한다고 말할 수 있을까? 에징톤은 다음과 같은 예를 든다. 내가 존에게 얼마 전에 편지를 보냈는데, 아직 답장을 받지 못했고 그래서 내가 존에게 답장을 받지 못했다고 불평하고 있는 상황을 생각해 보자. 그런데 존은 그가 일주일 전에 이미 답장을 보냈다고 말했고, 나는 그의 말을 믿어야 할지 확신하지 못한다고 하자. 이때 우리는 다음 조건문을 어떻게 평가해야 할까?

그가 답장을 보냈다면, 나는 답장을 받지 못했다.

앞서 나열한 표에 따르면 세 가지 가능성이 있다. 먼저 그가 답장을 보냈다고 가정해 보자. 이때는 1a에 따라 이 조건문은 참이 될 것이다. 이번에는 그가 답장을 보내지 않았다고 가정해 보자. 비진리함수적 분석에 따르면, 이때 우리는 이 조건문이 바로 참이라고 간주할 수 없다. 3a뿐만 아니라 3b의 가능성도 있기 때문이다. 이를 정하기 위해서는 추가로 무언가가 더 알려져야 한다. 가령 스톨네이커가 제시하는 비진리함수적 분석에 따르면, 전건이 성립하면서 현실세계와 가장 가까운 가능세계에서 후건이 참인지를 따져 보아야 한다. 그러므로 존이 답장을 보냈으면서도 현실세계와 가장 가까운 가능세계에서 내가 답장을 받지 못하는지에 따라 참/거짓을 판단해야 할 것이다.

   에징톤은 이를 불합리한 요구라고 보는 것 같다.[7] 그는 어떤 점에서 이것이 문제인지를 구체적으로 말하지는 않는다. 아마도 짐작컨대, 에징톤은 1a를 기꺼이 받아들이면서 추가로 3b의 가능성을 인정하는 것은 지나치다는 것을 지적하는 것으로 이해할 수 있다. 다시 말해 1a를 받아들인다면, 3a도 받아들여야 한다고 주장하는 것으로 해석할 수 있다. 실제로 문제의 조건문의 후건은 이미 현실세계에서 참이므로, 그것은 현실세계와 가장 가까운 가능세계에서도 참이라고 보아야 할 테고,

---

7   Edgington (1986), p. 196.

이때 그 가능세계는 전건이 참이 되는 가능세계일 터이므로, 1a에서 조건문을 참으로 판정한 것과 다르지 않게 이때도 다른 요구없이 참으로 판정해야 한다고 보는 것이라고 할 수 있다.

마지막으로 (4) 가정 4를 살펴보자.

가정 4:

A와 C가 모두 거짓일 때, 조건문이 비진리함수적 진리조건을 갖는다고 해보자.

에징톤은 이번에는 A와 C가 같은 진릿값을 갖는다는 사실만을 알고 있고 그것이 참인지 거짓인지는 모르는 사람을 가정한다. 가령 그 사람은 존과 메리가 어젯밤 같이 있었다는 사실은 알고 있지만, 그들이 파티에 갔는지는 모르는 상황을 예를 든다. 우선 에징톤은 이때 자신이 옹호하는 가정 이론이나 상식에 따를 때, 우리는 존이 파티에 갔다(A)면 메리도 갔다(C)는 사실을 확신할 수 있다고 말한다. 실제로 가정 이론에 따를 때, A & C의 확률은 A의 확률과 같으므로 A인 조건에서 C의 확률은 아주 높다고 해야 하므로 이 조건문은 받아들일 만하다. 하지만 가정 4에 따르면 이 경우에도 다음과 같은 세 가지 가능성이 있다고 해야 한다.

	A	C	A이면 C
1a	T	T	T
4a	F	F	T
4b	F	F	F

비진리함수적 분석이 옳다면 여기서도 실제로는 존과 메리가 파티에 가지 않았더라도 문제의 조건문이 참이라고 하려면 추가로 무언가가 더 만족되어야 한다고 요구하는 셈이다. 가정 3에 관한 논의에서 그랬 듯이 에징톤은 여기서도 이런 요구는 지나치며, 우리의 직관과 맞지 않 는다고 보는 것 같다. 다시 말해, 에징톤의 비판 요지는 1a를 인정하면 서도 4b의 가능성을 제거하기 위해 추가로 무언가가 더 필요하다는 요 구는 부적절하다는 점을 지적하는 것이라고 볼 수 있다.

지금까지의 논의결과를 정리해 보자. 조건문의 진리조건이 비진리함 수적일 수 없다는 것을 보이는 에징톤의 논증은 두 부분으로 구성된다 고 할 수 있다. 하나는 전건이 참일 때 조건문의 진리조건은 비진리함 수적일 수 없다는 것을 보이는 부분이고, 다른 하나는 전건이 **거짓**일 때 조건문의 진리조건은 비진리함수적일 수 없다는 것을 보이는 부분 이다. 전자를 보이는 논증은 다시 두 개로 구성된다. 하나는 전건과 후 건이 모두 참일 때 조건문의 진리조건이 비진리함수적일 수 없다는 것 이고, 다른 하나는 전건은 참이지만 후건은 거짓일 때 조건문의 진리조 건이 비진리함수적일 수 없다는 것이다. 우리는 후자의 경우 비진리함 수적일 수 없다는 점에는 쉽게 동의할 수 있지만, 전자의 경우에 그것 이 과연 '상식'과 배치되는지를 두고서는 이견이 있을 수 있음을 지적 했다. 도리어 비진리함수적 분석의 핵심은 전건과 후건의 참만으로는 조건문이 참이라고 단정할 수 없다는 것이라고 할 수 있기 때문이다.

전건이 거짓일 때 조건문의 진리조건이 비진리함수적일 수 없다는 것을 보이는 에징톤의 후반부 논증도 다시 두 부분으로 이루어진다. 하 나는 전건이 거짓이고 후건은 참인 경우이고, 다른 하나는 전건과 후건 이 모두 거짓인 경우이다. 에징톤은 이때도 구체적인 예를 들어 조건문

의 진리조건은 비진리함수적일 수 없다는 점을 보이고자 하였다. 우리
는 에징톤의 이 논증을 전건과 후건이 모두 참일 때 조건문의 진리조건
이 비진리함수적일 수 없다는 것을 인정하면서 전건이 거짓일 때는 비
진리함수적이라고 주장하는 것은 일관적이지 않다는 점을 지적하는 것
으로 해석하였다. 우리의 해석이 옳다면, 이는 전건이 거짓일 때 조건
문의 진리조건이 비진리함수적일 수 없다는 그의 논증이 전건이 참일
때 조건문의 진리조건이 비진리함수적일 수 없다는 논제에 의존한다는
의미이다. 실제로 에징톤은 가정 3을 다룰 때부터는, 전건이 참일 때
조건문이 비진리함수적일 수 없다는 점은 앞의 논증을 통해 이미 확립
되었다고 본다는 말을 명시적으로 하기도 한다.[8] 전건이 거짓인 경우에
진리조건이 비진리함수적일 수 없음을 보이는 논증에서 그가 고려하는
가능성(즉 위의 표에 나오는 경우의 수)이 네 가지가 아니라 세 가지라
는 점은 이 점을 분명히 해 준다. 다시 말해 그는 1의 경우 1b의 가능성
은 이미 배제되었고 1a의 가능성만 남아 있다는 점을 전제하고 논의를
펴고 있는 것이다. 그러므로 에징톤의 이 논증은 스톨네이커의 이론처
럼 1b의 가능성을 인정하지 않는 비진리함수적 분석에 대해서는 효과
적인 비판이라고 할 수 있을 것이다. 하지만 나는 그의 논증이 조건문
의 진리조건이 비진리함수적일 수 없다는 것을 제대로 보였다고 생각
하지 않는다. 이미 지적했듯이, 1a와 1b의 두 가지 가능성을 모두 허용
하는 것이 바로 비진리함수적 분석을 옹호하는 사람의 기본 입장이라
고 말할 수도 있기 때문이다.

---

8   Edgington (1986), p. 195.

8.3 좀 더 간결한 에징톤 논증

조건문이 진리조건을 갖지 않는다는 것을 보이고자 하는 에징톤의 논
증은 이후 그의 글에서는[9] 좀 더 간결한 형태로 제시된다. 이제 이 논증
을 검토해 보기로 하자. 에징톤은 우선 진리함수적 분석과 비진리함수
적 분석을 각각 다음과 같이 정식화한다.[10]

	A	C	진리함수적 분석 A이면 C	비진리함수적 분석 A이면 C
(1)	T	T	T	T
(2)	T	F	F	F
(3)	F	T	T	T/F
(4)	F	F	T	T/F

  그런 다음 '조건문의 바람직한 성질'[11]을 다음 두 가지로 잡는다.

---

9 이는 Edgington (1995a)와 (2014)에 제시되어 있다.

10 표에 드러나 있듯이, 에징톤은 비진리함수적 분석에서도 전건이 참일 때는 조건
문이 진리함수적 성격을 갖고 있다고 본다. 다시 말해, 그는 비진리함수적 분석을 다음
과 같은 견해로 정식화하지 않는다.

	A	C	진리함수적 분석 A이면 C	비진리함수적 분석 A이면 C
(1)	T	T	T	T/F
(2)	T	F	F	F
(3)	F	T	T	T/F
(4)	F	F	T	T/F

11 이는 에징톤의 표현이다. Edgington (1995a), p. 279. 이는 그가 Edgington
(1986)에서 '상식'이나 '직관'이라 부른 것을 좀 더 구체화한 것이라고 볼 수 있다.

(가)　~(A & ~C)이 확실하다는 최소한의 정보는 조건문 A → C 가 확실하다고 하는 데 충분하다.

(나)　A를 믿지 않으면서도 조건문 A → C을 믿지 않는 것이 반드시 비합리적인 것은 아니다.[12]

조건문이 **진리함수적** 진리조건을 갖는다면, 첫 번째 성질 (가)를 만족한다. 앞에 나온 표에서 보듯이 (2)를 제거하면 조건문은 언제나 참이기 때문이다. 또한 조건문이 **비진리함수적** 진리조건을 갖는다면 두 번째 성질 (나)를 만족한다. 앞의 표를 보면 전건이 거짓인 (3)이나 (4)의 경우에도 조건문이 거짓이 되는 경우를 허용하고 있기 때문이다.

　그런데 문제는 진리함수적 진리조건을 갖는다면 두 번째 성질 (나)를 만족할 수 없고, 비진리함수적 진리조건을 갖는다면 첫 번째 성질 (가)를 만족할 수 없다는 점이다. 먼저 **진리함수적** 진리조건을 가질 경우 전건이 거짓이면 조건문은 언제나 참이기 때문에 두 번째 성질 (나)를 만족할 수 없다. 한편 **비진리함수적** 진리조건을 가질 경우 (2)를 제거한다고 해서 조건문이 언제나 참인 것은 아니기(가령 (3)이나 (4)의 경우에도 거짓이 될 수 있다) 때문에 첫 번째 성질 (가)를 만족할 수 없다. 어느 이론이든 조건문에 대한 두 가지 바람직한 성질을 모두 가질 수는 없게 된다.

　한편 에징톤은 자신이 옹호하는 가정 이론은 두 가지 성질을 모두 지닐 수 있다고 주장한다. 우선 가정 이론에 따르면, A & ~C가 완전히 배제되므로 A인 조건 아래 C의 확률은 1이 되어 첫 번째 성질 (가)를

12　Edgington (1995a), p. 279 및 (1997), p. 116 참조. 이런 대비의 초기 형태는 Edgington (1986)에서는 p. 197에 나온다.

만족한다. 또한 두 번째 성질 (나)도 쉽게 만족한다. 왜냐하면 A인 조건 아래 C라는 조건부 확률은, 우리가 여러 차례 보았듯이, 철저하게 A인 영역 가운데 C인 영역의 비율이 얼마나 큰지에 의해서 결정되지 ～A 의 영역의 크기에는 영향을 받지 않기 때문이다. 이런 결과를 근거로 에징톤은 가정 이론에서 조건문을 평가하는 방식은 진리함수적 방식과 양립 불가능하고 또한 비진리함수적 방식과도 양립 불가능하다고 말하고 나서, 다음과 같이 결론짓는다.

> 그러므로 조건문을 평가하는 가정 이론의 방식은 조건문이 진리조건을 갖는다는 주장과 양립 불가능하다는 것이 따라 나온다.[13]

이제 에징톤의 논증을 평가해 보자. 우선 이 논증의 구조와 관련해 불명료함이 있다. 지금까지의 논의 결과에 비추어 볼 때, 에징톤이 보인 것은 진리함수적 분석과 비진리함수적 분석은 두 가지 장점을 모두 지니지는 못하는 반면 가정 이론은 두 가지 장점을 모두 지닌다는 것이다. 이로부터 바로 조건문은 진리조건을 갖지 않는다는 결론이 따라 나오지는 않는다. 물론 진리함수적 분석이나 비진리함수적 분석이 가정 이론과 양립 불가능하다는 것은 따라 나온다. 이들은 조건문의 바람직한 성질인 (가)와 (나)에 대해 서로 다른 대답을 내놓는 이론이기 때문이다. 진리함수적 분석이나 비진리함수적 분석과 달리, 가정 이론은 진리조건을 갖지 않는다고 보는 이론임도 물론이다. 하지만 조건문은 진리조건을 갖지 않는다고 보아야 한다는 결론을 내리려면, 진리함수적

---

13   Edginton (2014), p. 11.

분석이나 비진리함수적 분석은 진리조건을 갖는다고 보는 이론이기 때문에 필연적으로 바람직한 성질 두 가지를 동시에 가질 수는 없게 된다는 점이 전제되어야 한다. 그런데 이 전제는 아직 입증되지 않았다고 보아야 한다.

아마 에징톤 논증의 구조를 달리 이해할 수도 있을 것 같다. 앞의 논의를 감안해, 조건문이 진리조건을 갖는다면 그것은 진리함수적 진리조건이거나 비진리함수적 진리조건을 가질 것이라는 점을 기본 전제로 삼는다고 해보자. 이때 에징톤의 논증은 진리함수적 진리조건을 갖는다면 바람직한 성질 (나)를 설명하지 못하는 난점이 있고, 비진리함수적 진리조건을 갖는다면 바람직한 성질 (가)를 설명하지 못하는 난점이 있다는 것을 보이고자 하는 것으로 해석할 수 있다.[14] 이렇게 이해할 경우 우리가 물어야 하는 물음은 에징톤이 거론하는 조건문의 바람직한 성질 (가)와 (나)가 과연 그런 성질인지 하는 점이다.

적어도 (가)와 관련해서는 의문을 제기할 수 있을 것으로 보인다. 베넷도 잘 지적했듯이[15] (가)는 우리가 앞서 OTI라고 부른 추론 형태를 말하는 것임을 주목하자. 실제로 에징톤은 (가)를 다음과 같이 정식화하기도 한다.

(i) A ∨ C라는 최소한의 확실성(즉 ~A & ~C를 배제하는 것)이

14　이때도 우리가 얻을 수 있는 결론은 가정 이론이 상대적 장점을 갖는 더 나은 이론이라는 것일 뿐 조건문이 진리조건을 갖지 않는다는 것은 아니라고 주장할 여지도 있다. 다시 말해, 진리조건을 갖는다고 보는 이론이 난점이 있다는 사실이 곧 진리조건을 가질 수 없음을 보여 주기에 충분하지는 않다는 것이다.

15　Bennett (2003), p. 102.

~A이면 C의 확실성을 담보하기에 충분하다. 부정 기호를 바꾼다면, ~A ∨ C라는 최소한의 확실성(즉 A & ~C를 배제하는 것)이 A이면 C의 확실성을 담보하기에 충분하다.[16]

　그런데 우리가 알고 있듯이,[17] OTI의 타당성을 두고서는 논란이 있다. 비진리함수적 분석인 스톨네이커의 이론이나 가정 이론에서는 이를 부당한 추론으로 여기는 반면 진리함수적 분석에서는 이를 타당한 추론으로 본다. 에징톤 자신이 드는 OTI의 일상적 반례 가운데 하나는 다음이다.[18]

　내일 비가 오거나 눈이 올 것이다.
　따라서 내일 비가 오지 않는다면, 내일 눈이 올 것이다.

가령 지금이 여름철인데 내가 일기예보나 다른 어떤 정보로부터 내일 비가 올 것이라고 확신하고 있다고 해보자. 그리고 이에 근거해 전제도 확신한다고 해보자. 그렇다고 해서 나는 결론이 성립한다고는 믿지 않을 것이다. 에징톤은 또 다른 예로 다음을 들기도 했다.[19]

　지금은 아침 8시이거나 11시이다.
　따라서 지금이 아침 8시가 아니라면 11시이다.

16　Edgington (1995a), p. 279.
17　우리는 이를 10장에서 더 논의할 것이다.
18　Edgington (2014), p. 13.
19　Edgington (1986), p. 191.

가령 내가 아침에 일어나 탁상시계를 보는데 시침이 정확히 8시를 가리키고 있다고 해보자. 이때 나는 전제를 충분히 믿을 수 있다. 하지만 그렇다고 해서 결론을 받아들이지는 않을 것이다. 이런 반례는 오로지 A를 참이라고 믿기 때문에 A ∨ C도 참이라고 믿게 되는 경우에 생겨난다. 다시 말해 A와 C 사이의 어떤 '연관성' 때문에 선언이 정당화되는 경우가 아니라 오로지 A가 참인 진릿값을 갖는다는 이유에서 선언이 정당화되는 경우에 이런 반례가 생겨난다.

　지금까지의 논의를 받아들인다면 에징톤이 말하는 조건문의 바람직한 성질 (가)는 모든 조건문이 갖는 보편적인 성질이라고 볼 수 없다. 어떤 경우에는 그것이 성립하지 않기 때문이다. 나아가 가정 이론이 바람직한 성질 (가)를 언제나 잘 설명할 수 있다는 것도 사실이 아님을 알 수 있다. 가정 이론에서도 성질 (가)를 담보하는 추론은 부당한 것으로 여기기 때문이다. 아마 에징톤이 가정 이론에서 (가)를 설명할 수 있다고 생각한 이유는 A & ~C의 확률을 0으로(또는 A ∨ C의 확률을 1로) 잡는 경우에 국한했기 때문일 것이다. 하지만 그것의 확률을 가령 0.1(또는 0.9)로 잡을 경우 성질 (가)를 만족하지 못하는 확률 모형을 찾기는 어렵지 않으며, 에징톤이 이미 그런 모형을 제시한 바 있다.[20] 지금까지의 논의에 따를 때, 에징톤의 간결한 논증은 성공적이라고 할 수 없다. 그의 논증이 조건문은 진리조건을 갖지 않는다는 점을 보이기 위해서는 적어도 그가 말하는 바람직한 성질 (가)가 왜 조건문의 이론을 평가하는 하나의 기준이 되어야 하는지를 정당화할 필요가 있다.

20　Edgington (1986), p. 191.

4

조건문이 나오는 추론 가운데 어떤 것이 진정으로 타당한가?

4부에서는 조건문이 나오는 추리를 다룬다. 일상적 조건문을 진리함수적 조건문으로 이해하면 타당하다고 해야 하지만 직관적으로는 부당해 보이는 추론이 있다. 이런 반직관적 결과들을 자세히 검토하는 것이 9, 10, 11장으로 구성된 4부의 목적이다. 9장에서는 전건 긍정규칙의 반례라고 제시된 반 멕기의 사례를 따로 다룬다. 10장에서는 반직관적인 결과 가운데 조건 증명과 관련된 추론을 다루고, 11장에서는 조건문의 부정과 관련된 추론을 다룬다.

전건 긍정규칙과 반 멕기의 반례

9.1 과연 반례인가?[1]

일상적 조건문을 진리함수적 조건문으로 이해하면 타당하다고 해야 하지만 직관적으로는 부당해 보이는 추론이 여럿 있는데 이 가운데 가장 많이 논의된 것은 단연 전건 긍정규칙(MP)이라고 할 수 있다. 반 멕기는 1985년에 전건 긍정규칙에 대한 이른바 '반례'들을 제시하고, 이런 예는 전건 긍정규칙이 '엄밀히 타당한' 것은 아님을 보여 준다고 주장하였다.[2] 반 멕기가 염두에 두는 상황은 다음과 같은 것이다.

상황: 1980년 미국의 대통령 선거 직전에 행해진 여론조사 결과, 공화당 후

---

1 이후 내용은 최원배 (2001), (2008), (2016) 등을 바탕으로 한 것이다.
2 van McGee (1985), p. 462. 아담스는 일찍이 Adams (1975), p. 33에서 이런 가능성을 주목했다.

보 레이건이 민주당 후보 카터를 훨씬 앞서고 있으며, 또 다른 공화당
후보 앤더슨이 훨씬 뒤처져 3위를 달리고 있는 것으로 나타났다.

이런 여론조사 결과를 접한 사람들은 다음의 ①과 ②를 합당하게 믿을
수 있지만 결론 ③을 믿을 이유는 없는 것으로 보인다.

① 공화당 후보가 선거에서 이길 경우, 승자가 레이건이 아니라면 승자는
앤더슨일 것이다.
② 공화당 후보가 선거에서 이길 것이다.
③ 승자가 레이건이 아니라면 승자는 앤더슨일 것이다.

여론조사 결과에 비추어 볼 때 전제는 모두 받아들일 만하지만 결론은
그렇지 않아 보인다. 우리의 직관대로 ①과 ②는 받아들이면서도
③은 받아들이지 않는 것이 합당하다면, 이는 전건 긍정규칙이 보편적
으로 타당한 것은 아니라는 의미가 된다.
  반 멕기의 반례는 많은 논란을 불러왔고, 그 예가 과연 전건 긍정규칙
의 진정한 반례인지를 두고 여러 견해가 제시되었다.[3] 이 예가 전건 긍
정규칙의 반례라고 할 수 있으려면 다음 두 조건을 모두 만족해야 한다.

가) 반 멕기의 예에 나오는 전제는 둘 다 참이지만 그 결론은 거짓
이다.
나) 반 멕기의 예는 전건 긍정규칙의 형식을 지닌 것이다.

---

3 국내 논의로는 김세화 (2000), 김신·이진용 (2015), 이병덕 (2008), 최원배
(2001), (2008) 등을 참조.

이를 부정하는 몇 가지 논증을 따져 보는 데서 논의를 시작하자.

9.1.1 결론이 거짓인가?

가)와 관련해 우선 제기되는 의문은 반 멕기 사례의 결론 ③이 과연 거짓인가 하는 점이다.

③ 승자가 레이건이 아니라면 승자는 앤더슨일 것이다.

반 멕기는 ③을 믿을 이유가 없다고 말하고 있을 뿐 그것이 거짓이라고 명시적으로 말하고 있지는 않다는 점에서 그가 거짓임을 보인 것은 아니라는 지적이 있다.[4] 그렇다고 해서 이것이 거짓임을 보이라는 요구 또한 지나치다고 할 수 있다. 그것을 보이는 것이 가능한지 의문이기 때문이다.

또 다른 시각에서 결론 ③이 거짓임을 부정하는 방안도 가능하다. 그것은 이 조건문을 진리함수적 조건문으로 여기는 것이다. 그 경우 결론은 거짓이 아니라 참이 된다. 왜냐하면 그 경우 전건이 거짓일 터이므로 전체 조건문은 거짓이 아니라 참이 되기 때문이다. 이런 입장에 설 경우 결론은 사실 참이지만 어떤 이유에서 주장하기에 부적절한 것으로 비칠 뿐이라고 설명할 수도 있을 것이다. 따라서 반 멕기의 예가 전건 긍정규칙의 반례가 되려면 적어도 결론에 나오는 조건문을 진리함수적 조건문으로 여기지 않아야 한다는 점은 분명하다.

가)가 성립하지 않음을 보이고자 하는 좀 더 적극적인 논증도 있다.

---

4   시노트암스트롱, 무어, 포젤린이 이런 비판을 했다. Sinnott-Armstrong et al. (1987), p. 296.

이것은 카츠가 제시한 것인데, 그는 특히 다음이 성립할 수 없음을 보이고자 한다.

①이 참이면서 동시에 ③이 거짓일 수는 없다.

이를 위해 카츠는 조건문의 성격에 관한 기본 가정을 하나 받아들인다. 이 기본 가정을 '가정 R'이라고 하자. 이는 다음을 말한다.

가정 R
어떤 종류의 조건문이든 적어도 전건이 참인데 후건이 거짓이라면, 그 조건문은 거짓이다.

이 가정은 조건문이 거짓이기 위한 충분조건 가운데 하나는 전건이 참이고 후건이 거짓인 경우라고 말하는 것이다. 카츠는 이를 '조건문의 본질적 성격'[5]이라 부른다.

가정 R과 그리고 추가로 ②가 참이라는 것을 받아들이자. 반 멕기나 카츠 모두 ②가 참이라는 데는 이의가 없고, 여론조사에 비추어 이는 충분히 받아들일 수 있다. 그리고 논의를 위해, 반 멕기가 주장하듯이 ③을 거짓이라고 해 보자. 그렇다면 ①은 참일 수 없음이 드러난다.

증명
(1) ②는 참이다.   가정

---

5 Katz (1999), p. 412.

(2) ③은 거짓이다.   가정

(3) ①은 참일 수 없다.   가정 R

①이라는 조건문의 전건은 참인 ②이고 후건은 거짓인 ③으로 이루어 져 있으므로, 가정 R에 의해 이 조건문은 참일 수 없다는 것이 이처럼 도출되는 것 같다. 그렇다면 반 멕기의 예는 반례일 수 없다.

카츠의 이 논증이 실제로 올바르다면, 이는 굉장히 강력한 논증일 것 이다. 카츠 자신은 이 논증을 반 멕기의 예가 전건 긍정규칙의 반례가 아니라고 할 수 있는 '결정적인 이유'라고 보고 있다.[6] 그러나 이 논증 은 너무 강력해 보인다. 바로 이 점이 이 논증의 정당성을 의심하게 한 다. 무엇이 구체적으로 문제일까? 다음의 연언 제거규칙과 선언 삼단 논법을 예로 생각해 보자.

A & B ⊢ A

A ∨ B, ~A ⊢ B

카츠와 같은 방식으로, 누군가가 "연언은 연언 성원 가운데 적어도 하 나가 거짓이면 참일 수 없다"와 "선언은 선언 성원이 둘 다 거짓이면 참일 수 없다"는 것을 각각 연언과 선언의 '본질적 성격'으로 잡는다고 해보자. 이때 연언 제거규칙과 선언 삼단논법의 반례는 '개념적으로' 있을 수 없게 된다. 왜냐하면 어떤 사례를 제시하든 그것은 문제의 '본 질적 성격'에 위배되는 사례일 것이기 때문이다. 그런데 우리는 그것

---

6   Katz (1999), p. 412.

이 개념적으로 불가능하다고 생각하지 않는다. 이는 카츠의 논증과 관련해서 볼 때, 그의 논증이 전건 긍정규칙의 타당성을 미리 전제한 논증이라는 점을 시사해 준다. 뒤에서 다시 보겠지만, 참/거짓 두 가지의 경우만을 염두에 두는 이상, 조건문을 질료적 조건문으로 여길 때 타당한 논증의 반례란 있을 수 없다. 참/거짓이 아니라 참이나 거짓일 **가능성**이 높은 경우를 고려할 때 비로소 반례가 등장하게 된다.

9.1.2 첫 번째 전제가 참인가?

반 맥기가 든 예가 전건 긍정규칙의 반례가 되려면, 전제 ①과 ②는 모두 참인데 결론 ③은 거짓이어야 한다. 여론조사 결과를 염두에 둘 때 ②가 참이라는 데는 논란의 여지가 없다. ③은 반 맥기의 주장대로 거짓이라고 하자. 그러면 ①은 어떤가? 이와 관련하여 반 맥기는 다음과 같이 말한다.

일반적으로 우리는 조건문 'A이고 B이면, C'를 기꺼이 주장하거나 받아들이거나 믿을 때는 언제나 'A일 경우, B이면 C'라는 형태의 조건문을 주장하거나 받아들이거나 믿는다. 여러 예를 통해 볼 때 이출 원리(the law of exportation)

"'A이고 B이면, C'는 'A일 경우, B이면 C'를 함축한다."

는 영어 용법의 특징으로 보인다.[7]

---

7   van McGee (1985), pp. 464-5.

이를 반 멕기의 예에 적용해 보자. 그러면 우리는 여론조사 결과를 바탕으로 다음 ④를 합당하게 믿을 수 있다.

④ 공화당 후보가 선거에서 이기고 승자가 레이건이 아니라면, 승자는 앤더슨일 것이다.

우리는 ④를 합당하게 믿을 수 있으므로, 이제 이출 원리를 통해 ①을 받아들일 수 있는 좀 더 강력한 근거를 지니게 되는 셈이 된다. 이처럼 반 멕기는 ①을 받아들이는 근거를 이출 원리의 타당성과 관련짓고 있다.

카츠는 반 멕기에 맞서 ①이 참이 아님을 보이고자 한다. 이를 위해 카츠는 전건 긍정규칙과 이출 원리가 충돌한다는 점을 보인다. 전건 긍정규칙과 이출 원리의 사이의 이런 긴장 관계는 반 멕기도 이미 밝힌 것이기는 하지만 카츠의 논증이 좀 더 단순하므로 이를 중심으로 살펴보기로 하자.[8]

전건 긍정규칙과 이출 원리가 충돌한다.

이것은 두 개의 논증으로 구성된다. 두 논증은 기본 가정으로 ②와 ④는 참이고 ③은 거짓이라는 점을 받아들인다. 즉 다음을 받아들인다.

---

8   에징톤이 적절히 지적하고 있듯이 전건 긍정규칙과 이출 원리 사이의 이런 긴장 관계는 아담스가 처음 시사한 바 있다. Adams (1975), p. 33과 Edgington (1995a), p. 282 참조. 이 긴장 관계에 관한 반 멕기의 구체적인 논증으로는 van McGee (1985), p. 466 참조.

② 공화당 후보가 선거에서 이길 것이다.   [참]

③ 승자가 레이건이 아니라면 승자는 앤더슨일 것이다.   [거짓]

④ 공화당 후보가 선거에서 이기고 승자가 레이건이 아니라면, 승자는 앤더
슨일 것이다.   [참]

이때 우리는 반 맥기의 사례를 전건 긍정규칙이 부당함을 보여 주는 예
로 여길 수도 있고, 이출 원리가 부당함을 보여 주는 예로 여길 수도 있
다. 구체적인 증명은 다음과 같다.

가) 이출 원리가 타당하다고 하자. 그러면 전건 긍정규칙은 부당하다.

증명

(1) ④는 참이다.   기본 가정

(2) ①은 참이다.   이출 원리

(3) ②는 참이다.   기본 가정

(4) ③은 거짓이다.   기본 가정

(5) 따라서 전건 긍정규칙은 부당하다. (2), (3), (4)

나) 전건 긍정규칙이 타당하다고 하자. 그러면 이출 원리는 부당하다.

증명

(1) ④는 참이다.   기본 가정

(2) ②는 참이다.   기본 가정

(3) ③은 거짓이다.   기본 가정

(4) ①은 참일 수 없다.   전건 긍정규칙은 타당하므로

(5) 따라서 이출 원리는 부당하다. (1), (4)

그러므로 전건 긍정규칙을 받아들인다면 이출 원리는 부당하다고 해야 하고, 이출 원리를 받아들인다면 전건 긍정규칙은 부당하다고 해야 한다. 이 결과는 반 멕기의 논증과 관련해 볼 때, 전건 긍정규칙이 부당하다는 반 멕기의 주장은 이출 원리가 타당함을 전제하는 것이므로, 반 멕기는 이출 원리가 타당하다는 것을 입증해야 하는 부담을 지게 된다는 의미이다. 그러므로 우리는 반 멕기의 논증이 큰 테두리에서 다음 형태를 띤다고 볼 수 있다.

다) 이출 원리가 타당하면, 전건 긍정규칙은 부당하다.
　　그런데 이출 원리는 타당하다.
　　따라서 전건 긍정규칙은 부당하다.

한편 위의 증명에서 드러나듯이 가)뿐만 아니라 나)도 올바른 논증이므로, 반 멕기의 예를 근거로 다음과 같은 주장을 펼 수도 있다.

라) 전건 긍정규칙이 타당하면, 이출 원리는 부당하다.
　　그런데 전건 긍정규칙은 타당하다.
　　따라서 이출 원리는 부당하다.

이 두 견해의 첫 번째 전제들은 각각 이미 가)와 나)를 통해 증명되었으므로, 두 번째 전제들을 정당화할 수 있다면, 우리는 어느 한 추리 규칙을 버리는 대가로 다른 추리 규칙의 정당성을 확보할 수 있을 것이다. 그런데 두 번째 전제들 자체의 타당성이 바로 쟁점이므로, 우리는 이들을 다른 어떤 근거에서 정당화할 수 있는지를 고려해 보아야 한다.

반 멕기는 두 번째 전제를 정당화하기 위해 이출 원리가 훨씬 넓은 범위의 조건문에 대해 타당하다고 볼 수 있는 귀납적 증거들이 있다고 주장하였다.[9]

지금까지 우리는 반 멕기가 제시한 전건 긍정규칙의 반례가 진정한 반례인지를 알아보기 위해 과연 그 예가 다음 조건을 만족한다고 할 수 있을지를 살펴보았다.

㉠ 반 멕기의 예에 나오는 전제는 둘 다 참이고 결론은 거짓이다.

논의 결과 우리는 ㉠이 성립하기 위해서는 이출 원리의 타당성을 전제해야 한다는 점을 확인하였다. 그러므로 우리는 이출 원리의 타당성을 부정함으로써 반 멕기의 예가 전건 긍정규칙의 반례가 아니라고 주장하는 해법도 있다는 점을 알 수 있다.

9.1.3 전건 긍정규칙의 형식인가?

이제 반 멕기의 반례가 진정한 반례이기 위해서 만족해야 할 또 한 가지 조건인 다음을 만족하는지 따져 보기로 하자.

㉡ 반 멕기의 예는 전건 긍정규칙의 형식을 지닌 것이다.

언뜻 보면 ㉡은 부인할 수 없는 것처럼 생각된다. 다음은 전건 긍정규칙의 형식을 지닌 것으로 보인다.

---

9   van McGee (1985), p. 466.

① 공화당 후보가 선거에서 이길 경우, 승자가 레이건이 아니라면 승자는 앤더슨일 것이다.

② 공화당 후보가 선거에서 이길 것이다.

③ 승자가 레이건이 아니라면 승자는 앤더슨일 것이다.

하지만 이런 겉보기는 실제 구조와 다를 수도 있으므로, 먼저 여기 나오는 명제를 각각 다음과 같이 기호화하기로 하자.

A: 공화당 후보가 선거에서 이긴다.

B: 승자가 레이건이 아니다.

C: 승자는 앤더슨이다.

이제 우리는 반 멕기의 반례를 다음과 같이 적을 수 있다.

A이면 (B이면 C), A ⊢ B이면 C

먼저 첫 번째 전제인 중첩 조건문을 어떻게 이해해야 할지의 문제가 생긴다. 아담스의 논리 체계를 설명하면서 말했듯이, 그 체계에서는 중첩 조건문은 제대로 된 식이 아니다. 그 체계에서는 ① 대신 다음의 ④를 첫 번째 전제로 삼아야 한다.

④ 공화당 후보가 선거에서 이기고 승자가 레이건이 아니라면, 승자는 앤더슨일 것이다.

이를 첫 번째 전제로 삼는다면 반 멕기의 예는 다음과 같이 기호화되게
된다.

(A이고 B)이면 C, A ⊢ B이면 C

이 경우 반 멕기의 예는 전건 긍정규칙의 반례라고 하기 어렵게 된다.
왜냐하면 위의 추론은 전건 긍정규칙의 형식이 아니기 때문이다.[10]
우리가 살펴본 스톨네이커의 논리 체계에서도 첫 번째 전제는 또 다
른 문제를 야기한다. 아담스 체계와 달리 그 체계에서는 중첩 조건문도
제대로 된 식이다. 하지만 그 체계에서는 앞서 보았듯이, 이입이출 원
리가 부당한 추리이다. 그리고 이 둘은 동치도 아니다. 이입이출 원리
가 부당하기 때문에 첫 번째 전제의 참을 반 멕기처럼 이출 원리의 타
당성에 기대어 확보할 수도 없다. 이는 조건문의 진리조건을 스톨네이
커 이론의 그것으로 잡을 경우, 첫 번째 전제가 왜 참인지를 반 멕기와
는 또 다른 방식으로 설명해야 하는 부담이 있음을 의미한다.

9.1.4 애매어의 오류를 범하고 있는가?

첫 번째 전제인 중첩 조건문과 관련해 더 큰 문제는 조건문 결합사를
사용해 기호화하려고 할 때 본격적으로 드러난다. 거기에는 조건문 결
합사로 기호화할 수 있는 '~이면'이 세 차례 등장한다.

A이면 (B이면 C), A ⊢ B이면 C

---

10   김세화도 이런 입장을 취한다.

여기 나오는 세 개의 조건문을 꼭 같은 것으로 볼 필요가 없다는 것에 착안해 반 멕기의 사례가 반례가 아님을 주장할 수도 있다.

로이가 그런 견해를 제시했는데, 그에 따르면 반 멕기의 반례는 (i) 이 아니라 (ii)의 형태이다.[11]

(i) $A \to (B \to C)$, $A \vdash B \to C$

(ii) $A \to (B \supset C)$, $A \vdash B \to C$

로이는 반 멕기의 사례가 실제로는 (ii)의 형식을 띠고 있으며, 이에 따라 반 멕기의 예가 전건 긍정규칙의 반례라는 주장은 애매어(equivocation)의 오류를 범하고 있다고 주장한다.[12]

로이는 어떤 근거에서 반 멕기의 예가 (i)이 아니라 (ii)의 형식을 띤다고 말하는 것이 더 적절하다고 보는 것일까? 반 멕기 사례의 첫 번째 전제는 다음이다.

① 공화당 후보가 선거에서 이길 경우, 승자가 레이건이 아니라면 승자는 앤더슨일 것이다.

로이는 전제 ①이 다음 주장과 동치라고 본다.

⑤ 공화당 후보가 선거에서 이긴다면, 승자는 레이건이거나 승자는 앤더슨

---

11   물론 (ii) 이외에도 형식화를 할 수 있는 여러 가지 방안이 있을 것이다. 하지만 그런 방안을 따로 다루지는 않을 것이다.

12   Lowe (1987) 참조. 또한 국내에서는 김신 등이 이런 입장을 피력했다.

일 것이다.

이것은 다음과 같이 기호화된다.

(iii) A → (~B ∨ C)

(iii)은 명백히 (ii)의 첫 번째 전제와 동치이므로, 반 멕기의 예는 최종적으로 (ii)의 형식을 지닌 것으로 보아야 한다는 것이다.

왜 로이는 첫 번째 전제의 후건이 진리함수적 조건문(혹은 그와 동치인 선언문)으로 이해되어야 한다고 보는 것일까? 로이는 그것이 '터무니없는 해석이 아니라고'(not a patently implausible interpretation) 말하고 있을 뿐이다. 사실 로이 자신도 첫 번째 전제의 후건이 진리함수적 조건문으로만 이해되어야 한다는 점을 보인 것은 아님을 인정한다. 그렇지만 그는 증명의 부담을 도리어 반 멕기에게 떠넘겨 첫 번째 전제를 (i)에 나오는 첫 번째 전제처럼 A → (B → C)로 이해해야 하는 이유를 대라고 요구한다.[13] 로이는 첫 번째 전제의 후건을 선언문과 동치로 이해할 경우 첫 번째 전제가 믿을 만한 것이 된다는 점을 말할 뿐 그렇게 이해하는 것이 유일하게 올바른 방안임을 보이지는 않는다.

이 점은 애매어의 오류를 범했다는 로이의 비판이 제한적인 효력만을 갖는다는 의미이다. 반 멕기의 예가 전건 긍정규칙의 반례일 수 없음을 보이고자 한다면, 그것을 기호화하는 올바른 방식은 (i)일 수 없

---

13   Lowe (1987), p. 46.

음을 보여야 한다. 하지만 로이가 보인 것은 반 멕기의 예에 나오는 첫 번째 전제를 ⑤처럼 이해한다면 그것은 전건 긍정규칙 형식의 사례가 아니므로 전건 긍정규칙의 반례가 아니라고 할 수 있다는 정도에 그친다. 바로 이 점에서 로이의 논증은, 비록 그것이 성공적이라 하더라도 반 멕기의 예가 반례일 수 없음을 보였다고 할 수 없다. 왜냐하면 그는 반 멕기의 예를 반례가 아닌 것으로 볼 수 있는 한 가지 방안을 제시한 것에 불과하기 때문이다. 반례로 보는 방안이 여전히 남아 있는 한 반 멕기 사례의 중요성은 사라지지 않는다고 보아야 할 것이다.

9.2 반례가 발생하는 구조

앞에서 우리는 반 멕기의 예가 전건 긍정규칙의 반례임을 부정하고자 하는 논증들이 그다지 결정적이지 않음을 보았다. 이 절에서는 시각을 좀 달리 해, 반례가 발생하는 구조를 파헤쳐 보고자 한다. 즉 어떤 요소들이 개입되어 반례가 발생하게 되는지를 규명해 보기로 하자. 이 논의 자체는 반 멕기의 반례가 진정한 반례라는 점을 전제하는 것이 아니다. 다만 그것을 진정한 반례라고 생각하는 사람이라면 이 작업을 통해 왜 그런 반례가 발생하는지를 알게 될 테고, 그것이 진정한 반례가 아니라고 생각하는 사람이라면 이 작업을 통해 왜 반 멕기의 예가 반례처럼 비치게 되는지를 알게 될 것이다. 그러므로 이 작업이 성공적이라면, 우리는 왜 반례(혹은 반례처럼 비치는 것)가 발생하며 반례를 피하려면 어떻게 해야 하는지도 알 수 있게 될 것이다.

애초 반 멕기가 제시한 반례를 반례 1이라고 부르자.

반례 1

공화당 후보가 선거에서 이길 경우, 승자가 레이건이 아니라면 승자는 앤더슨일 것이다.

공화당 후보가 선거에서 이길 것이다.

따라서 승자가 레이건이 아니라면 승자는 앤더슨일 것이다.

반례가 발생하는 일반적 구조를 파악하기 위해, 반례를 좀 더 찾아보는 일부터 해보기로 하자. 우리에게 익숙한 주사위 던지기를 염두에 두고, 다음과 같은 추론을 생각해 보자. 물론 정상적인 주사위이다.

반례 2

주사위를 던져 나온 수가 짝수일 경우, 그것이 3보다 크지 않다면 그것은 2일 것이다.

주사위를 던져 나온 수가 짝수이다.

따라서 주사위를 던져 나온 수가 3보다 크지 않다면 그것은 2일 것이다.

반례 2의 첫 번째 전제는 받아들일 만하다. 사실 이것은 부인할 여지가 없이 확실한 참으로 보인다. 두 번째 전제도 받아들일 만하다. 하지만 결론은 어떤가? 우리는 주사위를 던져 나온 수가 3보다 크지 않다고 해서 바로 그것이 2라고 생각하지는 않을 것이다. 주사위를 던져 나온 수가 3보다 크지 않다. 즉 나온 수가 4나 5나 6이 아니라고 해서 바로 2라고 말할 수는 없기 때문이다. 그렇다면 우리는 전제는 모두 받아들일 만하지만 결론은 받아들일 만하지 않은 또 하나의 예를 갖게 된 것으로 보인다.

반례 1을 반례로 받아들이는 사람이라면, 반례 2도 마찬가지로 받아들일 것으로 생각된다. 두 예는 흡사하다. 두 경우 모두 첫 번째 전제는 논란의 여지 없이 참이라고 할 수 있다.[14] 그리고 두 예에서 마지막 결론은 모두 받아들이기 어렵다고 생각된다. 아니면 적어도 결론은 이상하다고 느껴진다고 할 수 있다.

두 번째 전제를 두고 이의를 제기하는 사람이 있을지 모르겠다. 어떤 점에서 두 번째 전제는 약간 다르다. 반례 1에서 두 번째 전제는 우리가 설정하고 있는 상황 자체에 비추어 볼 때 참일 가능성이 아주 높은 주장이다. 왜냐하면 여론조사 결과 공화당 후보가 민주당 후보보다 훨씬 앞서는 것으로 나오고 있기 때문이다. 반면에 반례 2에서의 두 번째 전제는 가능성이 50%이다. 어떤 이는 이것은 참일 가능성이 높은 주장이라고 할 수 없다고 말할지도 모르겠다. 물론 가능성이 더 높은 사례를 예로 들면 더 좋을 것이다. 하지만 이 예로도 충분해 보인다. 왜냐하면 추리의 타당성은 전제들이 모두 참이라면 결론도 참일 수밖에 없느냐 하는 문제이기 때문이다. 적어도 논의를 위해 주사위를 던져 짝수가 나오는 경우를 가정할 수 있다는 점은 어느 누구도 부인할 수 없을 것이다.

이제 이런 예가 왜 반례로 여겨지는지를 좀 더 면밀히 분석해 보기로 하자. 먼저 반례 2의 두 번째 전제부터 보기로 하자. 그것은 다음이다.

P: 주사위를 던져 나온 수가 짝수이다.

---

14   첫 번째 전제는 확률 1을 나타내는 것으로 읽을 수도 있고 그렇지 않을 수도 있다. 그것이 꼭 확률 1을 나타내는 것일 필요는 없다.

앞서 우리가 아담스가 제시한 확률 모형을 약간 변형해 확률을 막대로 나타내는 방식을 채택해 보자.[15] 주사위에는 모두 6개의 눈이 있고, 이 가운데 셋은 짝수이고 나머지 셋은 홀수이므로, 우리는 다음과 같은 그림을 생각해 볼 수 있다.

P(2, 4, 6)	~P(1, 3, 5)

이 막대에서 전체 면적은 확률 1을 나타내고, 짝수일 확률과 홀수일 확률은 각각 0.5이므로 이들을 그림과 같이 같은 면적으로 나타낸다고 하자. 이런 막대 그림에서는 면적이 클수록 확률이 높고, 면적이 작을수록 확률은 낮은 것으로 나타난다. 같은 방식으로 생각해 본다면, 반례 1의 두 번째 전제는 대략 다음과 같은 형태가 될 것이다.

P(공화당 후보가 승리)	~P

이 경우 확률을 숫자로 정확히 나타낼 수는 없고, 다만 여론조사 결과를 감안할 때 아주 높다는 사실을 그림과 같이 나타내었다.

이제 첫 번째 전제와 결론을 볼 차례이다. 첫 번째 전제는 두 예에서 모두 조건문 안에 다시 조건문이 들어 있는 중첩 조건문의 형태이다. 이는 단순 조건문 형태인 결론보다 더 복잡하다. 이런 이유로 결론을 먼저 보기로 하자. 반례 2의 결론은 다음이다.

~Q → R: 주사위를 던져 나온 수가 3보다 크지 않다면, 그것은 2일 것이다.

---

15   이런 그림의 아이디어로는 Adams (1975), Adams (1998), Edgington (1995a) 참조.

앞에서 우리는 이 결론은 받아들일 만하지 않다고 했다. 왜 그런가? 이 조건문을 정확히 어떻게 이해하기에 이것은 받아들일 만하지 않다고 생각하는 것일까? 우리가 두 번째 전제를 그림으로 나타낸 것과 같은 방식으로 결론에 나오는 각각의 명제, Q와 R을 그림으로 나타낸다면 그것들은 각각 다음과 같다.

Q(4, 6)	~Q(2, 1, 3)	Q(5)

~R	R(2)	~R

그림에서 분명히 드러나듯이, 3보다 큰 수가 나올 확률은 3/6, 즉 1/2이고 3보다 큰 수가 아닐 확률 또한 1/2이다. 한편 주사위를 던져 2가 나올 확률은 1/6이다.

그런데 결론은 "주사위를 던져 나온 수가 3보다 크지 않다면, 그것은 2일 것이다"라는 조건문이다. 이 조건문을 어떤 식으로 이해하기에 이것이 받아들일 만하지 않다고 생각하는지를 따져 볼 때, 우리는 이 주장이 조건부 확률을 표현하는 것으로 이해하기 때문에 이를 받아들일 만하지 않다고 생각한다는 것을 알 수 있다. 익숙한 방식에 따라 결론의 조건부 확률을 계산해 보면 1/3이 되고, 이를 우리는 면적들의 비율로 표현할 수 있게 된다.

Q(4, 6)	~Q(2, 1, 3)	Q(5)
~R	R(2)	~R

그래서 반례 2에 나오는 결론의 확률은 바로 ~Q가 차지하는 면적 가운데 R이 차지하는 면적이 어느 정도인가에 의해 결정된다. 우리 예의

경우 ~Q가 차지하는 면적을 1로 잡았을 때 R이 차지하는 면적은 이의 1/3이고, ~R이 차지하는 면적은 2/3가 된다. 그림에서 분명하듯이, ~Q가 차지하는 면적 가운데 ~R이 차지하는 면적이 R이 차지하는 면적보다 훨씬 더 크며, 이 때문에 우리는 주사위를 던져 나온 수가 3보다 크지 않을 경우에 그것이 2일 것이라는 주장이 옳지 않다고 여기는 것이다.

반례 1에 나오는 결론이 왜 받아들일 만하지 않다고 여겨지는지도 똑같은 방식으로 설명할 수 있다. 우리가 염두에 두는 상황에서 결론의 조건부 확률이 높은지 낮은지는 다음 그림에서 쉽게 읽어 낼 수 있다.

Q(레이건이 승리)	~Q	
~R	R	~R

그림에서 분명하듯이, ~Q에서 R이 차지하는 비중은 ~R이 차지하는 비중보다 낮으며, 바로 이 때문에 우리는 결론이 옳지 않다고 여기는 것이다.

이상의 논의를 통해, 우리는 제시된 반례의 경우 결론이 받아들일 만하지 않다고 생각하는 데는 조건문의 이해와 관련해 두 가지 요소가 들어 있다는 점을 알 수 있다. 하나는 조건문의 주장 가능성, 즉 조건문이 받아들일 만한지 여부는 조건부 확률에 달려 있다는 '아담스 논제'이다. 이를 간단하게 식으로 표시하면 다음과 같다.

(1) $\Pr(A \rightarrow C) = \Pr(C \mid A)$

또 하나의 요소는 조건부 확률은 확률들의 비율이라는 논제이다. 이는 간단히 다음과 같이 표현된다.

(2) $\Pr(C \mid A) = \Pr(A \,\&\, C)/\Pr(A)$

이제 아직 살펴보지 않은 첫 번째 전제를 보기로 하자. 두 예에서 첫 번째 전제는 조건문의 후건이 다시 조건문 형태인 것들로, 우리는 이 두 전제가 논란의 여지 없이 참으로 여겨진다고 했다. 어떤 주장이 확실하다고 생각된다는 말은 그것을 확률을 나타내는 주장으로 이해할 경우 그것의 확률이 1이라고 생각된다는 의미이다. 그러면 도대체 우리는 첫 번째 전제를 어떤 식으로 이해하기에 이 주장이 확률이 1이라고 보는 것일까? 결론을 이해할 때 그렇게 했듯이, 여기서도 우리가 조건문의 주장 가능성을 조건부 확률에 달려 있다고 보기 때문이라고 할 수 있다. 다만 결론에 나오는 단순 조건문과 달리, 첫 번째 전제에 나오는 조건문은 중첩 조건문이라는 점에서 차이가 있을 뿐이다.

첫 번째 전제의 조건부 확률을 파악하기 위해 우리는 대략 다음과 같은 사고 절차를 거친다고 할 수 있다. 먼저 "주사위를 던져 나온 수가 짝수일 경우, 그것이 3보다 크지 않다면 그것은 2일 것이다"를 "주사위를 던져 나온 수가 짝수이고 그것이 3보다 크지 않다면, 그것은 2일 것이다"와 같은 의미를 지닌다고 본다. 그런 다음 이 문장의 주장 가능성은 다음과 같은 조건부 확률, 즉 주사위를 던져 나온 수가 짝수이면서 그것이 3보다 크지 않다는 조건하에서 그것이 2일 확률에 달려 있다고 본다. 이때 짝수이면서 3보다 크지 않은 주사위의 수는 2뿐이므로 경우의 수가 하나이고, 주사위를 던져 2가 나오는 경우의 수도 하나이므로, 결국 이 주장의 조건부 확률은 $1/1 = 1$이 된다. 이런 식으로 생각하기 때문에 우리는 첫 번째 전제가 의심의 여지 없이 참이라고 본 것이다.

이제 이런 고려 사항을 앞서와 같은 그림으로 나타내 보자.

P(2, 4, 6)			~P(1, 3, 5)	
Q(4, 6)		~Q(2, 1, 3)		Q(5)
~R	R(2)		~R	

이 그림을 기준으로 본다면, 반례 2의 결론의 주장 가능성을 평가할 때 ~Q가 성립하는 영역 가운데 R이 성립하는 영역이 어느 정도인지를 우리가 고려하듯이, 마찬가지로 첫 번째 전제의 주장 가능성을 평가할 때 우리는 P와 ~Q가 모두 성립하는 영역 가운데서 R이 성립하는 영역이 어느 정도인지를 고려한다. 우리 그림에서 이는 동일한 영역으로 나타나며, 그래서 우리의 애초 예상처럼 확률이 1임을 알 수 있다.

똑같은 설명을 반례 1의 첫 번째 전제를 두고서도 할 수 있다. 그 경우 그림은 다음과 같다.

P(공화당 후보가 승리)		~P	
Q(레이건이 승리)		~Q	
~R	R	~R	

이때도 공화당 후보가 승리하지만 레이건이 승리하지는 않는다는 조건 아래에서 앤더슨이 승리할 확률은 1로 나타난다는 사실을 볼 수 있다.

앞의 논의를 통해 우리는 반례 1과 2의 첫 번째 전제가 의심의 여지 없이 참이라고 생각하는 데는 조건문에 대한 이런 특정한 이해가 전제되어 있다는 사실을 확인할 수 있다. 특히 첫 번째 전제의 이해와 관련해서는 앞서 본 두 가지 논제 외에 다음 논제가 추가로 들어 있다고 할 수 있다.

(3) A → (B → C) ⊣⊢ (A & B) → C

이 논제는 '이입이출 원리' 이다.

지금까지의 논의 결과를 반 멕기의 반례 1을 중심으로 정리해 보면 다음과 같다.

반례 1
공화당 후보가 선거에서 이길 경우, 승자가 레이건이 아니라면 승자는 앤더슨일 것이다.
공화당 후보가 선거에서 이길 것이다.
따라서 승자가 레이건이 아니라면 승자는 앤더슨일 것이다.

이 반례의 모형은 다음과 같다.

P(공화당 후보가 승리)		~P	
Q(레이건이 승리)		~Q	
~R	R	~R	

바로 위의 모형에서 첫 번째 전제는 주장 가능성이 아주 높다. 사실 그림에서 드러나듯이 그것의 확률은 1이다. P와 ~Q가 모두 성립하는 영역의 크기는 정확히 R이 성립하는 영역의 크기와 같기 때문이다. 이것으로 우리는 왜 첫 번째 전제가 논란의 여지가 없다고 생각되었는지를 밝힌 셈이다. 그리고 두 번째 전제가 받아들일 만하다는 점은 그림에서

P의 면적이 ~P의 면적보다 크다는 데서 드러난다. 끝으로 결론이 받아들일 만하지 않다는 점은 ~Q일 경우 R의 조건부 확률, 즉 ~Q인 영역에서 R이 차지하는 영역의 비율이 작다는 사실에 나타나 있다. 결국 반례가 반례로 여겨지는 이유는 우리가 앞에서 나열한 조건문에 대한 특정한 이해와 관련된 논제인 (1), (2), (3)을 받아들이기 때문이라는 점을 알 수 있다.

애초에 반 멕기는 반례 1 이외에도 다른 반례를 두 개 더 제시하였으며, 아담스 또한 나름의 반례를 제시하였다. 이제 우리는 지금까지의 분석이 이런 다른 반례에도 그대로 적용된다는 점을 보이기로 하겠다. 이를 위해 다른 반례들을 차례로 살펴보자. 반 멕기가 제시한 또 다른 반례 하나는 다음이다.

반례 3

저 짐승이 물고기일 경우, 그것이 폐가 있다면 그것은 폐어(lungfish)이다.

저 짐승은 물고기이다.

따라서 저 짐승이 폐가 있다면 그것은 폐어이다.

폐어는 아주 희귀한 물고기이다. 이 예에서도 첫 번째 전제는 의심의 여지가 없어 보이지만, 결론은 받아들일 만하지 않다고 생각된다. 앞서와 같은 방식으로 이 예의 모형을 그림으로 나타내면 다음과 같다.

P(물고기)		~P	
~Q		Q(폐가 있는 것)	
~R		R(폐어)	~R

반 멕기가 제시한 마지막 반례는 다음이다.[16]

반례 4

오토 아저씨가 금광을 발견한 것이 아닐 경우, 그가 벼락부자가 되었다면
그는 은광을 발견한 것일 것이다.

오토 아저씨가 금광을 발견한 것이 아니다.

따라서 오토 아저씨가 벼락부자가 되었다면 그는 은광을 발견한 것일 것
이다.

반례 3과 마찬가지로 이 경우에도 첫 번째 전제는 받아들일 만하지만
결론은 그렇지 않다. 이 경우 모형은 다음과 같고, 첫 번째 전제의 확률
은 높지만 결론은 확률이 낮음을 알 수 있다.

P(금광)		~P	
Q(벼락부자)		~Q	
~R	R(은광)	~R	

나머지 한 반례는 아담스가 제시한 것이다.[17]

반례 5

저것이 개일 경우, 저것이 500파운드가 나간다면 저것은 500파운드 개다.

저것은 개다.

---

16 이 경우 약간의 배경 설명이 필요하다. 오토네 집 근처에 금광과 은광이 있었고,
오토가 집 뒤뜰을 파 보는 상황이다.

17 Adams (1998), p. 269.

따라서 저것이 500파운드가 나간다면 저것은 500파운드 개다.

이 경우 어둑어둑한 시간에 개처럼 보이는 한 물체를 보고 이야기를 하는 상황으로, 무게가 500파운드나 나가는 개는 아주 드물다. 여기에 나온 모형은 다음과 같다.

P(개)		~P
~Q		Q(500파운드인 것)
~R	R	~R

여기서도 첫 번째 전제는 확실한 참으로 보이지만, 결론은 확률이 아주 낮아 근거 없는 주장으로 나타남을 볼 수 있다.

이제 우리는 반례가 생성되는 일반적 구조를 정식화할 수 있다. 반례가 생겨나는 전건 긍정규칙은 다음과 같은 특정 형태이다.

A → (B → C), A ⊢ B → C

이 추론의 전제는 받아들일 만하지만 결론은 그렇지 않은 반례가 생겨나는 것은 다음과 같이 확률이 분포되어 있는 경우이다.

A		~A
~B		B
~C	C	~C

그러면 왜 이 경우 전제들은 받아들일 만한데 결론은 그렇지 않은 이런 결과가 생겨나는 것일까? 다시 한번 반례가 생겨나는 구조를 자세히

보자.

첫 번째 전제의 주장 가능성을 판단할 때, 우리는 A와 B가 모두 참이 되는 영역 가운데 C가 참이 되는 영역이 얼마나 되는지를 고려한다.[18] 다시 말해 우리는 "A일 경우, B이면 C"라는 중첩 조건문의 주장 가능성을 평가할 때, 이를 "A이고 B이면 C"와 같은 주장으로 이해하고, 그런 다음 이 후자의 주장 가능성은 조건부 확률에 달려 있는 것으로 이해한다. 이때 그림에서 조건부 확률은 절대적 확률과 달리 면적이 아니라 면적들의 비율로 나타난다는 점도 주목할 만하다. 조건부 주장의 주장 가능성을 평가할 때 우리는 전건이 모두 만족되는 상황에서 후건이 만족되는 경우가 어느 정도인지를 고려하므로, 이때 전건이 만족되지 않는 상황은 고려 대상에서 완전히 제외되게 된다. 우리 그림을 기준으로 볼 때, A나 B 자체가 각각 따로 얼마만큼의 면적을 차지하고 있는가는 아무런 역할을 하지 못하며, A와 B가 모두 참이 되는 영역에서 C가 참이 되는 영역의 비중이 어느 정도인지가 첫 번째 전제의 주장 가능성을 결정한다.

둘째 전제의 경우 우리는 이것의 주장 가능성을 평가할 때 A가 참이 되는 면적이 얼마나 넓은지를 고려한다. 여기서 우리는 절대적 확률과 조건부 확률의 차이를 뚜렷이 볼 수 있다.

결론의 주장 가능성을 평가할 때, 우리는 조건문인 결론이 조건부 확률을 표현한다고 이해하며, 조건부 확률은 우리 그림에서 면적들의 비율로 표현된다고 생각한다. 그러므로 B가 참이 되는 영역 가운데 C가 참이 되는 영역이 얼마나 되는지를 고려한다. 여기서도 역시 ~B가 참

---

18 모형만을 염두에 둔다면, 첫 번째 전제의 확률이 꼭 1일 필요는 없다는 점을 알 수 있다. A이고 B인 영역에서 C의 비중이 적절히 높기만 하면 된다.

이 되는 영역은 고려 대상에서 완전히 제외된다는 사실을 알 수 있다.
바로 이런 이유 때문에 아래와 같이 확률이 분포되어 있을 경우에도 결
론인 "B이면 C"의 주장 가능성은 아주 낮은 것으로 여겨지게 된다.

A			~A
~B		B	
~C	C		~C

다시 말해 조건부 확률의 주장 가능성은 전건이 참인 경우에 후건이 참
인 비율로 철저하게 결정된다는 점이다. C 자체가 아무리 확률이 높다
고 하더라도 B가 참일 때 C가 차지하는 비율은 낮을 수 있고, 이 경우
조건부 확률은 낮다고 평가된다.

이상의 논의를 통해 우리는 반 멕기 식의 반례를 어떻게 무수히 만들
어 낼 수 있을지 알게 되었다. 앞에 그림으로 나온 모형에서 분명하듯
이, A와 B 두 조건이 동시에 만족될 경우에는 거의 확실하게 C가 발생
하고, A가 발생할 확률도 높지만, B가 만족된다고 C가 만족되지는 않
는 예를 들면 된다. 단순하게 말한다면, 두 조건이 동시에 만족될 경우
에는 가능성이 높지만, 한 조건만 만족되어서는 가능성이 극히 낮은 예
를 들면 된다.

지금까지 우리는 다음 세 원리를 모두 받아들이면 반 멕기 식의 반례
가 생겨나게 된다는 것을 확인하였다.

(1) $\Pr(A \rightarrow C) = \Pr(C \mid A)$

   - 조건문의 확률은 조건부 확률이다.

(2) $\Pr(C \mid A) = \Pr(A \,\&\, C)/\Pr(A)$

- 조건부 확률은 확률들의 비율이다.
(3) A → (B → C) ⊣⊢ (A & B) → C
- 이입이출 원리가 타당하다.

그러면 이로부터 우리는 어떤 결론을 내려야 할까? 다양한 선택지가
있을 것 같다.

반 멕기의 반례가 진정한 반례라고 생각하는 사람이라면, 전건 긍정
규칙을 버리자고 할 것이다. 이것도 가능한 한 가지 방안이다. 그런데
전건 긍정규칙은 우리가 행하는 일상적 추리뿐만 아니라 학문적 추리
에서도 아주 중요한 역할을 하는 추론 방식이다. 이 추론 방식이 보편
적으로 타당한 것은 아님을 인정하는 데는 다소 조심스런 태도를 취할
필요가 있다.

한편 반례를 가능한 한 받아들이지 않으려고 하는 사람이라면, 세 원
리 가운데 적어도 하나는 버려야 한다. 이때는 세 가지 선택지가 있다.
첫째, 반례를 초래하는 것으로 보아 조건문의 확률이 조건부 확률이라
는 주장을 버리는 방안이다. 루이스의 사소함 결과는 이 방안을 지지해
주는 또 다른 논거가 될 것이다. 앞서도 말했듯이, 이 방안을 택할 경우
다른 대가를 치러야 한다는 점도 고려해야 한다. 둘째, 반례를 초래하
는 것으로 보아 조건부 확률이 비율로 표현되는 확률이라는 주장을 버
리는 방안이다. 우리가 이미 여러 차례 보았듯이, 조건부 확률은 다른
절대적 확률과 달리 독특한 성격을 지닌다. 실제로 조건부 확률이 과연
확률인지를 두고서도 논란이 있다. 하지만 이 방안을 택한다면 조건부
확률에 대한 정통적 견해를 대체해야 하는 새로운 부담을 지게 될 것이
다. 셋째, 반례를 초래하는 것으로 보아 이입이출 원리를 버리는 방안

이다. 이 방안은 다른 두 방안에 비해 파급효과가 비교적 적다고 할 수
있다.

9.3 문제의 원인?

우리는 앞서 반 멕기의 예가 전건 긍정규칙의 반례로 여겨지는 데는 조
건문에 대한 특정한 이해 세 가지가 개입되어 있다는 점을 확인하였다.
이 세 요소에 반 멕기가 강조한 반례의 '독특한 논리적 형식'에 주목한
다면, 우리는 반례의 발생과 관련해 한 걸음 더 진전된 이해에 도달할
수 있을 것으로 보인다. 반 멕기는 전건 긍정규칙의 반례가 발생하는
것은 "$A \rightarrow C, A \vdash C$"와 같은 임의의 전건 긍정규칙 형태가 아니라
특정 형태의 전건 긍정규칙임을 분명히 하고 있다. 그가 말하는 독특한
논리적 형식의 전건 긍정규칙은 우리가 이미 기호화했듯이, "$A \rightarrow (B
\rightarrow C), A \vdash B \rightarrow C$"라는 특정 형태를 지닌 것이다. 달리 말해, 반례가
발생하는 전건 긍정규칙의 형태는 중첩 조건문이 나오는 경우에 국한
되지 단순 조건문만 나온다면 전건 긍정규칙의 반례는 있을 수 없다는
것이다.

　실제로 조건문의 확률을 조건부 확률로 보고 나아가 조건부 확률을
확률들의 비율로 보더라도, 단순 조건문만 나온다면 전건 긍정규칙의
반례란 원리상 있을 수 없다는 점을 우리가 증명해 낼 수 있다. 이를 보
기 위해 아담스가 제시한 증명을 따라가 보자.[19] 다음과 같은 벤 다이어
그램을 생각해 보자.

---

19   Adams (1998), p. 125 참조.

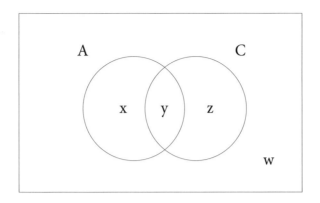

여기서 x, y, z, w는 각 영역의 확률값을 나타낸다고 하자. 아담스의 이론을 다룰 때 보았듯이, 우리는 타당성의 기준을 진리 보존이 아닌 확률 보존으로 새로이 규정할 수 있다. 그가 제시한 기준은 다음이었다.

어떤 추리가 타당하다
= 결론이 거짓일 확률이 전제가 거짓일 확률의 합보다 크지는 않다.

"$A \to C, A \vdash C$"라는 전건 긍정규칙에 이 확률 보존을 타당성을 판별하는 기준으로 적용해 다시 표현하면 다음과 같다.

(1) $u(C) \leq u(A) + u(A \to C)$[20]

---

20 여기서 'u'는 '거짓일 확률'을 뜻한다. 아담스는 이 기준을 Adams (1975), p. 2 에서 다음과 같이 표현했다. "if an inference is truth-conditionally sound, then the uncertainty of its conclusion cannot exceed the sum of the uncertainties of its premises (where 'uncertainties' is here defined as probability of falsity...)." 한편 Adams (1998)에서는 이 기준을 'the uncertainty sum condition'이라 부른다.

우리는 (1)이 성립함을 보이면 된다. 우선 위의 벤 다이어그램으로부터
다음을 알 수 있다.

$$u(C) = x + w$$
$$u(A) = z + w$$
$$u(A \rightarrow C) = x / x + y$$

따라서 우리는 다음이 성립함을 보이면 된다.

(2) $x + w \leqq z + w + (x / x + y)$

그런데 여기 나오는 x, y, z, w는 0부터 1 사이의 실수값이므로 명백히
다음이 성립한다.

(3) $x \leqq x / x + y$

따라서 (2)가 성립하며, 결국 (1)도 성립한다. 그러므로 전건 긍정규칙
의 반례란 있을 수 없다는 점을 알 수 있다.

   확률 보존의 기준을 다른 것으로 잡더라도 단순 조건문이 나올 경우
반례가 있을 수 없다는 점을 우리는 확인할 수 있다. 아담스는 전건 긍
정규칙에 적용했을 때, 다음과 같이 표현되는 또 하나의 기준을 타당성
의 기준으로 제시한 바 있다.[21]

---

21   Adams (1998), p. 125 참조.

(4) $Pr(C) \geqq Pr(A) \times Pr(A \rightarrow C)$

앞서처럼 위의 다이어그램으로부터 다음을 알 수 있다.

$Pr(C) = y + z$

$Pr(A) = x + y$

$Pr(A \rightarrow C) = y / x + y$

따라서 우리는 다음이 성립함을 보이면 된다.

(5) $y + z \geqq (x + y) \times (y / x + y)$

그런데 여기 나오는 x, y, z, w는 0부터 1 사이의 실수값이므로 명백히 다음이 성립한다.

(6) $y + z \geqq y$

따라서 (5)가 성립하며, 결국 (4)도 성립한다. 결국 단순 조건문만 나오는 경우라면 조건문의 확률을 조건부 확률로 이해하고 나아가 조건부 확률은 확률들의 비율로 정해진다는 것을 받아들이더라도, 타당성을 판별하는 확률 보존의 기준을 위의 두 가지 가운데 어떤 것으로 잡든지 간에 전건 긍정규칙의 반례란 있을 수 없다는 점을 알 수 있다.

이런 형식적 결과는 무엇을 말해 주는 것일까? 이런 결과는 반 멕기의 반례가 발생하는 원인은 중첩 조건문과 관련한 어떤 원리 때문이라는 점을 시사한다고 볼 수 있다. 단순 조건문만 나오는 경우 이입이출 원리는 사용되지 않고 반례도 생겨나지 않는 반면, 중첩 조건문이 나오는 경우에는 이입이출 원리가 사용되고 있고 반례도 생겨나기 때문이다. 물론 이런 결과로부터 이입이출 원리가 문제의 원인이라고 바로 단정할 수는 없다. 단순 조건문일 때는 문제를 일으키지 않던 두 원리, 즉 조건문의 확률은 조건부 확률이라는 것과 조건부 확률은 확률들의 비율이라는 원리가 중첩 조건문이 등장할 경우에 어떤 식으로 문제를 일으킬 가능성을 완전히 배제할 수는 없기 때문이다. 그렇다 하더라도 지금까지의 논의 결과는 적어도 반 멕기가 제시한 반례의 원인은 이입이출 원리에 있다는 점을 시사한다고 할 수 있다.

과다 생성, 조건부 확률,
그리고 조건 증명

10.1 과다 생성과 조건부 확률

진리함수적 분석에 따르면, 아래의 질료적 함축의 역설 두 가지와 대우
규칙, 가언 삼단논법은 모두 타당한 추론이다.

$\sim A \vdash A \supset C$

$C \vdash A \supset C$

$A \supset C \vdash \sim C \supset \sim A$

$A \supset B, B \supset C \vdash A \supset C$

하지만 1장에서 보았듯이, 이런 형식의 추론 가운데는 반직관적 결과
들이 있었다. 한편 스톨네이커의 체계나 아담스의 체계에서는 이들 추
론을 모두 부당한 것으로 평가한다.

$\sim A \nvdash A \to C$

$C \nvdash A \to C$

$A \to C \nvdash \sim C \to \sim A$

$A \to B, B \to C \nvdash A \to C$

우리는 확률 모형을 통해 이들 추리의 반례가 있음을 확인하였다(4.2.2
절 참조). 그렇다면 우리는 어떤 평가를 내려야 할까? 이를 다루는 것
이 이 장의 목적이다.

먼저 스톨네이커나 아담스의 체계에서도 다음 추론은 모두 타당하다
는 점을 주목하는 데서 논의를 시작하기로 하자.

$\sim A, A \vdash C$

$C, A \vdash C$

$A \to C, \sim C \vdash \sim A$

$A \to B, B \to C, A \vdash C$

첫 번째는 EFQ, 두 번째는 연언 제거규칙에 해당한다고 할 수 있고, 세
번째는 후건 부정규칙의 추론이다. 네 번째는 일정한 이름은 없지만 타
당하다.

지금까지 본 네 가지 이외에 이들과 아주 흡사한 성격을 지닌 것이
더 있다. 일상적 조건문을 질료적 조건문으로 여긴다면 다음은 모두 타
당하다.

$A \lor C \vdash \sim A \supset C$

$$\sim(A \mathbin{\&} C) \vdash A \supset \sim C$$

하지만 OTI인 첫 번째와 OTI의 변종이라고 할 수 있는 두 번째 추론
은 스톨네이커나 아담스의 체계에서는 모두 부당하다.

$$A \lor C \nvdash \sim A \rightarrow C$$

$$\sim(A \mathbin{\&} C) \nvdash A \rightarrow \sim C$$

물론 이들의 논리 체계에서도 선언 삼단논법을 포함한 다음은 모두 타
당한 추론이다.

$$A \lor C, \sim A \vdash C$$

$$\sim(A \mathbin{\&} C), A \vdash \sim C$$

여기 나오는 여섯 개의 추론[1]이 보이는 특징을 한꺼번에 정리하면 다음
과 같다.

진리함수적 조건문 (표준적인 논리 체계)		일상적 조건문 (스톨네이커나 아담스의 논리 체계)	
(가)	(나)	(다)	(라)
$\sim A, A \vdash C$	$\sim A \vdash A \supset C$	$\sim A, A \vdash C$	$\sim A \nvdash A \rightarrow C$
$C, A \vdash C$	$C \vdash A \supset C$	$C, A \vdash C$	$C \nvdash A \rightarrow C$

---

1   원한다면 우리는 앞 장에서 본 중첩 조건문이 나오는 전건 긍정규칙도 이 목록에
추가할 수 있다.

A ⊃ C, ~C ⊢ ~A	A ⊃ C ⊢ ~C ⊃ ~A	A → C, ~C ⊢ ~A	A → C ⊬ ~C → ~A
A ⊃ B, B ⊃ C, A ⊢ C	A ⊃ B, B ⊃ C ⊢ A ⊃ C	A → B, B → C, A ⊢ C	A → B, B → C ⊬ A → C
A ∨ C, ~A ⊢ C	A ∨ C ⊢ ~A ⊃ C	A ∨ C, ~A ⊢ C	A ∨ C ⊬ ~A → C
~(A & C), A ⊢ ~C	~(A & C) ⊢ A ⊃ ~C	~(A & C), A ⊢ ~C	~(A & C) ⊬ A → ~C

이 표에서 우리는 몇 가지 사항을 주목해 볼 수 있다. 첫째, 결론에 조건문이 나오지 않는다면, 전제에 나오는 질료적 조건문(⊃)을 일상적 조건문(→)으로 바꾸더라도 타당성은 여전히 유지된다. 이는 (가)와 (다)를 비교해 보면 알 수 있다. 둘째, 결론에 조건문이 나올 경우 결론에 나오는 질료적 조건문을 일상적 조건문으로 바꾸면 타당성은 유지되지 않는다. 이는 (나)와 (라)를 비교해 보면 알 수 있다. 셋째, 질료적 조건문에 대해 조건 증명이 성립하지만, 일상적 조건문에 대해서는 조건 증명이 성립하지 않는다. 이는 (가)와 (나)를 비교하고, 또한 (다)와 (라)를 비교해 보면 알 수 있다. 이런 공통점과 규칙성은 우연적인 것으로 보이지 않는다. 이를 좀 더 자세히 논의해 보자.

먼저 타당성 관계가 지닌 다음과 같은 성질에 주목해 보자.

$A_1, A_2, ..., A_n$ ⊢ C이고 K_1 ⊢ A_1이면, $K_1, A_2, ..., A_n$ ⊢ C가 성립한다.

$A_1, A_2, ..., A_n$ ⊢ C이고 C ⊢ K_2이면, $A_1, A_2, ..., A_n$ ⊢ K_2가 성립한다.

위의 두 일반 원리는 각각 전제를 더 강한 것으로 바꾸거나 결론을 더 약한 것으로 바꾸더라도 추론의 타당성은 여전히 유지된다는 것을 의

미한다. 바꾸어 말해 이는 전제를 더 약한 것으로 바꾸거나 결론을 더
강한 것으로 바꾼다면 타당성 관계가 깨질 수 있다는 것을 의미한다.

위의 여섯 개 추론에서 볼 수 있는 처음 두 특성은 위의 일반 원리에
비추어 해석할 수 있다. 가령 (가)가 성립할 때 (다)도 성립하는 이유
는 (가)의 전제에 나오는 진리함수적 조건문(⊃)을 그보다 강한 일상
적 조건문(→)으로 바꾸었기 때문이라고 할 수 있다.

(가)	(다)
A ⊃ C, ~C ⊢ ~A	A → C, ~C ⊢ ~A
A ⊃ B, B ⊃ C, A ⊢ C	A → B, B → C, A ⊢ C

그리고 (나)는 성립하지만 (라)는 성립하지 않은 이유는 (나)의 결론에
나오는 진리함수적 조건문을 그보다 강한 일상적 조건문으로 바꾸었기
때문이라고 할 수 있다.

(나)	(라)
~A ⊢ A ⊃ C	~A ⊬ A → C
C ⊢ A ⊃ C	C ⊬ A → C
A ∨ C ⊢ ~A ⊃ C	A ∨ C ⊬ ~A → C
~(A & C) ⊢ A ⊃ ~C	~(A & C) ⊬ A → ~C

이런 해석이 옳다면, 이 결과는 스톨네이커나 아담스의 논리 체계에
서는 논란 없는 원리를 받아들이고 있다는 것을 간접적으로 말해 준다
고 할 수 있다.

(논란 없는 원리) A → C ⊢ A ⊃ C

나아가 우리는 이것의 역인 이행 원리는 이들 두 체계가 받아들이지 않는다는 것을 알 수 있다.

(이행 원리) $A \supset C \nvdash A \rightarrow C$

받아들인다면 일상적 조건문이 결론에 나오는 추론들인 (라)가 부당하게 될 리가 없을 것이기 때문이다.

아담스의 논리 체계에서 채택한 확률 보존으로서의 타당성 기준에 비추어 보더라도 우리는 마찬가지 결론을 얻을 수 있다.[2] 우리가 이미 보았듯이, 그 체계에서 (그리고 일반적으로 조건문의 확률을 조건부 확률로 보는 이론에서는) 다음이 성립한다.

$Pr(A \rightarrow C) \leq Pr(A \supset C)$

앞서 우리는 이를 조건부 확률과 확률 계산 규칙으로부터 도출했지만(4.2.1절 참조), 이는 곧 논란 없는 원리를 받아들이는 것을 의미한다고 해석할 수도 있다. 왜냐하면 일반적으로 다음이 성립하기 때문이다.

$A \vdash B$이면, $Pr(A) \leq Pr(B)$

이처럼 여기 나오는 추론 형식이 보이는 공통점은 우연의 일치가 아니

---

2   Edgington (1995a), pp. 285-6 참조. 에징톤이 타당성의 특성을 구체적으로 언급하고 있지 않지만 이를 전제하고 논의를 하는 것으로 보인다.

며 타당성 관계가 지니는 구조적 특성에 근거한 것임을 알 수 있다.

결론에 일상적 조건문이 나올 때 그것이 왜 아담스 체계에서 부당한 추론이 되는지, 즉 (나)는 타당하지만 (라)는 왜 부당한지도 비슷한 방식으로 해명할 수 있다. 아담스 체계에서는 다음이 성립하므로,

$$Pr(A \rightarrow C) \leqq Pr(A \supset C)$$

확률 보존으로서의 타당성 기준을 적용할 때 우리가 따져 볼 것은 결론이 거짓일 가능성으로, 이는 1에서 뺀 확률값이다.

$$1 - Pr(A \rightarrow C) \geqq 1 - Pr(A \supset C)$$

이를 아담스의 확률 보존으로서의 타당성 기준에 맞추어 '비개연적'일 가능성으로 표현한다면 다음과 같다.

$$u(A \rightarrow C) \geqq u(A \supset C)$$

이는 결론에 조건문이 나올 경우 일상적 조건문인 결론이 거짓일 가능성이 질료적 조건문인 결론이 거짓일 가능성보다 더 크다는 것을 의미하고, 이 때문에 결론에 일상적 조건문이 나오는 추론은 부당하게 된다는 것을 말해 준다.

10.2 과다 생성과 조건 증명

앞서 우리가 본 것은 타당성 관계가 지닌 두 가지 구조적 특성에 비추어 해석한 것들이었다. 이제 세 번째 특성을 살펴보자. 이는 질료적 조건문에 대해서는 조건 증명이 성립하지만 일상적 조건문에 대해서는 그것이 성립하지 않는다고 하는 규칙성이다. 흥미롭게도 이 규칙성은 여기 나온 6개 모두에 해당한다는 점에서, 앞서 본 타당성 개념의 구조적 특성에 비추어 해석할 수 있었던 특징과도 대비된다.

(가)	(나)	(다)	(라)
$\sim A, A \vdash C$	$\sim A \vdash A \supset C$	$\sim A, A \vdash C$	$\sim A \nvdash A \to C$
$C, A \vdash C$	$C \vdash A \supset C$	$C, A \vdash C$	$C \nvdash A \to C$
$A \supset C, \sim C$ $\vdash \sim A$	$A \supset C$ $\vdash \sim C \supset \sim A$	$A \to C, \sim C$ $\vdash \sim A$	$A \to C$ $\nvdash \sim C \to \sim A$
$A \supset B, B \supset C, A$ $\vdash C$	$A \supset B, B \supset C$ $\vdash A \supset C$	$A \to B, B \to C, A$ $\vdash C$	$A \to B, B \to C$ $\nvdash A \to C$
$A \lor C, \sim A$ $\vdash C$	$A \lor C$ $\vdash \sim A \supset C$	$A \lor C, \sim A$ $\vdash C$	$A \lor C$ $\nvdash \sim A \to C$
$\sim(A \& C), A$ $\vdash \sim C$	$\sim(A \& C)$ $\vdash A \supset \sim C$	$\sim(A \& C), A$ $\vdash \sim C$	$\sim(A \& C)$ $\nvdash A \to \sim C$

에징톤이 주목했듯이[3] 이 차이는 조건 증명을 받아들이느냐에 따라 생긴다고 할 수 있다. 이는 부인할 수 없는 사실이지만, 우리 문제에 대한 충분한 대답은 아닌 것 같다. 왜냐하면 우리는 질료적 조건문에 대해서는 조건 증명이 성립하는 데 반해 왜 일상적 조건문의 경우에는 그것이

---

3 Edgington (1995a), p. 286.

성립하지 않는가를 여전히 물을 수 있기 때문이다.

　아마도 한 가지 대답은 결론에 나오는 일상적 조건문의 확률을 조건부 확률로 이해하는 데서 그런 차이가 궁극적으로 연유한다고 답하는 것이다. 우리는 앞 절에서 결론에 일상적 조건문이 나올 경우 그것이 거짓일 확률은 더 높아진다는 점을 확인하였다. 하지만 언뜻 보면 이 대답 또한 충분하다고 할 수 없을 것 같다. 왜냐하면 아래 (라)에 나오는 두 추론은 (나)의 추론에서 결론에 나오는 조건문만을 일상적 조건문으로 바꾼 것(가령 "A ⊃ C ⊬ ~C → ~A")이 아니라 전제에 나오는 조건문도 일상적 조건문으로 바꾼 것이기 때문이다.

(가)	(나)	(다)	(라)
A ⊃ C, ~C ⊢ ~A	A ⊃ C ⊢ ~C ⊃ ~A	A → C, ~C ⊢ ~A	A → C ⊬ ~C → ~A
A ⊃ B, B ⊃ C, A ⊢ C	A ⊃ B, B ⊃ C ⊢ A ⊃ C	A → B, B → C, A ⊢ C	A → B, B → C ⊬ A → C

다시 말해, 결론을 일상적 조건문으로 강화했을 뿐만 아니라 전제도 그에 맞추어 강화한 것인데도 왜 (라)의 두 추론이 부당한 추론이 되는지에 대해 설명이 필요하다고 요구할 수 있다. 가령 후건 부정규칙은 타당한 추론이라고 하면서 왜 대우규칙은 부당하다고 볼 수 있는지는 설명이 필요해 보인다.

　우리는 이미 아담스 체계에서 확률 모형을 통해 이들 추론의 경우 반례가 있음을 보았다. 이때 우리는 조건문의 확률이 조건부 확률임을 전제했다. 따라서 일상적 조건문의 경우 조건 증명이 부당한 추론이 되는 궁극적인 이유는 조건문의 확률을 조건부 확률로 여기기 때문이라는 것이 여전히 유효한 대답이라고 할 수 있다. 더 정확하게는, 조건부 확률로 이해되는 일상적 조건문의 확률은 언제나 질료적 조건문의 확률보다 작거나 같고, 이에 따라 결론에 일상적 조건문이 나올 경우 그것이 거짓일 확률은 질료적 조건문이 나오는 경우보다 더 크거나 같기 때문에 반례가 생겨난다는 것이다.

10.3 이입이출 원리 및 기타

조건문이 결론에 나오는 추리 가운데 이 장에서 우리가 아직 다루지 않은 것이 있다. 그것은 전건 강화규칙과 이입이출 원리이다.

$$A \rightarrow C \nvdash (A \,\&\, B) \rightarrow C$$
$$(A \,\&\, B) \rightarrow C \nvdash A \rightarrow (B \rightarrow C)$$

우리는 이런 추리 형식의 사례 가운데도 반직관적 결과가 있다는 점을 1장에서 이미 보았고, 전건 강화규칙은 아담스 체계에서도 부당한 추론임을 반례 모형을 통해 확인했다.

이들 둘을 여기서 따로 다루는 데는 나름의 이유가 있다. 우선 전건 강화규칙은 자연연역 체계에서 조건 증명을 이용해 쉽게 증명할 수 있다. 하지만 다음에서 보듯이, 우리는 이를 가언 삼단논법의 특수 사례로 여길 수도 있다.

$$A \rightarrow C \vdash (A \,\&\, B) \rightarrow C$$
$$(A \,\&\, B) \rightarrow A, \; A \rightarrow C \vdash (A \,\&\, B) \rightarrow C$$

가언 삼단논법에서 첫 번째 전제가 항진명제이므로 이를 생략한 형태
라고 말할 수 있기 때문이다.[4] 이 점에서 이를 더 다루지는 않겠다.

이입이출 원리를 앞에서 다루지 않은 이유는 거기에 중첩 조건문이
나오기 때문이다. 중첩 조건문이 나오는 식은 아담스 체계에서는 올바
른 식이 아니다. 그러므로 아담스 체계에서는 이 원리의 타당성과 관련
해서는 특별한 입장이 없다. 하지만 스톨네이커 체계에서는 이입원리
와 이출 원리는 모두 성립하지 않는다. 1장에서 우리는 다음과 같은 예
를 보았다.

(1) 내일 비나 눈이 오는데 비가 오지 않으면, 눈이 올 것이다.

(2) 내일 비나 눈이 올 경우, 비가 오지 않으면 눈이 올 것이다.

에징톤은 (1)은 참이지만 (2)가 거짓인 상황으로 다음을 든다.[5] 가령
때는 우리나라 여름철이라고 생각하고, 아주 가까운 가능세계에서 비
가 올 가능성은 있지만 눈이 올 가능성이 있는 가능세계는 아주 멀리
있다고 해보자. 이 경우 비나 눈이 오는 가장 가까운 가능세계에서는
모두 비는 오지만 눈은 오지 않을 것이다. 그러면 우선 (2)의 전건을 참
으로 만들면서 현실세계와 가장 가까운 가능세계는 비나 눈이 오는 가
능세계일 텐데, 이 가능세계는 우리가 가정하고 있는 상황을 염두에 둘

---

4   앞서 4.2.2절에서 말했듯이, 질료적 함축의 역설 C ⊢ B → C는 다시 전건 강화규
칙 A → C ⊢ (A & B) → C의 'A'가 항진명제인 특수 사례라고 볼 수 있다. 이런 관
계를 종합하면 기본적인 추론은 가언 삼단논법이고, 전건 강화규칙과 질료적 함축의 역
설은 파생적인 추론 방식이라 할 수 있다.

5   Edgington (1995a), p. 282 참조.

때, 비가 오는 가능세계일 것이다. 그런데 에징톤에 따르면, 비가 오는
이 가능세계가 비도 오지 않고 눈도 오지 않는 가능세계와 가장 가까운
가능세계일 수도 있다. 이에 따라 그런 가능세계에서라면 "내일 비나
눈이 올 경우, 비가 오지 않으면 눈도 오지 않을 것이다"가 도리어 참
이 되고, (2)는 거짓이 된다는 것이다.

   스톨네이커 체계에서 (1)과 (2)가 서로 다른 진릿값을 가질 수 있는
이유는 '관점의 변화'에 따라 현실세계와 가장 가까운 가능세계를 아
주 다른 것으로 잡을 수 있기 때문으로 보인다. 다시 말해, (1)을 평가
할 때 우리가 선택하는 가능세계는 (2)를 평가할 때 선택하는 가능세계
와 상당히 다른 것일 수 있고, 이 때문에 이 둘의 진릿값은 서로 다를
수 있는 것이다. 가령 (1)의 전건을 참으로 만들면서 현실세계와 가장
가까운 가능세계는 눈이 오는 가능세계인 반면, (2)에서는 그런 가능세
계는 현실세계와 아주 멀리 있는 것으로 여겨지게 된다.

   반 멕기의 반례에서도 이와 비슷한 식의 관점의 변화가 있다고 볼 수
도 있다. 첫 번째 전제를 참이라고 생각할 때 우리는 공화당 후보가 승
리하지만 레이건이 승자는 아닌 가능세계를 염두에 두고 이때 공화당
의 또 다른 후보는 앤더슨뿐이므로 그가 대통령이 된다고 생각해 첫 번
째 전제를 참으로 여긴다. 한편 결론을 평가할 때는 승자가 레이건이
아닌 가능세계 가운데 앤더슨이 대통령이 되는 가능세계는 현실세계와
는 아주 먼 가능세계로 간주되어 결론은 거짓으로 여긴다고 할 수 있다.
이런 결과는 스톨네이커 이론에서 선택 함수가 지닌 맥락 의존적 성격
에서 유래하는 것이라고 할 수 있다. 우리의 논의는 그의 이론에서는 동
일한 하나의 논증 안에서도 서로 다른 가능세계의 선택을 허용할 정도
로 맥락 의존성이 크다는 점을 말해 준다. 이것으로 스톨네이커 이론에

서 왜 이입이출 원리가 부당하게 되는지는 해명되었다고 생각한다.

우리에게는 다양한 선택지가 있다. 스톨네이커의 이론을 받아들이고 이입이출 원리를 부당하다고 보는 방안이 있다. 반대로 이입이출 원리를 타당하다고 보고 이를 부당한 것으로 여기는 스톨네이커 이론을 거부할 수도 있을 것이다.

기타: 조건문이 복합 명제의 한 요소로 나오는 형태

과다 생성의 사례 가운데 기타 유형을 이 장에서 잠깐 다루기로 하자. 진리함수적 분석에 따르면 다음 형태의 주장은 논리적 참이다.

$$\vdash (A \supset C) \lor (C \supset A)$$

하지만 직관적으로 다음 주장은 논리적 참으로 생각되지 않는다.

강희가 수업에 오면 연수도 오거나 연수가 수업에 오면 강희도 온다.

왜냐하면 위의 선언지 가운데 어느 하나가 반드시 성립한다고 말하기는 어려운 것 같기 때문이다.

또한 다음 추론도 진리함수적 분석에 따를 때 타당하지만 반직관적이다.

$$(A \And B) \supset C \vdash (A \supset C) \lor (B \supset C)$$

스위치 x를 누르고 스위치 y를 누르면 불이 켜질 것이다. 따라서 스위치 x를 누르면 불이 켜지거나 스위치 y를 누르면 불이 켜질 것이다.

다음도 마찬가지로 이상한 추론으로 비친다.

(A ⊃ B) & (C ⊃ D) ⊢ (A ⊃ D) ∨ (C ⊃ B)

존이 파리에 있다면 그는 프랑스에 있는 것이고 존이 런던에 있다면 그는 영국에 있는 것이다. 따라서 존이 파리에 있다면 그는 영국에 있는 것이거나 존이 런던에 있다면 그는 프랑스에 있는 것이다.

이런 결과들이 반직관적으로 보인다는 점은 분명하다. 그렇다 하더라도 이것이 꼭 진리함수적 분석의 문제점이라고 할 수 있을지는 의문이다. 이에 대한 가장 흔한 대응은 조건언 자체를 또 다른 구성요소로 갖는 이와 같은 문장들이 자연언어에서 비문은 아니지만 그럼에도 이것이 정확히 어떤 명제를 표현하는지가 불분명하다고 대답하는 것이다. 우리도 이런 점을 지적하는 정도에서 그치고자 한다.

직관적으로는 참이지만 진리함수적 분석에 따르면 거짓이라고 보아야 하는 미달 생성의 사례로는 다음이 있었다.

그 컵이 떨어졌을 경우 그것이 깨졌다면, 그것은 잘 깨지는 것이다.

이는 직관적으로 참이라고 생각된다. 하지만 실제로는 그 컵이 플라스틱으로 된 것이어서 잘 깨지는 것이 아니고 나아가 그 컵이 떨어진 것도 아니고 깨지지도 않았다고 해보자. 이때 진리함수적 분석에 따르면 이 조건문은 거짓이다. 전건은 참이지만 후건은 거짓이기 때문이다.

이를 해결하는 가장 쉬운 방안은 이것이 잘못된 기호화임을 보이는 것이다. 이는 (P ⊃ Q) ⊃ R로 기호화해서는 안 되고 도리어 (P & Q)

⊃ R로 기호화하는 것이 더 적절해 보인다. 이때 이 주장은 참이 되며, 이에 따라 우리가 해명해야 할 과제도 사라지게 된다.

과다 생성과 조건문의 부정

과다 생성의 사례, 즉 진리함수적 분석에 따른다면 타당한 추론이지만
직관적으로는 부당해 보이는 추론들 가운데 우리가 마지막에 다룰 것
은 조건문의 부정이 나오는 형태들이다. 진리함수적 분석에 따를 때 다
음은 타당한 추론이다.

$$\sim(A \supset C) \vdash A$$
$$\sim(A \supset C) \vdash \sim C$$

이는 조건문을 부정하는 것이 곧 그 조건문의 전건을 받아들이거나 후
건을 부정한다는 것을 함축한다는 것이다. 그런데 어떤 사람이 "강희
가 수업에 오면 연수도 온다"는 것을 부정한다고 해서 그가 곧 이 때문
에 강희가 수업에 온다거나 연수가 수업에 오지 않는다는 것을 받아들
여야 하는 것은 아닌 것 같다. 이런 점에서 이들 사례도 일상적 조건문

을 진리함수적 조건문으로 여길 경우 타당하지만 직관적으로는 부당해 보이는 반직관적 결과라 할 수 있다. 이런 반직관적 결과 가운데 '손쉬운' 신 존재 증명의 예도 아직 우리가 다루지 않은 것이다.

$\sim A \supset \sim(B \supset C), \sim B \vdash A$

신이 존재하지 않는다면, 내가 기도를 하면 내 기도에 신이 응답할 것이라는 것은 사실이 아니다. 나는 기도를 하지 않는다. 따라서 신은 존재한다.

에징톤의 지적대로, 이렇게 손쉽게 신의 존재를 증명할 수 있을 것 같지는 않으므로, 이것도 명백히 반직관적인 결과라고 할 수 있다.

이들 세 가지 반직관적 결과들은 일상적 조건문을 진리함수적 조건문으로 여기기 때문에 생기는 결과이므로, 이는 진리함수적 분석의 난점으로 여겨진다. 이 장에서는 진리함수적 분석을 지지하는 사람들이 이런 반직관적 결과들을 어떤 식으로 해명할 수 있는지를 다룬다. 우선 이런 반직관적 결과들에는 모두 조건문의 부정이 등장하고 있으므로, 이를 어떻게 이해하는 것이 올바른지를 살펴보는 데서 논의를 시작하기로 하자.

11.1 조건문을 부정하는 두 가지 방법[1]

조건문의 부정을 어떻게 이해하는 것이 올바른지를 보기 위해, 일상적 조건문 하나를 예로 들어 생각해 보자. 어떤 사람, 김 아무개가 다음과

---

1 이후 내용은 최원배 (2014b)에 바탕을 둔 것이다.

같은 주장을 한다고 하자.

　(1) 강희가 수업에 오면, 연수도 온다.

그런데 다른 사람, 이 아무개는 이 주장을 부정한다고 해보자. 또는 이
아무개는 그 주장에 동의하지 않는다고 해보자. 이 경우 이 아무개는
정확히 무엇을 주장한다고 보아야 할까? 두 가지 대답이 있는 것 같다.
　하나는 (1)을 부정한다는 것이 다음을 말하는 것으로 이해하는 것
이다.

　(2) (강희가 수업에 오면, 연수도 온다)는 것은 사실이 아니다.

이는 다음과 같이 기호화될 것이다.

　(3) ∼(A → C)

　그런데 조건문을 부정하는 또 다른 방식이 있는 것으로 보인다. 가령
다음과 같은 주장도 (1)을 부정하는 한 가지 방식으로 보인다.

　(4) 강희가 수업에 오면, 연수는 오지 않는다.

이 조건문은 다음과 같이 기호화될 것이다.

　(5) A → ∼C

기호화한 문장 (3)과 (5)의 형태를 대비해 보면 분명하게 알 수 있듯이, (3)은 조건문 전체에 대한 부정인 반면 (5)는 후건에 대한 부정이라는 점에서 이 둘은 구분된다. (2)나 (3)과 같은 형태의 부정을 조건문에 대한 '강한 부정'이라 부르고, (4)나 (5)와 같은 형태의 부정을 조건문에 대한 '약한 부정'이라 부르기로 하자.[2] 우리가 앞서 사용한 용어를 그대로 쓴다면 약한 부정은 반대 조건문(opposite conditional 또는 contrary conditional)을 가리킨다고 말해도 된다.

11.2 동치 논제

조건문에 관한 이론들 가운데는 강한 부정과 약한 부정을 동일시하는 이론이 많이 있다. 다시 말해 "$\sim(A \rightarrow C)$"와 "$A \rightarrow \sim C$"는 서로 동치인 이론도 많이 있다. 이런 이론을 간단하게 '동치 논제'(the equivalence thesis)를 받아들이는 입장이라고 부르기로 하자. 우리가 보았듯이, 그런 이론 가운데 대표적인 것은 스톨네이커의 이론이다. 그런 논리 체계에서는 다음이 성립한다.

$$\sim(A \rightarrow C) \dashv\vdash A \rightarrow \sim C$$

스톨네이커의 이론 외에, 아담스의 이론도 동치 논제를 받아들인다. 나아가 조건문이 특정 상황에서는 진릿값을 갖지 않는다는 점을 허용하

---

2   이렇게 부르는 이유는 (3)이 (5)를 함축하기 때문이다. 강한 부정과 대비해 약한 부정을 '조건부 부정'(conditional negation)이라고 부르기도 한다. 대표적으로 Cantwell (2008) 참조.

는 이론 가운데도 강한 부정과 약한 부정이 동치가 되는 이론이 있다. 멕더모트가 제시한 이론이 그런 사례 가운데 하나라고 할 수 있다.[3] 그에 따르면, 조건문은 전건이 참일 경우에는 후건의 진릿값을 그대로 따른다. 그러므로 이 점에서는 진리함수적 성격을 그대로 지닌다. 하지만 멕더모트는 전건이 거짓일 경우 일상적 조건문은 진릿값을 갖지 않는다고 본다. 멕더모트처럼 진리조건을 규정할 경우에도 강한 부정은 약한 부정과 동치가 된다.

비교를 위해, 진리함수적 이론과 스톨네이커 이론, 그리고 멕더모트 이론에서 각각 강한 부정과 약한 부정이 어떤 관계에 있는지를 간단히 표로 나타내면 다음과 같다. (표에서 'T/F'는 진릿값이 진리함수적으로 결정되지 않음을 나타내기 위한 것으로서, 그 이론의 진리조건에 따라 참일 수도 있고 거짓일 수도 있다는 것을 말한다. 한편 'X'는 진릿값을 갖지 않는다는 것을 나타낸다고 보거나 또는 T도 아니고 F도 아닌 제3의 값을 나타낸다고 보면 된다.)

		진리함수적 분석			스톨네이커 이론			멕더모트의 이론		
			강한 부정	약한 부정		강한 부정	약한 부정		강한 부정	약한 부정
A	C	A⊃C	~(A⊃C)	A⊃~C	A→C	~(A→C)	A→~C	A→C	~(A→C)	A→~C
T	T	T	F	F	T	F	F	T	F	F
T	F	F	T	T	F	T	T	F	T	T
F	T	T	F	T	T/F	F/T	F/T	X	X	X
F	F	T	F	T	T/F	F/T	F/T	X	X	X

3   McDermott (1996) 참조. 또한 Cantwell (2008), Bradley (2002) 등도 이런 견해를 택하고 있고, 국내 학자로는 노호진이 이런 입장을 취하고 있다. 노호진 (2006b) 참조.

표에서 볼 수 있듯이, 스톨네이커의 이론과 멕더모트의 이론은 조건문의 진리조건을 두고서는 서로 다른 입장이다. 하지만 그 이론들은 모두 동치 논제를 받아들인다는 점에서는 같다. 반면 진리함수적 분석은 동치 논제를 받아들이지 않는 이론이다. 진리함수적 분석에 의하면, 전건이 거짓일 경우 강한 부정과 약한 부정은 서로 다른 진릿값을 가지므로 동치가 아니기 때문이다.

윌리엄슨 등이 잘 보여 주었듯이, 동치 논제를 받아들인다는 것은 곧 조건 배중률과 조건 무모순율이 둘 다 언제나 참이라는 점을 받아들인다는 의미이다.[4]

조건 배중률(the law of conditional excluded middle: CEM)

$\vdash (A * C) \lor (A * \sim C)$

조건 무모순율(the law of conditional non-contradiction: CNC)

$\vdash \sim((A * C) \& (A * \sim C))$[5]

바꾸어 말해, 강한 부정과 약한 부정이 동치인 체계라면 조건 배중률과 조건 무모순율이 둘 다 성립한다. 이 점을 우리는 쉽게 확인할 수 있다. 위에서 오른쪽에 나오는 약한 부정을 그것과 동치인 강한 부정으로 치환하게 되면 이들은 보통의 배중률과 무모순율이 될 것이기 때문이다.[6]

---

4   Pizzi and Williamson (2005), p. 334 참조. 이들은 조건 무모순율(CNC)을 '약한 보에티우스 논제'(WBT, Weak Boethius' Thesis)라고 부른다.

5   여기서 이들을 기호화하면서 결합사 '*'를 사용한 이유는 그 자리에 조건문에 관한 이론에 따라 적절한 결합사, 즉 '⊃'나 '→' 등이 대신 들어갈 수 있음을 나타내기 위한 것이다.

6   동치 논제가 조건 배중률과 조건 무모순율을 모두 받아들이는 것에 해당한다는 점

실제로 스톨네이커의 의미론에서는 조건 배중률과 조건 무모순율이
모두 성립한다.[7]

$$\vdash (A \rightarrow C) \vee (A \rightarrow \sim C)$$
$$\vdash \sim((A \rightarrow C) \;\&\; (A \rightarrow \sim C))$$

반면 강한 부정과 약한 부정이 동치가 아닌 이론이라면 이 둘이 다 성
립하지는 않을 것이다. 쉽게 확인할 수 있듯이, 실제로 진리함수적 이
론에서는 조건 배중률은 항진명제이지만 조건 무모순율은 항진명제가
아니다.

을 좀 더 자세하게 보이면 다음과 같다. 우선 동치 논제는 다음처럼 표현될 것이다.

$$\sim(A * C) \equiv (A * \sim C)$$

그런데 이는 다음 연언지가 각각 성립한다는 의미이다.

$$\sim(A * C) \supset (A * \sim C)$$
$$(A * \sim C) \supset \sim(A * C)$$

그리고 질료적 조건언과 선언의 관계에 비추어볼 때, 이는 곧 다음이 성립한다는 것과
같다.

$$\sim\sim(A * C) \vee (A * \sim C)$$
$$\sim(A * \sim C) \vee \sim(A * C)$$

이는 다시 연언과 선언의 관계에 비추어 볼 때, 다음과 같이 표현될 수 있다.

$$(A * C) \vee (A * \sim C)$$
$$\sim((A * C) \;\&\; (A * \sim C))$$

그런데 이들은 바로 앞서 말한 조건 배중률과 조건 무모순율이다. Pizzi and William-
son (2005) 참조.

[7]   앞서 이미 나왔듯이, 엄밀히 말한다면 'A가 가능하다', 즉 '◇A'라는 단서가 있어
야 한다. 이와 관련해서는 Rieger (2013), p. 3167 참조.

$$\vdash (A \supset C) \lor (A \supset {\sim}C)$$
$$\nvdash {\sim}((A \supset C) \ \& \ (A \supset {\sim}C))$$

조건 무모순율이 성립하지 않는다는 점은 진리함수적 분석의 장점일
까 단점일까? 얼핏 보면 조건 무모순율을 거부하기는 힘들어 보인다.
조건 무모순율을 논리적 참으로 간주할 경우 7장에서 본 기바드 사례
를 적절히 해명해야 하는 부담을 진다. 물론 우리가 앞서 보았듯이, 기
바드 사례를 꼭 조건 무모순율의 반례로 보아야 하는 것은 아니다. 한
가지 분명한 사실은 조건 무모순율을 받아들이는 이론은 기바드 현상
에 대해 적절한 해명을 해야 하는 부담을 지지만, 조건 무모순율이 성
립하지 않는 이론이라면 그런 부담을 지지 않아도 된다는 점이다. 이
점은 동치 논제를 받아들이지 않는 진리함수적 이론이 지니는 한 가지
장점이라고도 할 수 있을 것이다.[8]

11.3 애매성 논제

진리함수적 분석은 동치 논제가 성립하지 않는 이론이다. 진리함수적
분석에서는 조건문의 부정은 강한 부정일 뿐 약한 부정이 아니다. 이제
조건문의 부정이 애매하다는 입장을 새로 채택한다고 해보자. 즉 조건
문을 부정한다는 것은 때로 강한 부정을 의미하기도 하고 약한 부정을
의미하기도 한다는 입장을 채택하기로 해보자. 조건문의 부정이 애매
하다고 주장한다는 점에서 이를 '애매성 논제'(the ambiguity thesis)

---

8 리거가 이런 입장을 보인다. Rieger (2013) 참조.

를 받아들이는 입장이라고 하자.

애매성 논제를 받아들일 경우 조건문에 대한 진리함수적 분석의 난점으로 제시된 몇 가지 문제들은 쉽게 해결할 수 있다. 앞서 말했듯이, 일상적 조건문을 진리함수적 조건문으로 여긴다면 다음은 타당한 추론이다.

$$\sim(A \supset C) \vdash A$$
$$\sim(A \supset C) \vdash \sim C$$

하지만 일상적 조건문을 진리함수적 조건문으로 여기지 않는다면 이런 추론은 부당해 보인다는 것이 우리의 직관이다. 이런 불일치는 애매성 논제를 받아들일 경우 피할 수 있다. 여기 나오는 조건문의 부정을 강한 부정이 아니라 약한 부정을 의미한다고 해보자. 이때 우리가 얻는 추론 형태는 다음과 같고, 이 두 추론은 실제로 부당하다.

$$A \supset \sim C \nvdash A$$
$$A \supset \sim C \nvdash \sim C$$

따라서 일상적 조건문을 진리함수적 조건문으로 여긴다 하더라도 애매성 논제를 받아들인다면 우리는 반직관적 결과를 피할 수 있게 된다.

'손쉬운' 신 존재 증명에 대해서도 마찬가지 방식으로 대답할 수 있다. 앞서 우리는 그 논증을 다음과 같이 기호화했다.

$$\sim P \supset \sim(Q \supset R), \sim Q \vdash P$$

이번에는 첫 번째 전제의 후건에 나오는 조건문의 부정을 약한 부정으로 읽어 보기로 하자.[9] 그러면 다음과 같은 논증을 얻게 된다.

$$\sim P \supset (Q \supset \sim R), \sim Q \nvdash P$$

이 논증도 실제로 부당하다. 따라서 우리가 기대하듯이, 신 존재 증명을 앞서처럼 손쉽게 해낼 수 있다는 터무니없는 결과는 나오지 않는다. 진리함수적 분석을 옹호하는 사람이라면 위에서와 같은 손쉬운 신 존재 증명은 조건문을 기호화하는 과정에서의 잘못(즉 약한 부정을 강한 부정으로 오인한 잘못) 때문에 생기는 것일 뿐 그 점이 진리함수적 분석 자체가 잘못임을 보여 주는 것은 아니라고 주장할 것이다.

조건문의 부정과 관련해 애매성 논제를 받아들일 경우, 진리함수적 분석에 대해 에징톤이 제시한 또 다른 비판 하나도 쉽게 피할 수 있다. 진리함수적 분석에 따르면 질료적 함축의 역설에 해당하는 다음은 타당한 추론이다.

$$\sim A \vdash A \supset C$$

이와 관련해 에징톤은 진리함수적 분석의 또 다른 난점이 제기된다고

---

9   어떤 사람은 원래 논증은 애초 위의 것처럼 강한 부정을 의도한 것으로 표현되어 있고, 따라서 그렇게 기호화해야 하지 후자로 기호화해서는 안 된다고 주장할지 모르겠다. 그러나 쟁점은 그 점이 아니다. 논의의 핵심은 그것이 어떻게 표현되었느냐가 아니라 그것이 무엇을 의미해야 하는가 여부이며, 약한 부정으로도 이해할 수 있다는 것이다.

주장한다. 그는 다음과 같이 말한다.

공화당이 선거에서 이기지 못할 것이다(~R)라고 생각하고 있으면서, 공화
당이 선거에서 이긴다면 그들은 소득세를 두 배로 올릴 것이다(D)는 생각
은 거부하고 있는 어떤 사람을 예로 들어보자. [진리함수적 분석에] 따르면,
그 사람은 순전히 비일관적인 견해를 지닌 사람이다. 왜냐하면 그 사람이
~R일 가능성이 높다고 생각한다면 그 사람은 명제들 {~R, D} 가운데 적
어도 하나는 참일 가능성이 높다고 생각해야 하기 때문이다. 하지만 그것은
바로 R ⊃ D일 가능성이 높다고 생각하는 것이다. (바꾸어 말해, **R ⊃ D를
거부한다는(reject) 것은 R & ~D를 받아들이는(accept) 것이다.** 후자가 R
⊃ D가 거짓이 되는 유일한 경우이기 때문이다. 어떻게 어떤 사람이 R &
~D를 받아들이면서 R은 거부할 수 있다는 말인가?) [진리함수적] 이론은
언어를 제대로 구사하는 지각 있는 사람들의 사고 패턴과 제대로 맞지 않
[...는다].(강조는 필자가 덧붙인 것임)[10]

에징톤의 비판을 좀 더 분명하게 설명하면 다음과 같다. 진리함수적
분석에 따를 경우, 다음 논증은 타당하다.

　　~R ⊢ R ⊃ D

그러므로 다음 명제 집합은 비일관적일 수밖에 없다.

10　Edgington (2006), 2.3절 마지막 부분. 이런 논증은 에징톤의 초기 논문에도 이
미 나온다. Edgington (1986), p. 180과 (1995), pp. 243-4도 참조.

{∼R, ∼(R ⊃ D)}

왜냐하면 타당한 논증일 경우 전제와 결론의 부정으로 이루어진 명제 집합은 비일관적이기 때문이다. 그런데 위의 명제 집합은 다음과 같은 것이다.

{∼R, R & ∼D}

쉽게 알 수 있듯이, 이는 분명히 비일관적이다. 그런데 인용문 처음에 나오듯이, 공화당이 선거에서 이기지 못할 것이라고 생각하고 있고, 공화당이 선거에서 이긴다면 소득세를 두 배로 올릴 것이라고는 보지 않는 사람의 믿음이 결코 비일관적인 것 같지는 않다.

에징톤의 예가 분명하게 비치지 않는다면, 다음과 같은 우리 예가 도움이 될지 모르겠다. 김 아무개는 정의당 후보가 다음 대선에서 승리하지 않을 것이라고 믿고 있다. 또한 그는 정의당 후보가 대선에서 승리할 경우, 그가 종부세를 폐지할 것이라고는 보지 않는다. 이런 김 아무개의 믿음은 아주 상식적이며 그럴듯한 주장으로 보인다. 다시 말해 이런 믿음은 결코 터무니없거나 비일관적인 믿음으로 보이지 않는다. 그런데도 진리함수적 분석에 따른다면 우리는 그런 사람의 믿음이 비일관적이라고 해야 한다. 이런 불합리한 결과는 일상적 조건문을 진리함수적 조건문으로 이해하기 때문에 발생한다는 것이 에징톤이 말하고자 하는 요지이다.

인용문에 명시적으로 표시해 두었듯이, 이런 이해는 조건문의 부정을 강한 부정으로 읽는다는 데 기초하고 있다. 그런데 조건문을 거부한다는 것이 꼭 강한 부정을 받아들이는 것일 필요는 없다. 조건문의 부정이 애매하다는 논제를 받아들여 결론의 부정을 약한 부정으로 이해한다면 에징톤이 걱정하는 터무니없는 결과는 피할 수 있다. 이렇게 본다면 애초 그 사람이 가진 믿음은 {~R, R & ~D}이 아니라 다음이라고 말할 수 있다.

{~R, R ⊃ ~D}

이 명제 집합은 분명히 비일관적이지 않다. 그러므로 에징톤처럼 조건문을 받아들이지 않는다는 것을 강한 부정으로 읽어 그런 불합리한 결과가 발생한 것이지, 우리가 그것을 약한 부정으로 읽는다면 그런 불합리한 결과가 발생하지 않는다고 할 수 있다. 이런 입장을 취할 경우, 그것은 더 이상 진리함수적 분석의 난점이 아닐 것이다.

　지금까지 우리는 일상적 조건문을 진리함수적 조건문으로 이해할 경우 생기는 반직관적 결과 몇 가지를 살펴보았다. 이들 사례는 모두 조건문의 부정이 개입된 형태라고 할 수 있다. 논의 결과, 조건문의 부정에는 강한 부정과 약한 부정이라는 서로 다른 두 가지가 있다는 점을 인징힐 경우, 진리함수적 분석을 받아들이더라도 반지관적 결과들을 적절히 해명할 수 있다는 점이 드러났다. 물론 이때 우리는 문제의 반직관적 결과들에서 조건문의 부정은 모두 강한 부정이 아니라 약한 부정을 의도한 것으로 볼 수 있다는 점을 전제했다. 따라서 이런 해명이 단순한 미봉책이 아니려면 강한 부정과 약한 부정이 정확히 무엇이고, 이들이 어떻게 다른지를 좀 더 충실하게 설명할 수 있어야 할 것이다.

5

조건문의 올바른
이해를 위하여

마지막 5부에서는 지금까지의 논의를 요약한 다음, 일상적 조건문에는 여러 용법이
있다는 점을 시사하고, 남은 문제와 조건문 논의의 최근 동향을 간단히 소개한다.

조건문의 애매성

12.1 요약 및 결론

지금까지의 논의를 요약하기로 하자. 1장에서는 본격적인 논의를 위한 예비 작업으로, 조건문에 대한 표준적 해석인 진리함수적 분석의 핵심 논제를 살펴보았다. 진리함수적 분석에 따르면, 조건문은 진리함수적 복합명제를 나타내며 그것의 진릿값은 전건이 참인데 후건이 거짓인 경우에만 거짓이 되고 그 밖의 경우에는 모두 참이 된다. 우리는 조건문이 진리함수적 복합명제라는 점을 받아들인다면 조건문의 진릿값은 진리함수적 분석에서 주장하는 것처럼 정해진다고 볼 수 있는 좋은 이유가 있다는 사실을 확인하였다. 한편 우리는 진리함수적 분석을 따를 경우, 참인 명제라고 해야 하나 직관적으로는 거짓으로 생각되는 사례가 있으며, 또한 진리함수적 분석에 따르면 타당한 추론이라고 해야 하나 직관적으로는 부당하다고 생각되는 사례도 있다는 점을 보았다.

2장에서는 조건문에 기본적으로 두 가지 유형이 있다는 점을 밝히고, 우리의 논의는 직설법적 조건문에 국한한다는 점을 분명히 하였다. 나아가 직설법적 조건문과 가정법적 조건문의 구분과 관련하여 논란이 있다는 점을 지적하였고, 반사실적 조건문의 진리조건을 간단히 소개하였으며, 우리 국어에서의 조건문 논의를 잠깐 살펴보았다.

3, 4, 5장으로 이루어진 2부부터 본격적인 논의가 시작되는데, 여기서는 조건문의 진리조건이 무엇인지를 다루었다. 먼저 3장에서는 일상적 조건문이 진리함수적 조건문임을 보이고자 하는 여러 논증을 살펴보았다. 일상적 조건문이 진리함수적 조건문과 동치임을 보이려면, 논란 없는 원리와 이행 원리가 정당하다는 것을 밝히면 된다. 우리는 논란 없는 원리를 부정하기란 쉽지 않으며, 이를 부정할 경우 이는 곧 전건 긍정규칙이 부당하다는 것을 의미하게 된다는 점을 보았다. 이어 우리는 이행 원리를 정당화하는 방안으로 OTI 논증, 조건 증명을 이용한 논증, 논리적 참을 이용한 기바드 증명 등 세 가지를 검토하였다. 논의 결과 우리는 OTI 논증이나 조건 증명은 진리함수적 분석을 받아들이지 않는 입장에서는 부당한 것으로 여긴다는 점에서, 그리고 기바드 증명은 정당화가 필요한 다른 가정에 근거하고 있다는 점에서 이행 원리의 정당성이 완전히 확보된 것은 아니라고 결론 내릴 수 있다.

4장에서는 진리함수적 분석의 대안으로 제시된 다른 견해들을 다루었는데, 우리는 가능세계 의미론에 기반을 둔 스톨네이커의 이론과 확률 개념에 바탕을 둔 아담스의 가정 이론을 검토하였다. 이 두 이론에서는 진리함수적 분석의 난점으로 제시된 반직관적 결과들이 대부분 부당한 추론으로 평가되므로, 이 점은 두 이론의 장점이라 할 수 있다. 하지만 우리는 스톨네이커의 이론에서는 전건과 후건이 모두 참이지만 이 둘 사이에 아무런 연관성도 없는 '무관한 조건문'을 참으로 평가한다는 점이 문제이며, 또한 그 이론에서는 조건문의 진리조건과 관련해 맥락 의존성이 크다는 점도 문제라고 지적하였다. 아담스의 이론에 대해서는 루이스가 제시한 '사소함 결과'에 직면한다는 점을 지적하였고, 조건문이 진리조건을 갖지 않는다는 견해 또한 이 이론의 단점이라고 평가하였다.

5장에서는 진리함수적 분석을 옹호하는 시도로 진리함수적 분석이 낳는 반직관적 결과들을 나름대로 해명하는 방안을 살펴보았다. 우리는 '대화상의 함축' 개념을 바탕으로 한 그라이스의 이론은 질료적 함축의 역설에 적용할 경우 설득력이 있다고 할 수 있지만, 제대로 해명하지 못하는 문제가 여전히 남아 있다는 점에서 충분하지 않다고 평가하였다. 잭슨의 이론은 '굳건함'이라는 개념을 도입해 그라이스의 이론을 보완한 것인데, 이 이론 또한 여전히 해명하지 못하는 문제를 남겨 둔다는 점에서 충분하지 않다고 지적하였다.

6장부터 8장까지의 3부에서는 조건문이 진리조건을 갖지 않는다는 것을 보이고자 하는 논증을 다루었다. 6장에서 살펴본 루이스 증명은 조건문의 확률이 언제나 조건부 확률과 같게 되도록 조건문 결합사를 해석할 수 있는 어떤 빙도도 없다는 것을 보여 주는 것이다. 우리는 이 증명을 자세히 분석하였고, 이 증명 과정에서 부각되는 점은 조건부 확률이 지닌 독특한 성질이라고 주장하였다. 이 점에 주목한다면 우리는 루이스 증명으로부터 조건문은 진리조건을 갖지 않는다는 결론으로 곧바로 나아가지 않을 수도 있다고 주장하였다. 왜냐하면 우리에게는 루이스 증명으로부터 조건문의 확률은 조건부 확률일 수 없다는 결론으로 나아가거나 또는 조건부 확률은 진정한 확률일 수 없다는 결론으로 나아갈 수도 있기 때문이다.

7장에서는 조건문이 진릿값을 갖지 않는다는 점을 보이고자 하는 또 다른 논증으로, '기바드 현상'에 근거한 기바드 논증을 살펴보았다. 기바드 현상이란 "A이면 C"와 "A이면 ～C"라는 두 조건문이 모두 참이라고 할 수도 없고, 모두 거짓이라고 할 수도 없고, 어느 하나만 참이라고도 할 수 없는 사례를 말하며, 기바드는 이로부터 조건문은 진릿값을 갖지 않는다고 결론 내릴 수 있다고 주장한다. 우리는 기바드 현상의 두 조건문이 모두 참이라고 주장할 가능성이 여전히 열려 있으며, 이에 따라 기바드 논증이 조건문이 진릿값을 갖지 않는다는 결론을 제대로 확립해 준 것은 아니라고 주장하였다.

8장에서는 에징톤이 제시한 논증을 살펴보았다. 그는 조건문이 진리조건을 갖는다면 그것은 진리함수적 진리조건이거나 아니면 이보다 강한 비진리함수적 진리조건임을 우선 가정한다. 그런 다음 조건문이 진리함수적 진리조건을 갖는다고 보기 어렵고 나아가 비진리함수적 진리조건을 갖는다고 보기도 어려우므로, 조건문은 아예 진리조건을 갖지 않는다고 보아야 한다고 결론 내리고자 한다. 우리는 조건문의 진리조건이 진리함수적일 수 없음을 보여 주고자 하는 에징톤의 논증과 조건문의 진리조건이 비진리함수적일 수 없음을 보여 주고자 하는 그의 논증이 모두 성공적이지 않다고 주장하였다. 나아가 우리는 그가 제시한 간결한 증명 또한 그가 내세우는 조건문이 지니는 바람직한 성질이 정당화되지 않았다는 점에서 성공적이지 않다고 평가하였다.

9, 10, 11장으로 이루어진 4부에서는 조건문이 나오는 추론 가운데 타당성이 논란이 되는 추론을 다루었다. 먼저 9장에서는 전건 긍정규칙의 반례라고 제시된 반 맥기의 사례를 중점적으로 논의했다. 우리는

반례가 발생하는 구조와 관련해 세 가지 원리가 개입되어 있다는 사실을 밝혔고, 이에 따라 반례를 두고 다양한 입장을 취할 수 있다고 주장하였다. 나아가 우리는 단순 조건문만 나오는 경우 전건 긍정규칙의 반례가 있을 수 없는 반면 후건이 다시 조건문 형태인 중첩 조건문이 나올 경우에 반례가 생겨난다는 사실에 비추어 볼 때, 이입이출 원리가 모든 문제의 원천이라고 해석할 여지가 있다고 주장하였다.

10장에서는 직관적으로는 부당해 보이는 추론들 가운데 결론에 조건문이 나오는 형태들을 집중적으로 살펴보았다. 우리는 진리함수적 분석을 따르는 표준적인 논리 체계에서의 타당한 추론들과 스톨네이커나 아담스의 논리 체계에서의 타당한 추론들을 비교·분석하였고, 그 결과 드러난 차이를 타당성 관계가 지닌 구조적 성질에 비추어 해석하였다. 이를 통해 우리는 이런 차이가 논란 없는 원리, 이행 원리, 아담스 논제 등에 대한 그들 이론의 입장과 잘 조화된다는 사실을 확인하였다. 또한 우리는 진리함수적 조건문에 대해서는 조건 증명이 성립하지만 일상적 조건문에 대해서는 그것이 성립하지 않는다는 특징에 주목하였고, 이런 차이가 발생하는 연원은 암암리에 우리가 아담스 논제를 전제해 조건문을 평가하기 때문이라고 주장하였다.

11장에서는 조건문의 부정이 개입된 다른 반직관적 결과들을 검토하였다. 우리는 거기서 조건문을 부정하는 방안을 두 가지로 나누었고, 강한 부정과 약한 부정을 동일시하는 동치 논제를 받아들이는 것이 어떤 결과를 낳는지를 살펴보았다. 그런 다음 조건문을 부정한다는 것이 때로 강한 부정을 의미하고 또 때로는 약한 부정을 의미한다는 애매성 논제를 받아들일 경우, 진리함수적 분석의 난점으로 지적된 반직관적 결과들은 상당 부분 피할 수 있다고 주장하였다.

지금까지의 논의에 비추어 볼 때, 진리함수적 분석을 옹호하는 어떠한 논증도 완전히 성공적인 것은 아니며, 진리함수적 분석을 논박하는 어떠한 논증도 완전히 성공적인 것은 아니다. 진리함수적 분석을 옹호하는 사람들은 나름의 논거를 가지고 반직관적 결과들을 해명하지만 이런 시도가 완전히 성공적인 것은 아니다. 비진리함수적 분석을 옹호하는 사람들도 나름의 새로운 이론을 통해 반직관적 결과로 비치던 것들이 왜 실제로 부당한 추론인지를 해명해 주지만, 그들의 이론은 또 다른 문제를 안고 있다. 또한 조건문이 진리조건을 갖지 않는다는 것을 보이는 어떠한 논증도 완전히 성공적인 것은 아니므로, 조건문이 진릿값을 갖는 명제를 표현할 가능성은 여전히 남아 있다고 해야 한다.

우리의 논의 결과 진리함수적 분석을 옹호하는 진영과 비진리함수적 분석을 옹호하는 진영의 견해차의 연원은 조건 증명의 정당성에 관한 견해차에 있으며, 이는 다시 조건문의 수용 여부를 조건부 확률에 기대어 판단하는 방식과 맞닿아 있다는 사실이 드러났다. 진리함수적 분석을 옹호하는 사람은 조건 증명을 받아들이는데, 그들은 이때 조건문을 전건이 참인데 후건이 거짓인 경우만 아니면 참이 되는 것으로 이해하기 때문이다. 한편 비진리함수적 분석을 옹호하는 사람은 조건 증명을 받아들이지 않는데, 그들은 이때 조건문을 전건이 참일 경우 후건이 참일 가능성이 높을 때에야 참이 되는 것으로 이해하기 때문이다. 이런 상황에서 우리는 어떤 판단을 해야 할까?

조건 증명은 자연 연역 체계에서는 조건언 도입 규칙에 해당하는 것이다. 그런데 도입 규칙의 역할과 관련해 겐첸이 했던 유명한 말을 떠올려 볼 때, 이는 두 진영이 조건문의 의미를 서로 다르게 규정한다는 사실을 시사해 준다고 볼 수 있다. 구체적으로 말해, 진리함수적 분석의 옹호자들은 조건문을 상대적으로 약한 의미를 갖는 것으로 이해하는 반면, 비진리함수적 분석의 옹호자들은 이들보다 강한 의미를 갖는 것으로 이해하는 것이라고 할 수 있다. 만약 이런 식으로 이해할 수 있다면, 우리가 내려야 할 합당한 결론은 두 진영이 각각 조건문의 서로 다른 용법에 주목하고 있으며, 이 때문에 이들이 서로 다른 견해를 보인다는 것이다. 달리 말해, 우리는 조건문을 진리함수적 분석의 옹호자들이 말하듯이 약한 의미로 사용하기도 하고, 또 때로는 비진리함수적 분석의 옹호자들이 염두에 두듯 좀 더 강한 의미로 사용하기도 한다는 것이다. 우리는 조건문이 일상적으로 다양한 방식으로 쓰인다는 점을 인정하지 않을 수 없을 것 같다.

12.2 조건문의 여러 용법

조건문에 여러 용법이 있다면, 그들은 어떻게 서로 구분되며 그것들에 대해 우리는 어떤 다른 설명을 해야 하는 것일까? 이를 다루는 일은 앞으로의 과제가 될 것이다. 여기서는 우선 작은 시도로, 앞서 11장에서 제시한 조건문의 부정과 관련한 논의를 조금만 진척시켜 보기로 하겠다.

  조건문의 부정이 강한 부정과 약한 부정으로 나뉠 수 있다면, 우리는 그것을 어떻게 구분할 수 있는가? 다시 말해, 어떤 경우에 강한 부정으로 이해해야 하고 어떤 경우에 약한 부정으로 이해해야 하는가? 나아가 조건문을 부정하는 두 가지 서로 다른 방식이 있다면, 왜 그럴까? 다른 복합 문장은 그렇지 않은데, 왜 조건문의 경우에는 부정하는 방식이 두 가지가 있을까? 이는 아주 흥미롭고 어려운 문제로 보이고, 앞으로 많은 논의가 필요해 보인다. 여기서는 내가 생각하는 한 가지 대답으로, 조건문을 부정하는 서로 다른 두 가지 방식은 조건문을 이해하는 서로 다른 두 가지 방식과 닿아 있다는 점을 말하기로 하겠다.

우리가 '강한 부정'이라고 불렀던 것은 복합 문장으로서의 조건문이 언제 **거짓**이 되는가와 관련된 직관에 뿌리를 두고 있는 것으로 보인다. 처음 우리가 들었던 예를 다시 생각해 보자.

(1) 강희가 수업에 오면, 연수도 온다.

조건문에 관해 어떤 이론을 지지하는 사람이든, 위의 조건문은 강희가 수업에 오는데 연수가 오지 않으면 거짓이 된다는 데는 모두 동의한다. 이는 곧 우리가 (1)을 사실상 다음을 말하는 것으로 본다는 의미이다.

(2) 강희가 수업에 오는데 연수가 안 오지는 않는다.

그런데 원래의 문장 (1)을 부정한다는 것은 그것이 거짓이 되는 상황이 실제로 벌어진다는 것을 주장하는 것이라고 할 수 있다. 그렇다면 (1)을 부정한다는 것은 다음이 성립한다는 것을 말하는 것이라고 할 수 있다.

(3) 강희는 수업에 오는데 연수는 안 온다.

이는 연언 문장으로 이해되고, 그래서 다음과 같이 기호화될 것이다.

(4) A & ~C

이는 물론 우리가 강한 부정이라고 불렀던 다음과 동치이다.

    (5) ~(A ⊃ C)

이렇게 볼 때, 강한 부정은 조건문이 거짓이 되는 경우에 대한 우리의 일상적 직관을 반영한 것이라고 말할 수 있을 것 같다.

    반면 '약한 부정'이라고 부른 것은 조건문을 **조건부** 주장으로 이해하는 것과 닿아 있는 것으로 보인다. 다음과 같은 일상적 대화를 생각해 보자.

    김 아무개: 강희가 수업에 오면 연수도 와.
    이 아무개: 아냐! 강희가 수업에 오면 연수는 안 와!

이는 아주 자연스런 대화로 보인다. 여기 나오는 이 아무개의 주장이 우리가 앞서 말한 약한 부정이다.

    (6) 강희가 수업에 오면, 연수는 오지 않는다.

(3)과 (6) 사이의 중요한 차이 가운데 하나는 이를 말하는 사람이 "강희가 수업에 온다"는 주장을 승인한다(commit)고 보는지 여부이다. 강한 부정에서는 승인한다고 보는 반면, 약한 부정에서는 승인하지 않는다고 본다. 약한 부정 (6)을 주장하는 사람은 애초 주장이 조건부 주장이라는 데 초점을 맞추고 있다고 할 수 있다. 그 사람은 **조건부로 주장**(conditionally affirm)되는 후건을 **조건부로 부정**(conditionally deny)하고 있는 것이다. 바로 이런 점에서, 약한 부정은 조건문이 조건부 주장을 표현한다고 하는 또 하나의 일상적 직관을 반영하는 것이라고 말할 수 있을 것 같다.

어떤 사람은 앞의 대화보다 다음과 같이 진행되는 대화가 더 자연스럽다고 여길지 모르겠다.

김 아무개: 강희가 수업에 오면 연수도 와.
이 아무개: 아냐! 강희가 수업에 오더라도 연수는 안 와!

이런 대화에 비추어 보면, (1)을 부정하거나 거부하는 방식으로 다음도 생각해 볼 수 있을 것 같다.

(7) 강희가 수업에 오더라도 연수는 오지 않는다.

이런 부정은 우리가 조건문을 부정한다고 해서 전건의 주장을 승인하는 것이 아님을 잘 보여 준다는 이점이 있는 것 같다. 왜냐하면 (7)을 주장하는 사람이 강희가 수업에 온다는 것을 승인한다고 말하기는 어렵기 때문이다. 앞에서도 보았듯이, 이 점은 강한 부정과 약한 부정 사이의 중요한 차이였다. 한발 더 나간다면, (3)과 (7)의 차이가 정확히 어떤 것인지도 흥미로워 보인다. 그 둘 사이에는 어떤 차이가 있어 보이기도 하는데, 그 차이를 진리조건의 차이라고 보아야 할지 아니면 '이고' (and)와 '이지만' (but)이 나오는 문장처럼 단지 주장조건의 차이라고 보아야 할지 여부도 앞으로 논의가 필요해 보인다.

12.3 조건문 논의의 최근 흐름

브래들리의 보존 조건

마지막 절에서는 이 책에서 다루지 않았지만 흥미롭고, 최근 부각되는 논의 두어 가지를 언급하기로 하겠다. 3부에서 우리는 조건문이 진리조건을 갖지 않는다는 점을 보이고자 하는 논증으로 세 가지, 즉 루이스, 기바드, 에징톤의 논증을 다루었다. 이 목록에 하나를 덧붙일 수 있다. 그것은 브래들리(R. Bradley)가 제시한 '보존 조건'(Preservation Condition)에 근거한 논증이다.[1]

보존 조건

$Pr(A) > 0$이고 $Pr(C) = 0$이면, $Pr(A \to C) = 0$.

브래들리는 이 조건의 의미를 다음과 같이 설명한다. 누구든 'A이면 C'가 성립할 수 있다고 보는 사람이라면 그 사람은 A가 성립할 가능성을 배제하지 않고서는 C가 성립하지 않는다고 결코 확신할 수 없다. 다시 말해, 'A이면 C'가 성립할 수도 있다고 보면서 C가 성립할 가능성

---

1   Bradley (2000). 베넷은 이를 'NTV', 즉 조건문은 진릿값을 갖지 않는다는 것을 보이는 '네 번째 경로'(the fourth route)라고 부른다. Bennett (2003), p. 105. 우리는 이를 루이스의 '사소함 결과'를 보이는 또 다른 논증으로 볼 수도 있다. 다시 말해, 루이스 논증의 한 가지 변형으로 파악할 수도 있다. 브래들리 자신도 조건문의 확률은 조건부 확률이라는 아담스 논제를 만족하는 이론뿐만 아니라 더 넓은 이론에서 사소함 결과가 성립한다는 점을 보이는 것이 자신의 논문의 목적이라고 말한다. 실제로 보존 조건은 아담스 논제보다 약한 조건이어서, 아담스 논제는 보존 조건을 함축하지만 그 역은 성립하지 않는다. 이와 관련한 논의로는 Douven (2015), pp. 81-90 참조.

은 전혀 없다고 하는 사람은 A가 성립할 가능성은 전혀 없다고 해야 한다는 것이다. 그는 다음과 같은 예를 든다. 우리가 (한겨울에) 바닷가로 놀러갈 수는 있다고 생각하지만, 거기 가더라도 수영은 절대로 하지 않을 것이라고 확신한다면, 그 사람은 "우리가 바닷가로 놀러 가면 우리는 수영을 할 것이다"가 성립할 가능성은 전혀 없다고 해야 하지 그럴 수도 있다고 생각할 수는 없다는 것이다.

보존 조건의 직관적 설득력은 분명해 보인다. 브래들리의 말대로 이번 겨울에 바닷가로 놀러갈 수도 있다고 생각하고, 또한 거기 가서 한 겨울에 수영할 일은 결코 없다고 생각하면서도, 이번 겨울에 바닷가로 놀러 가면 수영을 할 수도 있다고 말하는 사람을 생각해 보라. 이때 우리는 그 사람은 조건문을 제대로 이해하지 못한다고 하거나 그 사람은 비일관적인 믿음을 가지고 있다고 해야 할 것이다. 그런데 브래들리는 이처럼 거부하기 힘들어 보이는 이 보존 조건을 만족하는 조건문은 명제를 표현한다고 볼 수 없다는 점을 밝힌다. 다시 말해, 조건문이 진리조건적 의미론을 갖는다고 보는 어떤 이론도 보존 조건을 만족할 수는 없다는 점을 형식적으로 증명한다. 그의 논증이 실제로 성공적이라면 조건문이 진리조건을 갖는다는 주장은 또 하나의 커다란 난관에 부딪힌다고 해야 할 것이다.

크라처의 조건문 해석

우리가 이 책에서는 다루지 않았지만 최근 많은 지지를 받고 있는 조건문 이론이 하나 있다.[2] 그것은 크라처가 제시한 해석이다. 그의 견해

---

2 이 이론은 일찍이 1985년에 제시되었지만, 별로 주목받지 못하다가 최근 들어 각광받는 견해이다. 두벤은 언어학계에서는 이것이 조건문에 대한 주도적 견해라고 말한

는 부사구에 대한 루이스의 분석을 받아들이는 데서 출발한다. 다음 문장을 보자.

> 대체로 (언제나, 때로는, 드물게), 강희가 말을 산다면, 그는 현금으로 비용을 지불한다.
> Usually (always, sometimes, rarely), if Kanghee buys a horse, he pays cash for it.

논의를 위해, 강희가 지금까지 말을 산 적이 열 번 있는데 그 가운데 아홉 번은 현금이 아니라 수표로 지불했다고 해보자. 이런 상황이라면 우리의 직관에 따를 때, 앞의 주장은 거짓이라고 해야 할 것이다. 그런데 여기 나오는 조건문을 진리함수적 조건문으로 간주하고, 루이스를 따라 문두에 나오는 양을 나타내는 부사구 '대체로'가 사건(event)에 대한 양화를 의미한다고 해보자. 이때 위의 주장은 참이 되고 만다. 그 이유는 다음과 같다. 우선 위의 문장은 다음과 같이 형식화할 수 있는데,

> 대부분의 사건 e에 대해, (e가 강희가 말을 사는 사건이라면) ⊃ (e는 강희가 수표로 비용을 지불하는 사건의 부분이다).

여기 나오는 조건문은 진리함수적 조건문이므로, 이는 다음과 동치가 된다.

다. Douven (2015), p. 30. 흥미롭게도 Bennett (2003)에서는 크라처에 대한 언급을 전혀 찾아볼 수 없는 반면, SEP 최신판인 Edgington (2014)에서는 크라처의 견해가 간단히 소개되고 있는 것을 확인할 수 있다.

대부분의 사건 e에 대해, ~(e는 강희가 말을 사는 사건이다) ∨ (e는 강희
가 수표로 비용을 지불하는 사건의 부분이다).

양화의 도메인 안에는 무수한 수의 사건이 있을 텐데, 이 가운데 대부
분은 강희가 말을 사는 사건이 아니므로 왼쪽 선언지가 참이 되고, 이
에 따라 전체 문장은 참이 되고 만다. 크라처에 따를 때, 이런 결과는
조건문에 대한 진리함수적 분석이 문제가 있음을 의미한다.

　크라처에 따를 때, 이런 문제를 해결하기 위해서는 루이스가 제안한
대로 'if … then…'을 두 문장을 결합해 하나의 복합 문장을 형성하게
하는 2항 결합사로 보는 방안을 버리고, 이 문장의 구조를 전혀 다른
새로운 시각에서 분석할 필요가 있다. 그것은 그 문장이 다음과 같은
세 개의 요소로 구성된 것으로 파악하는 것이다.

　(대부분의 e: e는 강희가 말을 사는 사건이다) (e는 강희가 수표로 비용을
　지불하는 사건의 부분이다).

여기서 첫 번째는 '대부분의 e'라는 양화사의 요소이고, 두 번째는 앞
에 나오는 양화사의 도메인을 제한하는 기능을 하는 것이고, 세 번째는
'중핵 범위'(nuclear scope)라고 부르는 것이다. 이런 분석틀을 따를
때, 이 문장은 도메인에 있는 전체 개체들이 아니라 두 번째의 제한을
만족하는 개체들만을 대상으로 하여, 그들 가운데 양화사가 말하는 대
부분의 개체가 중핵 범위에 나오는 술어를 만족한다면 그리고 그런 경
우에만 참이 된다고 간주하게 된다. 이를 통해 우리는 크라처 또한 조
건문이 명제를 표현한다는 논제는 받아들이고 있음을 볼 수 있다.

이른바 '빈도 부사'가 문두에 나오고 조건문이 뒤이어 나올 경우에 지금 우리가 본 대로 루이스-크라처의 방식대로 이해하는 것이 설득력이 있어 보인다. 빈도 부사와 같이 도메인을 염두에 두고 있다는 것이 비교적 분명한 연산자 이외에 다른 것들도 연산자로 이해할 수 있다. 대표적인 것은 양상 표현과 확률 표현일 것이다. 그것도 가능세계들을 도메인으로 하는 양화로 볼 수 있기 때문이다. 다음 예를 보자.

강희가 수업에 오면, 연수도 반드시 온다.
강희가 수업에 오면, 연수도 올 확률이 2/3이다.

여기 나오는 '반드시'라는 양상 표현이나 확률 조건문도 앞서와 같이 세 가지의 요소로 분석할 수 있다. 이때도 조건절은 양화의 도메인을 제한하는 역할을 한다. 가령 강희가 수업에 오는 가능세계들은 모두 연수도 수업에 오는 가능세계일 경우 앞의 진술은 참이라고 간주될 것이고, 후자도 비슷한 방식으로 분석될 것이다. 에징톤이 말했듯이, 크라처의 이런 분석은 이른바 조건문의 주장 가능성을 조건부 확률에 의해 판단하는 이른바 '가정 이론'의 견해와 비슷한 점이 있다. 여기서도 전건이 성립하는 세계만이 고려 대상이 되고 있기 때문이다.

크라처 견해의 핵심은 '~면' 구문(즉 조건절)은 양화사나 다른 어떤 연산자의 작용 범위를 제한하는 기능을 한다는 것이다. 이런 점을 부각하기 위해 크라처는 자신의 견해를 조건절에 대한 '제한사 견해' (the restrictor view)라고 부른다.[3] 우리는 그의 견해가 '~면' 구문의

---

3 Kratzer (1986), p. 107.

역할이 두 개의 문장을 묶어 새로운 문장을 만드는 결합사라고 보는 견해와는 뚜렷이 대비된다는 점을 알 수 있다.

크라처는 조건절이 제한사의 기능을 한다는 견해를 좀 더 밀고 나간다. 그는 다른 연산자들과 함께 조건문이 사용된 경우뿐만 아니라 명시적으로는 어떤 연산자도 보이지 않는 경우에도 자신의 견해가 여전히 적용된다고 주장한다. 그는 겉보기에는 명시적으로 어떤 연산자도 나오지 않는 조건문을 '연산자 없는 조건문' (bare conditional)이라 부르는데, 다음이 그런 예이다.

그의 서재에 불이 켜 있다면, 로저는 집에 있다.
(If the lights in his study are on, Roger is home)

크라처는 이런 조건문도 암묵적으로는 연산자가 있다고 볼 수 있고, 이를 다음과 같은 '인식적 조건문' (epistemic conditional) 으로 분석할 수 있다고 주장한다.

(MUST: 서재에 불이 켜 있다) (로저는 집에 있다)

이는 서재에 불이 켜 있는 모든 가능세계에서 로저가 집에 있다면 그리고 그런 경우에만 참이 되는 것으로 해석된다. 이는 원래의 문장을 일종의 '인식적 필연성' 을 나타내는 주장으로 해석한다는 의미이다.

우리가 이 책에서 주제로 다룬 조건문은 모두 이런 '연산자 없는 조건문' 에 해당하는 것이다. 그런데 이런 조건문을 '암묵적으로 양상이 개입되어 있는 것' (implicitly modalized)으로 해석하는 것이 옳은지를 두고서는 논란이 있고, 아마 좀 더 정교한 이론이 필요할 것으로 생각된다.[4] 그렇지만 크라처의 견해가 조건문에 대한 우리의 일상적 이해의 한 측면을 잘 포착하고 있다는 점은 부인하기 어려울 것 같다.

---

4   크라처는 조건문을 두고 지금까지 학자들이 그토록 다양한 견해를 개진하고 논란을 벌이게 된 요인에 대해 흥미로운 진단을 내린다. 그에 따르면 이는 두 가지의 불확실성 때문이다. 하나는 그의 이론대로 조건절은 다른 연산자의 도메인을 제한하는 기능을 하는 것인데, 다른 연산자가 때로는 명시적이지 않고 암묵적이기 때문에 생기는 불확실성이다. 다른 하나는 조건절이 제한하는 양화사의 도메인 자체가 또한 맥락에 따라 제한을 받기도 하기 때문에 생기는 불확실성이다. Kratzer (1986), p. 85.

: **참고 문헌**

국내문헌

구현정, 1998, "조건의 의미에 관한 인지적 접근", 『어문학연구』 7, 71-92.

김세화, 2000, "직설 조건문과 전건 긍정문", 『논리연구』 4, 23-36.

_____ 2012, "직설법적 조건문에 대한 추론주의적 분석에 대하여," 『논리연구』 15, 251-72.

김신·이진용, 2015, "긍정논법 반례에 대한 선행연구와 확률", 『논리연구』 18, 337-59.

김영철, 1983, 『조건논리』, 한신문화사.

노호진, 2006, "조건문에 관한 멜러의 성향 이론과 조건문의 진리조건", 『철학사상』 23, 167-97.

_____ 2006a, "조건문에 관한 성향적 분석", 『논리연구』 9집 2호, 31-57.

_____ 2006b, "직설법적 조건문의 성향 이론", 『철학논구』 34, 147-70.

_____ 2007, "직설법적 조건문과 추론적 성향", 서울대 박사학위논문.

_____ 2009, "조건문과 표현주의", 『철학연구』 84, 291-314.

도경수, 1992, "인과적인 조건진술의 검증", 『한국심리학회지』 4, 127-39.

_____ 2000, "후건의 표현양식과 조건문의 내용이 선택과제의 수행에 미치는 영향", 『한국심리학회지』 12, 77-94.

박권생, 1992, "조건추리의 과제내용과 수행수준", 『사고개발연구』 2(2), 61-86.

_____ 1995, "내용에 따른 조건 추리 과제 수행의 변화", *The International Journal of Creativity & Problem Solving* 5(1), 110-32.

박나리, 2013, "사실조건의 '~면'에 대한 담화 화용적 연구", 『국어학』 68, 289-321.

박승윤, 1988, "국어의 조건문에 관하여", 『언어』 13, 1-14.

_____ 2007, "양보와 조건", 『담화와 인지』 14, 63-83.

박유경, 2015, "조건 연결어미 '-다면'의 용법", 『한국어 의미학』 50, 45-68.

박정운, 2006, "한국어 조건문의 인식태도", 『담화와 인지』 13(2), 109-32.

박정일, 2011, "김영정 논제와 정상 조건문", 『철학사상』 40, 261-90.

선우환, 2008, "직설법적 조건문은 진리조건을 가지지 않는가?", 『철학적 분석』 18, 1-35.

손민숙, 1987, "한국어 조건문 연구", 『겨레어문학』 11, 273-93.

송하석, 2008, "직설법적 조건문의 의미론: 성향적 분석과 추론주의적 설명에 대하여", 『철학적 분석』 18, 167-78.

_____ 2009, "직설법적 조건문에 대한 스톨네이커의 해석", 『논리연구』 12집 2호, 31-58.

양은석, 2011, "직설법 조건문과 연관 함의", 『철학적 분석』 23, 139-65.

_____ 2012, "논란 없는 원리를 재고함", 『논리연구』 15, 323-46.

_____ 2013a, "논란 없는 원리와 귀납논증", 『철학적 분석』 27, 133-58.

_____ 2013b, "전건 긍정식과 직설법적 조건문", 『철학적 분석』 28, 173-201.

_____ 2014, "연관 함의와 직설법적 조건문에 대한 추론주의적 설명", 『철학적 분석』 30, 143-71.

이광호, 1980, "접속어미 '~면'의 의미 기능과 그 상관성", 『언어』 5(2), 33-65.

이병덕, 2008, "직설법적 조건문에 대한 추론주의적 설명", 『철학적 분석』 17, 135-65.

_____ 2009, "직설법적 조건문에 대한 추론주의 설명과 송하석 교수의 반론", 『철학적 분석』 19, 139-48.

_____ 2012a, "논란 없는 원리와 최원배 교수의 반론", 『논리연구』 15, 273-94.

_____ 2012b, "직설법적 조건문에 대한 추론주의적 분석과 셀라스-브랜덤 의미론", 『논리연구』 15, 347-75.

_____ 2012c, "직설법적 조건문에 대한 추론주의적 설명과 연관 함의", 『철학적 분석』 26, 91-110.

_____ 2013, "두 가지 종류의 직설법적 조건문과 전건 긍정식", 『논리연구』 16, 87-116.

_____ 2014, "귀납추론에 토대한 직설법적 조건문", 『논리연구』 17, 197-217.

_____ 2015, "직설법적 조건문에 대한 추론주의 설명과 양은석 교수의 비판", 『철학적 분석』 33, 107-41.

이영애, 1994, "Wason의 선택과제에서 밝혀진 추리과정", 『한국심리학회지』 13, 62-89.

조명한, 1990, "삼단논법 추리에서의 형상(격) 효과", 『한국심리학회지』 9집 1호, 16-32.

최원배, 2001, "전건 긍정규칙의 반례에 대한 카츠의 비판", 『논리연구』 5, 63-79.

_____ 2005, "조건부 확률과 조건문의 확률", 『논리연구』 8집 2호, 59-84.

_____ 2008, "반 멕기의 반례와 해결책", 『논리연구』 11, 67-89.

_____ 2011, "논란 없는 원리를 둘러싼 최근 논란", 『논리연구』 14, 85-99.

_____ 2012, "논란 없는 원리와 전건 긍정식", 『논리연구』 15, 375-91.

_____ 2014a, "기바드 현상과 조건문의 진리조건", 『철학논총』 76, 629-47.

_____ 2014b, "조건문의 부정", 『범한철학』 72, 339-61.

_____ 2016, "반 멕기의 반례, 확률, 그리고 애매성", 『논리연구』 19, 233-51.

최중열, 1990, "조건문의 의미해석", 『전주대 논문집』 18, 5-16.

외국 문헌

Adams, E. W. 1965, "A Logic of Conditionals", *Inquiry* 8, 166-97.

_____ 1966, "Probability and the Logic of Conditionals", in Hintikka, J. and Suppes, P. (eds.), 256-316.

_____ 1970, "Subjunctive and Indicative Conditionals", *Foundations of Language* 6, 89-94.

_____ 1975, *The Logic of Conditionals*, Reidel.

_____ 1981, "Truth, Proof and Conditionals", *Pacific Philosophical Quarterly* 62, 323-39.

_____ 1983, "Probabilistic Enthymemes", *Journal of Pragmatics* 7, 283-95.

_____ 1988, "Modus Tollens Revisited", *Analysis* 48, 122-8.

_____ 1996, "Probability-Preserving Properties of Inferences", *Journal of Philosophical Logic* 25, 1-24.

_____ 1998, *The Primer of Probability Logic*, CLSI Publications.

Anderson, A. R. 1951, "A Note on Subjunctive and Counterfactual Conditionals", *Analysis* 12, 35-8.

Appiah, A. 1984, "Jackson on the Material Conditional", *Australasian Journal of Philosophy* 62, 77-81.

_____ 1985a, "The Importance of Triviality", *Philosophical Review* 95, 209-31.

_____ 1985b, *Assertion and Conditionals*, Cambridge Univ. Press.

_____ 1993, "Only ifs", *Philosophical Perspectives* 7, 397-410.

Bach, K. 1999, "The Myth of Conventional Implicature", *Linguistics and Philosophy* 22, 327-66.

Barker, S. 1991, "Even, Still and Counterfactuals", *Linguistics and Philosophy* 14, 1-38.

_____ 1993, "Conditional Excluded Middle, Conditional Assertion, and 'Only if'", *Analysis* 53, 254-61.

_____ 1994, "The Consequent-Entailment Problem for Even If", *Analysis* 17, 249-60.

Barnett, D. 2006, "Zif is If", *Mind* 115, 519-66.

Bayes, T. 1763, "An Essay Towards Solving a Problem in the Doctrine of Chances", *Transactions of the Royal Society of London* 53, 370-418.

Belnap, N. 1970, "Conditional Assertion and Restricted Quantification", *Noûs* 4, 1-13.

Bennett, J. 1982, "Even if", *Linguistics and Philosophy* 5, 403-18.

_____ 1988, "Farewell to the Phlogiston Theory of Conditionals", *Mind* 97, 509-27.

_____ 1995, "Classifying Conditionals: The Traditional Way is Right", *Mind* 104, 331-44.

_____ 2003, *A Philosophical Guide to Conditionals*, Clarendon Press.

Bigelow, J. C. 1976, "If-then Meets Possible Worlds", *Philosophia* 6, 215-35.

Blackburn, S. 1986, "How Can We Tell Whether a Commitment has a Truth Condition?", in C. Travis (ed.), *Meaning and Interpretation*, Blackwell, 201-32.

Block, E. 2008, "Indicative Conditionals in Context", *Mind* 117, 783-94.

Bradley, R. 2000, "A Preservation Condition for Conditionals", *Analysis* 60, 219-22.

_____ 2002, "Indicative Conditionals", *Erkenntnis* 56, 345-78.

_____ 2012, "Multidimensional Possible-World Semantics for Conditionals", *Philosophical Review* 122(4), 539-71.

Cantwell, J. 2008, "The Logic of Conditional Negation", *Notre Dame Journal of Formal Logic* 49, 245-60.

Carlstrom, I. and Hill, C. 1978, "Review of Adams 1975", *Philosophy of Science* 45, 155-8.

Cooper, W. 1968, "The Propositional Logic of Ordinary Discourse", *Inquiry* 11, 295-320.

Cross, C. B. 1985, "Jonathan Bennett on 'Even If'", *Linguistics and Philosophy* 8, 353-7.

Dancygier, B. 1998, *Conditionals and Prediction: Time, Knowledge, and Causation in Conditional Constructions*, Cambridge Univ. Press.

Davis, W. A. 1983, "Weak and Strong Conditionals", *Pacific Philosophical Quarterly* 64, 57-71.

De Finetti, Bruno, 1935, "La logique de la probabilité", translated as "The Logic of Probability", *Philosophical Studies* 77 (1995), 181-90.

Delgardo L. E. 1999, "Even as a Constraint on Relevance: The Interpretation of even-if Conditionals", in *Proceedings of the Sixth International Colloquium on Cognitive Science*, Univ. of the Basque Country, 112-8.

DeRose, K. and Grandy, R. E. 1999, "Conditional Assertions and 'Biscuit' Conditionals", *Nous* 33, 405-20.

Douven, I. and Verbrugge, S. 2013, "The Probabilities of Conditionals Revisited", *Cognitive Science* 37, 711-30.

_____ 2015, *The Epistemology of Indicative Conditionals*, Cambridge Univ. Press.

Dudman, V. H. 1984, "Parsing 'If'-sentences", *Analysis* 44, 145-53.

_____ 1984, "Conditional Interpretations of If-sentences", *Australian Journal of Linguistics* 4, 143-204.

_____ 1988, "Indicative and Subjunctive", *Analysis* 48, 113-22.

_____ 1989, "Vive la Revolution!", *Mind* 98, 591-603.

_____ 1992, "Probability and Assertion", *Analysis* 52, 204-11.

_____ 1994, "On Conditionals", *Journal of Philosophy* 91, 113-28.

_____ 2000, "Classifying 'Conditionals': The Traditional Way is Wrong", *Analysis* 60, 147.

_____ 2001, "Three Twentieth-Century Commonplaces about 'if'", *History and Philosophy of Logic* 22, 119-27.

Edgington, D. 1986, "Do Conditionals Have Truth Conditions?", in Jackson, F. (ed.), 176-201.

_____ 1991, "The Mystery of the Missing Matter of Fact", *Proceedings of the Aristotelian Society Supplementary Volume* 65, 185-209.

_____ 1995a, "On Conditionals", *Mind* 104, 235-329.

_____ 1995b, "Conditionals and the Ramsey Test", *Proceedings of the Aristotelian Society Supplementary Volume* 69, 67-86.

_____ 1996, "Lowe on Conditional Probability", *Mind* 105, 617-30.

_____ 1997a, "Truth, Objectivity, Counterfactuals and Gibbard", *Mind* 106, 107-16.

_____ 1997b, "Commentary", in Woods, M. 95-137.

_____ 2000, "General Conditional Statements: A Reply to Kölbel", *Mind* 109, 109-16.

_____ 2001, "Conditionals", in *The Blackwell Guide to Philosophical Logic*, ed. Goble, L. Blackwell, 385-414.

_____ 2003, "What if? Questions about Conditionals", *Mind and Language* 18(4), 380-401.

_____ 2005, "Ramsey's Legacies on Conditionals and Truth", in *Ramsey's Legacy*, ed. Lillehammer, H. and Mellor, D. H. Oxford Univ. Press, 37-52.

_____ 2007, "On Conditionals", in *Handbook of Philosophical Logic*, 2nd edition, vol. 14, ed. Gabbay,D. M. and F. Guenthner, Springer, 127-221.

_____ 2009, "Conditionals, Truth and Assertion" in Ravenscroft, I. (ed.), 283-310.

_____ 2014, "Indicative Conditionals", http://plato.stanford.edu/entries/conditionals/

Eells, E. and Skyrms, B. (eds.) 1994, *Probability and Conditionals*, Cambridge Univ. Press.

Ellis, B. 1973, "The Logic of Subjective Probability", *British Journal for the Philosophy of Science* 24, 125-52.

───── 1978, "A Unified Theory of Conditionals", *Journal of Philosophical Logic* 7, 107-24.

───── 1984, "Two Theories of Indicative Conditionals", *Australasian Journal of Philosophy* 62, 50-66.

Evans, J. and Over, D. 2004, *If*, Oxford Univ. Press.

Faris, J. A. 1968, "Interderivability of '⊃' and 'If'", in *Logic and Philosophy: Selected Readings*, ed. Iseminger, G. Appleton-Century-Crofts, 203-10.

Fitelson, B. 2013, "Gibbard's Collapse Theorem for the Indicative Conditional: An Axiomatic Approach", in Bonacina, M. P. and Stickel, M. E. eds, McCune Festshrift, 181-9.

Frege, G. 1972, *Conceptual Notation and Related Articles*, trans. by Bynum, T. W. Oxford Univ. Press.

Gabbay, D. M. 1972, "A General Theory of the Conditional in Terms of a Ternary Operator", *Theoria* 3, 97-104.

Gauker, C. 2005, *Conditionals in Context*, MIT Press.

Gärdenfors, P. 1986, "Belief Revisions and the Ramsey Test for Conditionals", *Philosophical Review* 95, 81-93.

───── 1988, *Knowledge in Flux*, MIT Press.

Gentzen, G. 1969, *The Collected Papers of Gerhard Gentzen*, ed. Szabo, M. E. North-Holland Publishing Co.

Gibbard, A. 1981a, "Two Recent Theories of Conditionals", in Harper et al.

211-47.

_____ 1981b, "Indicative Conditionals and Conditional Probability: Reply to Pollock", in Harper et al. 253-6.

Gillies, A. S. 2009, "On Truth-Conditions for If (But Not Quite Only If)", *Philosophical Review* 118(3), 325-49.

_____ 2012, "Indicative Conditionals", in Delia Graff Fara and Gillian Russell (eds.) *Routledge Companion to the Philosophy of Language*, Routledge, 449-65.

Grandy, R. E. and Warner, R. eds. 1986, *Philosophical Grounds of Rationality*, Clarendon Press.

Grice, H. P. 1989, *Studies in the Way of Words*, Harvard Univ. Press.

Haegeman, L. 2003, "Conditional Clauses: External and Internal Syntax", *Mind & Language* 18, 317-39.

Hajek, A. 1989, "Probabilities of Conditionals - Revisited", *Journal of Philosophical Logic* 18, 423-8.

_____ 1994, "Triviality on the Cheap?", in Eells, E. and Skyrms, B. (eds.), 113-40.

_____ 2003, "What Conditional Probability Could Not Be", *Synthese* 137, 273-323.

Hansson, W. V. 1992, "In Defense of the Ramsey Test", *Journal of Philosophy* 70, 522-40.

Harman, G. 1979, "If and Modus Ponens", *Theory and Decision* 11, 41-53.

Harper, W. L. and Hooker, C. A. (eds.) 1976, *Foundations of Probability Theory, Statistical Inference, and Statistical Theories of Science* vol. I.,

Reidel.

Harper, W. L., Stalnaker, R. and Pearce, C. T. (eds.) 1981, *Ifs*, Reidel.

Hazen, A. and Slote, M. 1979, "Even if", *Analysis* 39, 35–41.

Hempel, C. G. 1960, "Inductive Inconsistencies", *Synthese* 12, 439–69.

Hermens, R. 2014, "Placing Probabilities of Conditionals in Context", *Review of Symbolic Logic* 7(3), 415–38.

Hintikka, J. and Suppes, P. (eds.) 1966, *Aspects of Inductive Logic*, North-Holland.

Jackson, F. 1979, "On Assertion and Indicative Conditionals", *Philosophical Review* 88, 565–89.

_____ 1981, "Conditionals and Possibilia", *Proceedings of the Aristotelian Society* 81, 125–37.

_____ 1984, "Two Theories of Indicative Conditionals: Reply to Brian Ellis", *Australasian Journal of Philosophy* 62, 67–76.

_____ 1987, *Conditionals*, Blackwell.

_____ 1990, "Classifying Conditionals", *Analysis* 50, 134–47.

_____ 1998, *Mind, Method and Conditionals*, Routledge.

_____ 2009, "Replies to my Critics" in Ian Ravenscroft (ed.), 387–474.

_____ (ed.) 1991, *Conditionals*, Clarendon Press.

Jackson, F. and Petti, P. 1998, "A Problem for Expressivism", *Analysis* 58, 239–51.

Jeffrey, R. 1964, "If", *Journal of Philosophy* 61, 702–3.

_____ 1991, "Matter of Fact Conditionals", *Proceedings of the Aristotelian Society Supplementary Volume* 65, 161–83.

Katz, B. D. 1999, "On a Supposed Counterexample to Modus Ponens", *Journal of Philosophy* 97, 404-15.

Khoo, J. 2012, "A Note on Gibbard's Proof", *Philosophical Studies* 166, S153-S164.

Kneale, W. and M. Kneale, 1962, *The Development of Logic*, Clarendon Press. 박우석, 배선복, 송하석, 최원배 번역, 『논리학의 역사』(한길사, 2015).

Kölbel, M. 2000, "Edgington on Compounds of Conditionals", *Mind* 109, 97-108.

Kolmogorov, A. N. 1933, *Foundations of the Theory of Probability*, trans. by Morrison, N. Chelsea Pub. Co.

Kratzer, A. 1986, "Conditionals", in Farley, A. M., Farley, P. and McCollough, K. E. (eds.), *Papers from the Parasession on Pragmatics and Grammatical Theory*, Chicago Linguistics Society, 115-35, reprinted in Kratzer (2012).

_____ 2012, *Modals and Conditionals*, Oxford Univ. Press.

Krzyzanowska, K, Wegmackers, S. and Douven, I. 2014, "Rethinking Gibbard's Riverboat Argument", *Studia Logica* 102, 771-92.

Lance, M. 1991, "Probabilistic Dependence among Conditionals", *Philosophical Review* 100, 269-76.

Levi, I. 1988, "Iteration of Conditionals and the Ramsey Test", *Synthese* 76, 49-81.

_____ 1996, *For the Sake of Argument*, Cambridge Univ. Press.

Lewis, David, 1973, *Counterfactuals*, Basil Blackwell.

_____ 1975, "Adverbs of Quantification" in Keenan, E. (ed.), *Semantics of Natural Language*, Cambridge: Cambridge Univ. Press, 3–15; reprinted in David Lewis (1998), *Papers in Philosophical Logic*, Cambridge Univ. Press, 5–20.

_____ 1976, "Probabilities of Conditionals and Conditional Probabilities", reprinted in his 1986, 133–52.

_____ 1986a, "Postscripts to Probability of Conditionals and Conditional Probability", in his 1986, 152–6.

_____ 1986b, "Probability of Conditionals and Conditional Probability II", reprinted in Jackson (ed.), 102–10.

_____ 1986c, *Philosophical Papers* 2, Oxford Univ. Press.

Lowe, E. J. 1979, "Indicative and Counterfactual Conditionals", *Analysis* 39, 139–41.

_____ 1987, "Not a Counterexample to Modus Ponens", *Analysis* 47, 44–7.

_____ 1990, "Conditionals, Context and Transitivity", *Analysis* 50, 80–7.

_____ 1991, "Jackson on Classifying Conditionals", *Analysis* 51, 126–30.

_____ 1996, "Conditional Probability and Conditional Beliefs", *Mind* 105, 603–15.

_____ 2013, *Forms of Thought*, Cambridge Univ. Press.

Lycan, W. G. 2001, *Real Conditionals*, Clarendon Press.

Mackie, J. L. 1973, *Truth, Probability and Paradox*, Oxford Univ. Press.

Mares, E. D. 2004, *Relevant Logic*, Cambridge Univ. Press.

Martin, C. B. 1994, "Dispositions and Conditionals", *Philosophical Quarterly* 44, 1–7.

Mates, B. 1961, *Stoic Logic*, Univ. of California Press.

McCawley, J. D. 1981, *Everything that Linguists Have Always Wanted to Know About Logic*, Univ. of Chicago Press.

McDermott, M. 1996, "On the Truth Conditions of Certain If-Sentences", *Philosophical Review* 105, 1-37.

McGee, V. 1985, "A Counterexample to Modus Ponens", *Journal of Philosophy* 82, 462-71.

_____ 1989, "Conditional Probabilities and Compounds of Conditionals", *Philosophical Review* 98, 485-542.

_____ 2000, "To Tell the Truth about Conditionals", *Analysis* 60, 107-11.

Mellor, D. H. 1993, "How to Believe a Conditional", *Journal of Philosophy* 90, 233-48.

Milne, P. 1997a, "Bruno de Finetti and the Logic of Conditional Events", *British Journal for the Philosophy of Science* 48, 195-232.

_____ 1997b, "Quick Triviality Proofs for Probabilities of Conditionals", *Analysis* 57, 75-80.

_____ 2012, "Indicative Conditionals, Conditional Probabilities, and the 'Defective Truth-Table' : A Request for more Experiments", *Thinking & Reasoning* 18(2), 196-224.

Nute, D. 1980, *Topic in Conditional Logic*, Reidel.

Oaksford, M. and Chater, N. 2003, "Conditional Probability and the Cognitive Science of Conditional Reasoning", *Mind & Language* 18, 359-79.

Over, D. and Evans, J. 2003, "The Probability of Conditionals: the Psychological Evidence", *Mind & Language* 18, 340-58.

Over, D. Douven, I. and Verbrugge, S. 2013, "Scope Ambiguities and Con-
ditionals", *Thinking & Reasoning* 19(3), 284-307.

Pendlebury, M. 1989, "The Projection Strategy and the Truth Conditions of
Conditional Statements", *Mind* 90, 179-205.

Pizzi, C. and Williamson, T. 2005, "Conditional Excluded Middle in Systems
of Consequential Implication", *Journal of Philosophical Logic* 34, 333-
62.

Price, H. 1986, "Conditional Credence", *Mind* 95, 18-36.

Priest, G. 2008, *An Introduction to Non-Classical Logic*, 2nd ed. Cambridge
Univ. Press.

Ramsey, F. P. 1990, *Philosophical Papers*, Mellor, D. H. ed. Cambridge
Univ. Press.

Ravenscroft, I. (ed.), 2009, *Mind, Ethics and Conditionals: Themes from the
Philosophy of Frank Jackson*, Clarendon Press.

Read, S. 1992, "Conditionals are not Truth-Functional: an Argument from
Peirce", *Analysis* 52, 5-12.

_____ 1994, "Formal and Material Consequence", *Journal of Philosophical
Logic* 23, 247-65.

_____ 1995, "Conditionals and the Ramsey Test", *Proceedings of the Aristote-
lian Society Supplementary Volume* 69, 47-65.

Rescher, N. 2007, *Conditionals*, MIT Press.

Rieger, A. 2006, "A Simple Theory of Conditionals", *Analysis* 66, 233-40.

_____ 2013, "Conditionals are Material: the Positive Arguments", *Synthese*
190, 3161-74.

Rumfitt, I. 2013, "Old Adams Buried", *Analytic Philosophy* 54, 157-88.

Ryle, G. 1950, "'If', 'so' and 'because'", in Black, M. (ed.), *Philosophical Analysis*, Prentice Hall.

Sainsbury, M. 2001, *Logical Form: An Introduction to Philosophical Logic*, 2nd ed. Blackwell.

Sanford, D. H. 2003, *If P, then Q*, Routledge.

Santos, P. 2008, "Context-sensitivity and (Indicative) Conditionals", *Disputatio* 2(24), 295-315.

Sinnot-Armstrong, W., Moore, J., and Fogelin, R. 1986, "A Defence of Modus Ponens", *Journal of Philosophy* 83, 296-300.

Smiley, T. 1984, "Hunter on Conditionals", *Proceedings of the Aristotelian Society* 84, 113-22.

Smith, P. 2003, *An Introduction to Formal Logic*, Cambridge Univ. Press.

Stalnaker, R. 1968, "A Theory of Conditionals", reprinted in Harper et al. (eds.), 41-55.

_____ 1970, "Probability and Conditionals", reprinted in Harper et al. (eds.), 107-28.

_____ 1975, "Indicative Conditionals", reprinted in Jackson, F. (ed.), 136-54.

_____ 1976, "Letter by Stalnaker to van Fraassen", in Harper and Hooker, 302-6.

_____ 1978, "A Defense of Conditional Excluded Middle", in Harper et al. (eds.), 87-104.

_____ 1984, *Inquiry*, MIT Press.

_____ 1999, *Context and Content*, Oxford Univ. Press.

_____ 2005, "Conditional Propositions and Conditional Assertions", in *New Work on Modality*, MIT Working Papers in Linguistics and Philosophy, vol. 51, 1–20.

Starr, W. 2019, "Counterfactuals", in SEP.

Strawson, P. F. 1986, "'If' and '⊃'", in Grandy, R. E. and Warner, R., 229–42.

Thomason, J. 1990, "In Defence of ⊃", *Journal of Philosophy* 87, 56–70.

van Fraassen, Bas C. 1976, "Probabilities of Conditionals", in Harper, W. and Hooker, C. (eds.), 261–300, 307–8.

von Wright, G. H. 1957, *Logical Studies*, Routledge.

Warmbrod, K. 1983, "Epistemic Conditionals", *Pacific Philosophical Quarterly* 64, 249–65.

Woods, J., Irvine, A. and Walton, D. 2004, *Argument: Critical Thinking, Logic and the Fallacies*, Pearson Prentice Hall.

Woods, M. 1997, *Conditionals*, ed. Wiggins, D. Clarendon Press.

: 찾아보기